Emanuel Koch

W0089439

Die positive Kraft des Zweifelns

Emanuel Koch

Die positive Kraft des Zweifelns

Unsicherheit als Erfolgsfaktor

Econ

Econ ist ein Verlag
der Ullstein Buchverlage GmbH

ISBN 978-3-430-20270-1

© der deutschsprachigen Ausgabe
Ullstein Buchverlage GmbH, Berlin 2019
© für Abbildungen
Alle Rechte vorbehalten
Gesetzt aus der Quadraat
bei LVD GmbH, Berlin
Druck und Bindearbeiten: CPI books GmbH, Leck

Im Gedenken an Robi

Du hast mir gezeigt, welche Wunder mit kontinuierlichen, kleinen Schritten möglich werden. Ich bin mir sicher, du arbeitest schon wieder an faszinierenden Projekten – da, wo du jetzt bist.

Inhalt

Quellen und Videos, die in diesem Buch verwendet werden, sowie weiteren Content zum Thema Zweifeln finden Sie auf der Webseite zum Buch:

www.erfolgreich-zweifeln.de

Vorwort

Das Problem mit der Welt

>»Das Problem mit der Welt ist, dass die intelligenten
Menschen so voller Selbstzweifel und die Dummen
so voller Selbstvertrauen sind.«
>
> *Charles Bukowski*

Die Ledersitzfläche des Klavierhockers ist von den unzähligen
Klavierschülerhintern längst glattgesessen. Schließlich bin ich
nicht das einzige Kind, das hier Woche für Woche sitzt, um das
Klavierspielen zu lernen. Mittwochnachmittags bin ich dran,
seit dreieinhalb Jahren. Inzwischen bin ich 13, neben Frau F. gefühlt aber immer noch höchstens zehn.

Mit freundlichem, aber reserviertem Gesichtsausdruck sitzt
sie links neben mir und beobachtet. Aus dem Augenwinkel sehe
ich, wie ihre Augen zwischen den Notenblättern und meinem
Gesicht hin- und herwandern. Stur starre ich auf die aufgeschla-
gene Seite und spiele das Stück, das ich in der zurückliegenden
Woche üben sollte. Eine recht einfache Klaviersonate von Mo-
zart. Ich habe sie mir selbst ausgesucht, nachdem ich sie in der
Schallplattensammlung meines Großvaters gefunden und immer wieder angehört hatte.

Meine Finger laufen leichthändig über die Tasten. Heute läuft
es, denke ich bei mir. Der kleine Schweißausbruch, den ich eigentlich jeden Mittwoch bekomme, bevor ich zu spielen beginne, beruhigt sich. Zaghaft breitet sich ein wohliges Gefühl in
meiner Brust aus – kann das womöglich Stolz sein? Ich spiele das
Stück fast fehlerfrei durch. Als ich fertig bin, drehe ich mich er-
wartungsvoll nach links.

Der enttäuschte Blick von Frau F. trifft mich wie ein Faustschlag. »Emanuel, du hast vergessen, die Seite umzublättern. Und was heißt das? Das heißt, du hast frei gespielt, aus dem Gedächtnis. Du sollst aber vom Blatt spielen.«

Ich spüre, wie mein Gesicht zu glühen beginnt, und fühle mich wie der lausige Betrüger, den Frau F. jetzt wahrscheinlich in mir sieht.

»Jetzt gehen wir alles nochmal von vorn durch, und dieses Mal spielst du richtig, also nach Noten. Okay?«

Ich nicke und starre auf die Seiten vor mir, während ich im zweiten Durchgang – vom Blatt gespielt – einen falschen Ton nach dem anderen produziere. Sekunden später ist mein T-Shirt dann doch nass. Ich stelle mir vor, wie ich aus dem Musikzimmer der Frau F. stürme und die Noten auf meiner Flucht in den stinkenden Müllcontainer neben ihrem Haus quetsche.

Wenn ich damals gewusst hätte, dass meine Fähigkeit, ein Musikstück nach ein paarmal Hören ohne Noten zu spielen, eine besondere Gabe ist, um die mich später viele beneiden würden, wäre meine Entwicklung als Musiker anders verlaufen. Ich hätte schon zwanzig Jahre früher einen stabilen Musikerselbstwert entfalten und voller Stolz bereits damals meine selbstkomponierten Songs und Arrangements vorzeigen können. Ich hätte mir eine Menge destruktiver Selbstzweifel erspart.

Stattdessen hätte ich produktiv zweifeln können. An Dingen, an denen zu zweifeln sich lohnt, anstatt an mir selbst.

So hätte ich etwa die Notwendigkeit anzweifeln können, dass das Erlernen des Klavierspiels zwangsläufig mit der Kompetenz verknüpft sein muss, Noten lesen zu können. Ich hätte das musikdidaktische Vorgehen meiner Lehrerin anzweifeln können. Ich hätte daran zweifeln können, mein Weg in die Welt der Musik müsse überhaupt über diese wöchentlichen Stunden führen.

Doch für diese Zweifel war kein Raum in meiner musikalischen Früherziehung. Mein Großvater war Berufsmusiker und blätterte als Bratscher im Osnabrücker Symphonieorchester jeden Abend die Seiten auf dem Notenständer um. Seine Schüler unterrichtete er ebenfalls klassisch, und das bedeutete eben: Es wird nach Noten gespielt.

Zweifel? Nicht vorgesehen.

Ich musste in der Musik und darüber hinaus noch viele weitere Erfahrungen mit vermeintlich alternativlosen Wahrheiten machen, bevor die Ahnung in mir wuchs: Statt sich das Zweifeln verbieten zu lassen, könnte man auch mal anfangen, an denen zu zweifeln, die das Zweifeln verbieten wollen.

Aus heutiger Sicht bin ich dankbar für das, was ich aus der jahrelangen Quälerei von damals gelernt habe: Ich weiß heute um das riesige Potenzial des Zweifelns. Es lohnt sich, gerade die Dinge anzuzweifeln, die selbstverständlich erscheinen. Gerade die scheinbar zweifelsfreien Räume sind oft die mit dem größten Innovationspotenzial.

Der Status quo des »Musiklernen nach Noten« steht für all die »Das machen wir schon immer so«-Abläufe in unserem Alltag, in unserer persönlichen Entwicklung und in der Wirtschaft. Und meine Quälerei als Musikschüler steht für das Unbehagen all der intelligenten Menschen, die ihre Zweifel für sich behalten, weil sie keinen Raum finden, um diese zu artikulieren.

Zu oft scheitern wir nicht an, sondern mit unseren berechtigten Zweifeln, weil die Beharrungskräfte der Bestandswahrer in unserem Umfeld zu stark sind. Zweifel haben in unserer Gesellschaft keine Lobby. Und das möchte ich ändern. Denn solange wir Zweifel ignorieren, kleinreden und abbügeln, lassen wir ein riesiges Potenzial einfach am Wegesrand liegen: Die positive Kraft des Zweifelns.

Dieses Buch öffnet den Raum für produktives Zweifeln, damit überall in unserer Gesellschaft intelligente Menschen mit ihren Zweifeln gehört werden, um deren ungeheures Potenzial auszuschöpfen. Damit nicht nur Kinder wie meine eigenen drei Sprösslinge ihre Begabungen anders als ich früher ungehindert verfolgen und zu den Innovatoren von morgen werden können.

Lassen Sie uns den Gedanken von Bukowski weiterspinnen: Die Zweifler von heute sind diejenigen, die die Probleme der Welt morgen lösen werden. Also nehmen Sie Ihre Zweifel ernst. Ergründen Sie sie. Halten Sie die Unsicherheit aus, die damit einhergeht. Und entdecken Sie im Raum der Unsicherheit eine ganz neue Stufe der Innovationen.

Emanuel Koch, Oktober 2018

1.

Keiner will es, jeder tut es

Die unsichtbare Kraft

Zweifel: Der ungebetene Gast

Dieses Buch hätte es fast nie gegeben. Warum? Weil Zweifel im Spiel waren. Aber Sie halten das Buch ja in Ihren Händen. Warum? Weil Zweifel im Spiel waren.

Fast alle Menschen kennen Zweifel. Und für gewöhnlich sind sie extrem unbeliebt. Die Zweifel, wohlgemerkt – nicht die zweifelnden Menschen. Zweifel sind unbequem, sie verstören, sie bringen den festen Plan und die klaren Ziele durcheinander. Denn häufig führen sie zu massiven Gefühlsverwirrungen oder dazu, dass Vorhaben nicht umgesetzt werden.

Da ist zum Beispiel die junge, dynamische, motivierte und super ausgebildete Marketing-Expertin aus meinem Bekanntenkreis. Sie hat vor jeder Präsentation vor den Kollegen in ihrem Unternehmen einen Heidenrespekt, weil sie denkt: »Meine Ideen sind nicht gut genug. Bestimmt habe ich irgendetwas nicht bedacht.« Sie ist notorisch davon überzeugt, dass ihre Ideen keinen Pfifferling wert sind. Dass die anderen immer besser und sowieso fähiger sind, und dass jeder bessere Marketing-Ideen hat als sie, die Marketing-Fachfrau. Eine Art zu zweifeln.

Oder nehmen wir den Geschäftsführer eines mittelständischen Unternehmens mit seinen fast 100 Angestellten, den ich im Rahmen eines Projekts gut kennengelernt habe – mitsamt seinen Zweifeln. Soll er die zwei Millionen Euro in die Entwicklung des neuen Produkts investieren? Ist das die wichtige Weichenstellung für die Zukunft oder doch ein zu unsicheres Wagnis? Eine andere Art zu zweifeln.

Und nebenan ist dieses verliebte Paar. Seit drei Jahren wohnen sie jetzt zusammen. Er thematisiert immer wieder seinen großen Kinderwunsch. Sie fühlt sich noch so gar nicht richtig wohl damit. Diese große Verantwortung. Wieder eine andere Art zu zweifeln.

Wir urteilen auch gern über Menschen, die von außen betrachtet irgendwie blockiert wirken: »Weißte, der Thomas, das ist so'n Zweifler. Der müsste endlich mal Gas geben und machen. Gute Ideen hat er ja, aber er steht sich selbst im Weg!«

Thomas, der alte Zweifler. Soll sich endlich mal zusammenreißen, kriegen alle anderen doch auch hin!

Kriegen sie? Kriegen sie wirklich?

In Wahrheit ist Thomas in bester Gesellschaft – und damit meine ich nicht die Gesellschaft der Gescheiterten. **Das Team Zweifel ist alles andere als erfolglos.** Viele erfolgreiche Menschen haben in Interviews öffentlich immer wieder bestätigt, dass sie zweifeln. Und manche haben bestätigt, dass die Zweifel eine Menge mit ihrem Erfolg zu tun haben.

Als stolzer Besitzer der großen Loriot-DVD-Collection stolperte ich kürzlich über ein Interview im Bonus-Material. Loriot war einer der ganz großen Komiker in Deutschland. Das Multitalent hat als Autor, Illustrator, Regisseur und Schauspieler deutsche Geschichte geschrieben und die Unterhaltungskultur entscheidend mitgeprägt. Bereitwillig gibt der legendäre Vicco von Bülow zu: »Ich habe mein Leben lang gezweifelt – aber das gehört wohl dazu.« Er reiht sich damit ein in eine lange Liste von

Prominenten, Künstlern, Politikern, Führungspersönlichkeiten. Auch Menschen, von denen man vielleicht nicht auf den ersten Blick erwarten würde, dass sie zweifeln.

Papst Franziskus hat Zweifel als Teil des Lebens und des Glaubens zum Standard erklärt: »Wer von uns hätte nicht Unsicherheit, Verlust und Zweifel auf seinem Glaubensweg erfahren? Jeder! Wir alle haben dies erfahren, ich auch. Sie sind Teil unserer Reise im Glauben, Teil unseres Lebens. Zweifel sollten uns nicht überraschen, weil wir menschliche Wesen sind, zerbrechlich und begrenzt. Wir alle sind schwach, wir alle haben Grenzen: Keine Angst! Wir alle haben Zweifel.«

Der König der Zweifler

Ich selbst empfinde mich des Öfteren als den »König der Zweifler«. So etwa, wenn ich Musik komponiere, wenn ich arbeite, als Vater im Umgang mit meinen Kindern oder wenn ich ein Buch schreibe. Also nicht immer und auch nicht immer öfter, aber immer wieder.

Deshalb kenne ich diesen Wunsch aller Zweifler, den Sie insgeheim vielleicht auch schon mal verspürt haben: Wie einfach wäre die Welt, wenn ich nicht zweifeln würde! Wenn ich einfach immer drauflos marschieren und alles durchziehen würde. Aber so bin ich nun mal nicht.

»Ich zweifle, denn so bin ich«: Ich musste erst lernen, das mit völliger Überzeugung aussprechen zu können. Denn noch vor einigen Jahren habe auch ich Zweifler manchmal als schwach empfunden und häufig als nervig. Das sind Leute, die nicht in die Umsetzung kommen, dachte ich. Die alles und jeden anzweifeln, Bedenken haben, keine Veränderungen vertragen – Neinsager eben. Die Festhalter und Bewahrer, die Ewiggestrigen, die Heulbojen. Zu meiner Schande möchte ich hiermit gestehen: In einigen Fällen habe ich Kollegen sogar damit aufzogen, dass sie »mal wieder nicht aus dem Quark kommen«.

Dabei übersah ich, dass ich selbst im tiefsten Inneren ein Zweifler war. Ich wollte es nur nicht wahrhaben. Man will nicht dazugehören, zum Club der Zweifler. Denn **Zweifel haben** in unserer leistungsorientierten Gesellschaft **keine gute Lobby**.

Weil ich selbst mal ein anonymer Zweifler war, kann ich heute rückblickend sagen: Mag sein, dass manches in meinem Leben damals einfacher war, als ich die Zweifel noch nicht zuließ. Besser war es nicht.

Die Abwertung von Zweifeln kam biografisch betrachtet natürlich nicht von ungefähr. Schon als Kind habe ich meine eigenen Zweifel fürchten gelernt. Es gab nämlich einen Bereich meines Lebens, in dem ich voller Zweifel und allein damit war: die Musik.

Biografie eines Zweiflers

Ich habe im Vorwort bereits die Geschichte von meinem Klavierunterricht erzählt. Ich habe im Alter von zehn Jahren damit begonnen und war ein recht schlechter Schüler. Meine Klavierlehrerin lehrte, wie bereits erwähnt, die klassische Schule, bei der nach Noten gespielt wird. Ich hatte dazu überhaupt keinen Zugang und musste mir aufgetragene Stücke sehr mühevoll erschließen. Note für Note. Es war eine Quälerei für mich – bis ich ein Gefühl für das Stück bekam und es komplett auswendig spielen konnte.

Das war meine Lösungsstrategie. Sie funktionierte, für mich, und für jeden neutralen Zuhörer natürlich ebenso. Nur für die

Vertreterin der klassischen Schule eben nicht. Ich schämte mich, weil ich selbst einfachste Melodien nicht vom Blatt abspielen konnte. Das kann ich übrigens bis heute nicht. Aber seinerzeit habe ich zutiefst an mir als Pianist gezweifelt. Bis wir dann den Unterricht in beidseitigem Einverständnis beendeten.

Noch am gleichen Tag fing ich an, wie ein Wilder zu üben und auf meine Weise Klavier zu spielen: nach Gehör, auf Basis von Akkorden und mit reichlich Improvisation. Mit Freude fing ich an, gemeinsam mit anderen zu musizieren, die es ebenso hielten und auch ihre Zweifel am Sinn und Unsinn der klassischen Methode hatten.

Dennoch waren die Wunden tief. Schon als Jugendlicher habe ich Songs geschrieben, jedoch nie veröffentlicht. Ich hatte tiefsitzende Zweifel, dass sie nicht gut genug seien und traute mich nicht, sie zu präsentieren. Ich habe wirklich viele Jahre gebraucht, einen guten Umgang mit mir selbst als Komponist und Musiker zu finden und meine Prägungen aus der Kindheit zu überwinden. Den Durchbruch brachte die Erkenntnis, dass meine Fähigkeit, nach Gehör zu spielen, einen Wert hat – auch wenn die klassische Schule es anders macht.

Als Heranwachsender fand ich den zweifelnden Teil meines Egos dann zutiefst verabscheuenswert und schwach. Als Teenager, zumal männlicher, will man schließlich zu den coolen Jungs gehören – den verwegenen Draufgängern. Natürlich spürte ich den Zweifel – aber ich wollte das um keinen Preis wahrhaben. Wer will das schon? Die Welt, das beginnen wir in diesem Alter zu verstehen, gehört doch den Machern, den Willensstarken, den Umsetzern, oder etwa nicht? Wer braucht da Zweifler?

So dachte ich – noch weit, sehr weit ins Erwachsenenleben hinein. Gefühlt bis vorgestern. Was ich bei anderen belächelte, waren im Prinzip meine eigenen, ungeliebten Seiten.

Meine Sicht auf Zweifel als Heranwachsender und unreifer Erwachsener scheint eine recht repräsentative Sicht auf das Zweifeln im Business und in vielen anderen Lebensbereichen zu sein. Sie begegnet mir nämlich ständig – Achtung, Floskel-Alarm:

»Wer zweifelt, ist hier fehl am Platz!«

»Unternehmer kommt von unternehmen, nicht von unterlassen!«

»Im Zweifel nicht zweifeln, sondern machen!«

Die negative Art und Weise, wie Menschen das Wort Zweifel benutzen, lässt den Verdacht aufkommen, dass Zweifel unsere großen Gegenspieler sind. Vor allem sind sie mit allerlei Emotionen verbunden, mit denen wir uns unwohl fühlen. Sie sind wie unliebsame Besucher im eigenen Haus. Oft kennen wir sie gar nicht richtig und haben uns noch gar nicht mit ihnen beschäftigt. Eines scheint erst einmal klar: Diese Art von Gästen schränkt unseren persönlichen Raum ein. Wir kennen sie gut, würden sie aber am liebsten schnell wieder loswerden. Zweifel rausschmeißen, dann lebt es sich in Ruhe weiter.

Eine schöne Vorstellung. Aber so funktioniert weder die moderne Welt noch das Leben.

Wenn wir diese Gäste mit Namen »Zweifel« etwas besser kennenlernen würden: Könnten wir dann vielleicht auch ihre positiven Seiten sehen?

Mit dieser Überlegung begann meine Reise durch das Land der Zweifel. Es ist ein weites Land – denn Zweifel sind überall.

Alle erfolgreichen Redner sind rot

Ich stehe in netter Gesellschaft im Café Moskau in der Karl-Marx-Allee in Berlin. Ein langer Veranstaltungstag zu Beginn meiner Redner-Karriere neigt sich dem Ende zu. Im Kreis von mehreren Rednerkolleginnen und Kollegen, die an diesem Tag Vorträge und Workshops gehalten haben, plaudern wir über unsere Eindrücke. Und obwohl das nun schon Jahre her ist, erinnere ich mich noch sehr gut an die Szene, die daraus wurde.

Ein mir unbekannter junger Mann kommt auf unsere Gruppe zu. Offensichtlich kennt er einige meiner Kolleginnen. Ungefragt und offen gesagt eher unpassend beginnt er praktisch ansatzlos einen Monolog im Welterklärer-Modus und legt uns allen dar, wie man als Redner erfolgreich wird. Was, sagen wir mal, gewagt ist in einer Gruppe professioneller Redner, die man noch nicht mal kennt. Ich klinke mich dankbar aus seinem Spontanvortrag aus, da ich zum einen Feierabend habe, zum anderen ein toller Kollege mir eine nette Anekdote zu seinem letzten Jonglier-Auftritt erzählt. Erst ein Sprachfetzen, den ich trotz meiner Bemühungen nicht ignorieren kann, lässt mich wieder hinhören: »Schaut euch das doch mal an. Alle erfolgreichen Redner sind rot!«

Ich bin etwas irritiert und überlege, was er wohl meinen könnte. Vielleicht meint er es politisch – aber dann stimmt seine Schlussfolgerung garantiert nicht. Vielleicht meint er es im Sinne von Bluthochdruck – schon weniger abwegig. Vor allem wenn ich mir anschaue, wie energisch dieser junge Mann gerade vor seinen Redner-Kollegen referiert.

Dann dämmert es mir. Er meint das DISG-Modell, bei dem man versucht, Menschen in bestimmte Typisierungen einzusortieren, um sich besser auf sie einzustellen. Diesen Typen (Dominanz, Initiative, Stetigkeit und Gewissenhaftigkeit) weist man bei DISG entsprechende Farben zu – blau, gelb, grün oder eben rot. Als die Diskussion stattfindet, ist das Modell gerade der letzte Schrei, oder mindestens der vorletzte. Ich höre weiter zu.

»Das ist Fakt!«, freut der selbsternannte Referent sich gerade. »Ein roter Händedruck ist kurz, bestimmt und fest. Ausladende Körpersprache, souveräne Selbstinszenierung, erkennbare Markenkleidung ...« Und dann stützt er seine Erkenntnisse mit Beispielen von Redner-Kollegen, die zugegeben sowohl in dieses Raster passen, als auch sehr erfolgreich in ihrem Job sind. Ich merke, wie seine Stimme in meinem Kopf wieder schwindet, im Hintergrund aber weiterläuft und ich ins Kopfkino abgleite.

Alle erfolgreichen Redner sind also rot. Ich komme aus dieser roten Business-Welt. Vor meiner Zeit als Redner habe ich mich dort viele Jahre lang zielsicher bewegt. Aber der Abschied aus der Corporate-Welt war ein bewusster, nicht zuletzt genau deshalb. Heute, als Redner, fokussiere ich mich stärker auf die weichen Themen – eben weil ich die Erfahrung gemacht habe, dass der Erfolg ausbleibt, wenn man nur auf die harte Logik schaut und den menschlichen Faktor außen vor lässt.

Ich ertappe mich bei den folgenden zwei Gedanken:

Erstens: Ich muss mich unbedingt mal mit diesem DISG-Modell beschäftigen.

Zweitens: Mist, ich bin als Redner doch auf einem falschen Weg.

Zum zweiten Gedanken muss ich ergänzen, dass ich sehr lange mit mir gehadert habe, mich auf die sogenannten »weichen Themen« zu spezialisieren und trotz meiner negativen Prägungen aus meiner Jugend sogar Klavier auf der Bühne zu spielen und meine Vorträge mit emotionalen Songs zu ergänzen. In einem Business-Vortrag! Ich habe sehr lange gezweifelt, ob das funktionieren kann. Und genau in der Aufbauphase meiner Redner-

Karriere bekomme ich nun die Bestätigung, dass das doch nicht der richtige Weg ist – denn als Redner müsse man rot sein. Na toll!

Ich sehe mich um. Einige Kollegen stehen mit großen Augen vor dem Welterklärer, manche lassen sogar die Schultern hängen: Offensichtlich bin ich nicht der einzige, der sich gerade unwohl fühlt.

Die Szene nimmt jedoch eine jähe Wendung, als sich meine Lieblings-Kollegin zu Wort meldet: »Aber das stimmt doch gar nicht. So pauschal ist das nicht richtig, was du sagst.« Sie zitiert ein paar andere Redner, die definitiv in einem anderen Farbspektrum unterwegs sind als dem roten – aber ebenfalls erfolgreich. »Sogar Frauen dabei«, ergänzt sie mit einem Lächeln.

Das ist der Moment, als mein Kopf wieder anspringt. Ich fange ebenfalls an zu reflektieren und den zugegebenermaßen eloquenten Sprecher nicht mehr unreflektiert als Meinungsinstanz zu akzeptieren, also: zu zweifeln.

Zweifel? Du doch nicht!

Heute weiß ich nicht nur, dass die Farbgebung des DISG-Modells nicht immer einheitlich benutzt wird und unterschiedliche Definitionen existieren. Ich weiß inzwischen auch, dass DISG auf der einen Seite hilfreich ist und als gute Leitlinie für manche Persönlichkeitsfragen dient, auf der anderen Seite aber auch eine Menge Kritiker hat. Ich weiß ebenso, dass viele Menschen nicht klar einer Farbe zuzuordnen sind, sondern eine Mischform von Persönlichkeitsmerkmalen haben.

Vor allem aber weiß ich ein paar Jahre nach diesem Erlebnis, dass ich mit meinem Ansatz, mit meinen Themen als Redner und mit meiner Art, die Dinge zu tun, einen Markt habe und damit erfolgreich bin. Vielleicht sogar, weil ich eben nicht »rot« bin. Die Erfahrung hat in diesem Fall also nicht der steilen These recht gegeben, sondern den Zweifeln.

Interessant ist es nun, diese Situation in Berlin kurz zu reflektieren. Aus welchen Gründen auch immer habe ich die Behauptungen des Kollegen erst einmal für bare Münze genommen. Rational gab es genug anzuzweifeln, aber ich bin kurzzeitig meinen Selbstzweifeln verfallen: »Ist das so richtig, wie ich das mache? Kann ich damit unter diesen Umständen überhaupt erfolgreich sein?«

Bis ich angefangen habe, das Gesagte, die Instanz anzuzweifeln. Dieses Anzweifeln hat mir geholfen, zu differenzieren und mich damit abzugrenzen. Ich habe die These mit dem »Redner sind rot« noch einmal analytisch geprüft. Schließlich bin ich, wie die Kollegin, zu dem Schluss gekommen: Sie stimmt nicht.

Abgesehen vom Endergebnis war dieses Erlebnis aber auch der Ausgangspunkt für viele weitere Überlegungen. Denn es hat dazu geführt, dass ich meine Positionierung und mein Geschäftsmodell noch einmal gründlich durchleuchtete und schärfte. Ich habe meine Pianovorträge ausgiebig und an unterschiedlichem Publikum getestet und gezielt daran gezweifelt, dass die Songs bereits »fertig« waren. Dadurch habe ich weiter an ihnen gearbeitet. Ich habe Feedbacks von Zuhörern, Mentoren und Kollegen bekommen und dazu genutzt, an meinem Programm zu feilen und meine Vorträge kontinuierlich zu verbessern. Sogar meine Verkaufspräsentation und meine Marketing-Texte konnte ich durch diese Zweifel-Schleife noch einmal deutlich schärfen.

Und wenn ich genau darüber nachdenke, dann war diese Situation in Berlin der Anstoß für vieles, was letztendlich sehr wichtig für meine Rednerkarriere war. Aus einem Moment des Zweifelns heraus habe ich mein Vorgehen noch einmal gründlich hinterfragt – und definitiv davon profitiert. Seit ich in Berlin einen Abend lang rot sah, führen Zweifel nicht mehr dazu, dass ich schwarzsehe – sondern klarer.

Ich für meinen Teil musste also erst einmal entdecken: **Zweifel können recht nützlich sein.** Während der Recherchen für dieses Buch habe ich mit vielen Menschen über das Zweifeln gesprochen. Meine Auftaktfrage war dabei stets: »Du sag mal, zweifelst du?« Hier ein Auszug der meistgenannten Antworten:

»Ich habe das Zweifeln erfunden.«

»Ich zweifle *immer*.«

»Zweifeln ist mein zweiter Vorname.«

»Nur wenn es sein muss.«

»An allem, außer an mir selbst.«

»Was bleibt mir denn anderes übrig?«

»Zweifel? Steht auf meinem Papierkorb.«

Die Meinungen über das Zweifeln gehen also durchaus auseinander. Und ob die Menschen zu ihren Zweifeln stehen, ist wieder eine andere Frage. Eines wurde mir sehr schnell klar: Die Menschen, die am meisten zweifeln, tun sich oft am schwersten damit, es zuzugeben – ganz besonders, wenn es sich um Männer handelt.

Doch Ausnahmen bestätigen die Regel. Eine Antwort war verblüffend anders.

Die Fahrt mit Stöbi

Ich habe einen guten Freund, mit dem ich viel Musik mache. Wir spielen in verschiedenen Bands zusammen, und ich schätze ihn sehr als Musiker. Er ist ein toller Sänger und spielt souverän

Akustikgitarre. Neben der persönlichen Ebene haben wir somit auch einen guten musikalischen Draht zueinander. Bei Konzerten produziert er mit seiner rauchigen Stimme »Gänsehaut am Fließband«. Nach jedem Konzert steckt er in einem Pulk von Verehrerinnen fest, die in seine Stimme und damit vermeintlich in ihn verliebt sind.

So weit, so gut. Bis wir uns danach im Backstage-Bereich treffen.

Besonders direkt nach Auftritten wird Stöbi nämlich fast aggressiv, wenn man nach einem Auftritt zufrieden ist – mit ihm oder mit der Leistung im Großen und Ganzen. Schnell bekommt man eine umfangreiche Analyse, was alles besser laufen müsste – und das mitten in die Euphorie nach einem Auftritt hinein.

Zugegeben, ich bin auch kritisch. Vor allem mit mir selbst. Nach Konzerten verschreibe ich mir allerdings einen Zweifel-Stopp. Dann bin ich voll Adrenalin, möchte mich einfach freuen und kann Kritiker und Nörgler nicht ertragen. Meine Standard-Antwort ist dann: »Gute Anmerkungen – gern ab morgen wieder.«

Stöbi hingegen beißt sich wie ein Dackel in den Waden fest und macht allen anderen klar, dass sich im Prinzip nur Idioten jetzt freuen können, denn es gibt noch so viel zu tun, bis es mal wirklich gut wird!

Bei Stöbi ist diese aggressive Selbstkritik nicht auf die Musik beschränkt. Beim Tennis oder Golf mit ihm ist es genauso: Wenn Stöbi zweifelt, dann wird es anstrengend für die anderen.

All das wusste ich schon lange. Doch bei einer Autofahrt mit Stöbi gelang es ihm nicht nur, mir seinen Hang zum Zweifeln zu erklären, sondern auch meine eigene Perspektive auf das Zweifeln zu verändern.

Bei dieser Fahrt erzählte ich ihm beiläufig von meinem Buchprojekt. Er schaute mich an und sagte:

»Coole Idee! Alles, was ich jemals erreicht habe, verdanke ich meinen Zweifeln – so in der Art? Das Buch könnte ich auch schreiben.«

Ich hielt die Luft an. Was hatte er da gerade gesagt? Ich hatte mich mit Stöbi über das Thema unterhalten wollen, weil er einer der extremsten Zweifler ist, die ich kenne. Ich hatte erwartet, dass er das selbst anstrengend und negativ empfinden würde. Und nun sagte er mir, dass er alles seinen Zweifeln verdankt? Mir schossen alle möglichen Fragen durch den Kopf: Hadert er denn gar nicht mit seiner ewigen Zweifelei? Weiß er denn gar nicht, wie sinnlos dieses Zweifeln ist?

Ich blickte nachdenklich aus dem Autofenster – auch um mir meine Irritation nicht anmerken zu lassen. Sollte da etwas dran sein? War Stöbi als Musiker, als Golfer und in vielem anderen wirklich so gut geworden, gerade weil er so viel gezweifelt hatte? Kultivierte er den Zweifel sogar gezielt, um noch besser zu werden?

In der Gesellschaft scheint ein Konsens darüber zu herrschen, dass man zu viel zweifeln kann – und zwar sehr schnell. Durch das Gespräch mit Stöbi wurde mir klar: **Man kann auch zu wenig zweifeln.**

Mir kam mein Erlebnis mit den »roten Rednern«, von dem ich zuvor erzählt habe, wieder in den Sinn: Da hatten die Zweifel dazu geführt, dass ich mich überprüfte und besser aufstellte. Ebenso haben die Zweifel bei Stöbi dazu geführt, sich nicht mit dem Status quo zufrieden zu geben. Dranzubleiben. Seine sportlichen und musikalischen Grenzen anzuzweifeln, mehr zu üben, besser zu werden. Der Satz ging mir nicht aus dem Kopf: »Alles, was ich jemals erreicht habe, verdanke ich meinen Zweifeln.«

Mit dieser extremen Haltung nimmt mein Freund Stöbi sicher eine Sonderstellung unter den bekennenden Zweiflern ein. Doch auch ich habe seither erkannt, dass Zweifel auch in meinem Leben immer wieder einen positiven Einfluss hatten – sei es als Unternehmer, als Autor, als Musiker, als Redner oder als Vater: Oft war das Ergebnis am besten, wenn irgendwann vorher Zweifel im Spiel gewesen waren.

Die Bremskraft der Zweifel kann also auch **eine positive Kraft sein.** Vor allem dann, wenn sie einen davor schützt, mal wieder unreflektiert mit dem Kopf durch die Wand laufen zu wollen.

Das Ende vom hohlen Tschakka

»Denk nicht so viel nach, mach einfach!« Wie oft haben Sie diesen Ratschlag schon bekommen? Und ja, man kann ein Vorhaben förmlich zerdenken. Sich viel zu viel darum sorgen, was alles beachtet werden könnte, sollte, müsste.

Man kann aber auch zu wenig nachdenken – oder zu spät. Am hilfreichsten ist Nachdenken zur richtigen Zeit.

So sagte Dieter Bohlen in einem Interview nach der Veröffentlichung seines zweiten Buches: »Man hätte das Ding tausendmal lesen und es dann nicht veröffentlichen sollen.« Das ist doch mal ein starkes Plädoyer für den Zweifel – von jemandem, der so wirkt, als ob er keine Zweifel kennt. In diesem Fall kamen sie allerdings zu spät. Im Buch plaudert Bohlen über zahlreiche intime Details und denunziert andere Menschen in übelster Form. Nach Bucherscheinen hagelte es einstweilige Verfügungen und heftige Gegenreaktionen zahlreicher Weggefährten. Im Fall von Modern-Talking-Partner Thomas Anders sagte Bohlen im RTL-

Interview: »Ich bereue das [...] Ich hätte mit Thomas alleine in einem Zimmer sprechen sollen und nicht per Buch mit ihm abrechnen sollen.« Tatsächlich.

Nicht immer ist der Mangel an Zweifeln allerdings so offensichtlich wie in diesem Fall.

»Erfolg ist planbar. Jeder kann es schaffen. Du musst nur ...« Haben Sie schon Sätze wie diese gehört? Ich kann die Situationen kaum noch zählen. Immer wieder hört man Ratschläge und solche Motivations-Weisheiten bei Begegnungen, in Vorträgen oder in Erfolgsratgebern und Seminaren. Ich war eine Zeit lang nicht nur ein dankbarer Konsument dieser Motivationsphrasen, ich habe sie unreflektiert auch selbst immer mal wieder verteilt: an meine Kinder, meine Studenten, meine Mitarbeiter und andere. Weil man das eben so macht. Weil Motivation eben die Standardantwort auf Herausforderungen ist. Aber ist es die richtige?

Kann man wirklich alles erreichen, wenn man nur will? Schauen wir uns mal einen Menschen an, der sowohl das Selbstvertrauen als auch das Zeug hat, seine Ziele zu erreichen.

Ein Freund, nennen wir ihn Daniel, verkündete mir vor einiger Zeit: »Ich will den Award für den besten Fotografen gewinnen. Glaub mir Emanuel, ich will das – wirklich! Jetzt sag du mir, wann und wie ich den Preis bekomme.«

Als guter Freund wollte ich daraufhin kurzzeitig in meine alten Tschakka-Muster verfallen, nach dem Motto: »Was der Mensch ersinnen kann, das kann er auch erreichen!« oder »Du schaffst alles!« oder »Die Fleißigen werden belohnt werden« oder, oder, oder ... Sie kennen das, denn Sie haben es oft genug gehört.

Im nächsten Moment merkte ich allerdings, dass ich meine Zweifel hatte. Warum wollte ich ihn motivieren und zusätzlich aufputschen? Bei allem, was ich über den Preis wusste, war die

Wahrscheinlichkeit eines Sieges unfassbar gering, der Aufwand hingegen exorbitant hoch. Zweifel waren durchaus angemessen. Mit unreflektiertem Motivations-Gelaber hätte ich ihm nicht geholfen – was er brauchte, war ein reflektiertes Gespräch. Ich aber wäre beinahe dem Reflex gefolgt, die Zweifel auszublenden, um nicht als Spielverderber dazustehen. Damit aber hätte ich weder ihm noch unserer Beziehung einen Gefallen erwiesen: **Berechtigte Zweifel nützen** manchmal einfach **mehr als hohles Tschakka.**

Denn die Realität zeigt uns nun mal, dass die Dinge auch schief gehen und nicht funktionieren können, selbst wenn man wirklich hart für etwas gearbeitet und gekämpft hat. Im Beispiel mit dem Preis für Fotografen gibt es Abhängigkeiten vom Umfeld, von anderen. Es gibt kein objektiv »bestes Bild«. Und die Frage, ob ich einen Preis gewinne, ist geknüpft an eine Vielzahl von nicht zu steuernden weiteren Parametern. Das hängt zum Beispiel auch von der Besetzung der Jury ab. Und von der Tagesform der Juroren. Es gibt politische Einflüsse aus dem Umfeld des Wettbewerbs oder Einflüsse der anderen Teilnehmer und deren Einreichungen. Manchmal ist es auch schlichtweg der schwer fassbare Zeitgeist, der Dinge ermöglicht oder verhindert. Und nicht immer ist man selbst in Bestform. Über diese Faktoren kann man zumindest einmal nachdenken, um nicht naiv in eine Falle hineinzurennen, die eigentlich schwer zu übersehen war. Der Zweifel könnte uns dabei helfen, besonnen und realistisch zu bleiben.

Was für ein Freund wäre ich, wenn ich Daniel diesen positiven Einfluss eines Zweiflers vorenthalten hätte, nur um ihm kurzfristig einen Gefallen zu tun?

Nein, wir können nicht alles erreichen, was wir wollen. Aber wir wünschen uns das – und sind anfällig für die Menschen, die uns das weismachen wollen. Wir wollen oftmals nicht hören, wenn uns einer sagt, dass die Dinge auch schiefgehen können. Nein, wir hören lieber auf die Menschen, die Tschakka sagen, uns aufheizen und uns ein gutes Gefühl geben.

Natürlich sollte mein Freund seine Fotos einreichen und es versuchen. Er konnte gewinnen. Aber es gab keine Garantie dafür – auch wenn er noch so hart dafür arbeitete und den festen Glauben und Wunsch daran in sich trug. Ebenso wichtig ist es zu verstehen, dass die Frage, ob er einen Preis bekommt oder nicht, keinerlei Aussagekraft darüber hat, ob er ein guter Fotograf ist oder nicht.

Damit wir uns richtig verstehen: Ich bin ein Freund von Motivation. Ich glaube sogar, dass gerade die Deutschen ein wenig mehr davon vertragen könnten. Manchmal gibt Motivation und ein wenig Anfeuern Menschen genau die Energie, die ihnen fehlt, um ins Handeln zu kommen.

Wogegen ich mich aber wehre, ist hohles Tschakka. Wenn sich Menschen etwa durch emotional aufgeladene Events auf mitunter sehr risikoreiche Abenteuer einlassen und die Fakten ignorieren, dann macht mich das stutzig. Wenn sie einer gefühlten Sicherheit verfallen, nur weil irgendein selbsternanntes Vorbild ihnen gesagt hat, dass alles möglich sei, dann macht mich das sogar wütend. Wenn Instant-Formeln wie »Ich schaffe das« über die natürlichen Hemmschwellen hinwegtäuschen sollen, die unsere Vorfahren uns nicht umsonst über Jahrmillionen hinweg vererbt haben, dann werde ich sogar prinzipiell:

Zweifel schützen, genau wie Kondome, vor unvorhergesehenen Folgen – ganz besonders in Momenten mentaler Überhitzung.

Der Korridor der positiven Zweifel

Dieses Buch zu schreiben, war mitunter eine Quälerei. Nicht zuletzt deshalb, weil ich zwischendurch immer wieder mit Zweifeln konfrontiert war – allen voran meinen eigenen: an den Inhalten, den Beispielen, der Zeitplanung und allem, woran man als Autor in diesem schwierigen kreativen Prozess eben so zweifelt.

Eines kann ich im Rückblick sicher sagen: Mit den Zweifeln ist das Buch fertig geworden. Nur mit Überlegen, Nachdenken, Überarbeiten ist das Buch zu dem geworden, was es ist. Nicht gegen die Zweifel, und ohne sie: womöglich nie.

Das ist mir beim Schreiben dieses Buches klar geworden: **Wenn wir nicht zweifeln, suchen wir nicht nach einem besseren Weg.** Hätte ich unterwegs nicht gezweifelt und hätte mir die Zweifel anderer nicht angehört, hätte ich – zweifellos! – ein schlechteres Buch geschrieben.

Wer nicht zweifelt, kann vielleicht auch gute Ergebnisse erzielen – aber er verbaut sich die Chance auf noch bessere.

Auf der anderen Seite kann man natürlich auch zu viel zweifeln. Als Musiker vergleiche ich die Zweifel gern mit Lampenfieber. Eine gewisse Nervosität sorgt dafür, dass man sich gut vorbereitet und probt. Vor und während dem Auftritt sorgt sie dafür, dass ich mich auf den Auftritt konzentriere. Wenn Lampenfieber allerdings dazu führt, dass ich als Musiker nicht auf die Bühne gehen kann, dann ist es nicht so hilfreich.

Analog dazu kann man seine Vorhaben auch in Grund und Boden zweifeln. Der Trick liegt darin, den Mittelweg zu finden zwischen Zweifel-Verweigerung und hemmenden Zweifeln. Es gibt einen Korridor, wo wir nicht unüberlegt handeln und den Zweifeln Raum geben – allerdings auch nicht zu viel, denn wir dürfen auch das Handeln nicht vergessen. Ich nenne ihn: den Korridor der positiven Zweifel.

In diesem Bereich gibt es keine hundertprozentige Sicherheit. Dort sind die Dinge ein Stück weit unsicher, unklar und unscharf. Doch dieser Korridor birgt auch große Chancen. Hier sind vielleicht nicht die Wagemutigen unterwegs, aber die Mutigen und dennoch Reflektierten. Diejenigen, die das Bestehende infrage stellen und sich aufmachen, Neues zu entdecken – trotz der unvermeidbaren Unsicherheiten.

Das Bild des Korridors erinnert mich an ein Gedicht des Schweizer Pfarrers und Schriftstellers Kurt Marti:

> Wo kämen wir hin,
> wenn alle sagten,
> wo kämen wir hin,
> und niemand ginge,
> um einmal zu schauen,
> wohin man käme,
> wenn man ginge.

Diese exzessive Form des Konjunktivs passt wunderbar in die Welt der Zweifel. Viele Fragen, noch wenige Antworten. Keine Garantien, aber auch viele Möglichkeiten.

Wir werden uns in diesem Buch noch intensiv damit beschäftigen, warum wir Unsicherheit als Spielfeld der Zweifel ernst- und annehmen sollten. Denn solange wir im Korridor der positiven Zweifel bleiben, finden wir dort Kreativität, Schöpfergeist und Innovationskraft.

Leben heißt zweifeln

Wann haben Sie das letzte Mal daran gezweifelt, dass Sie im Moment die richtigen Dinge tun, und diese Dinge richtig tun?

Im ersten Moment eine furchteinflößende Frage, ich weiß. Doch wenn man die positive Kraft der Zweifel erst einmal an sich heranlässt, lernt man sie bald zu schätzen. Und genau das ist mein Ziel: dass wir aufhören, die Zweifel ausrotten zu wollen und uns wieder mutig den kleinen und großen Fragen stellen, mit denen das Leben uns konfrontiert. Wenn wir das nicht tun, heißt das nämlich nicht, dass diese Fragen sich nicht stellen. Es heißt vielmehr, dass wir ihnen ausweichen. Und damit setzen wir uns eher Grenzen als mit dem Zweifeln.

Ja, wir sollten anzweifeln, ob das, was wir tun, wirklich wichtig ist. Vielleicht nicht täglich, aber doch immer wieder. Wir sollten uns auch fragen, ob das, was wir heute tun, morgen noch erfolgreich sein wird. Das hält uns wach und aufmerksam, und nur durch das Hinterfragen kommen wichtige Veränderungen in Gang.

Raum für Zweifel gibt es überall und immer. Wir können an allem zweifeln: an der Beziehung, an unserem Beruf, an unseren Fähigkeiten, am Verstand der Menschheit. An unseren To-do-Listen sollten wir ganz dringend zweifeln. Wir sollten unsere körperlichen Grenzen anzweifeln, damit wir nicht über sie hinausgehen. Wir sollten unsere Belastungsgrenzen infrage stellen, damit wir nicht in den Burn-out fallen. Wir tun gut daran, hin und wieder unsere Gesundheit anzuzweifeln. Dann geht man auch zu wichtigen Voruntersuchungen und Routine-Checks, oder auch, wenn man eine Unsicherheit spürt, dass etwas nicht in Ordnung ist im Körper.

Wir sollten auch das Schulsystem anzweifeln: Rüstet das, was wir heute unseren Kindern beibringen, sie optimal für die Herausforderungen der Zukunft?

Wir werden auch unsere Vorstellungen von Sicherheit aufgeben müssen – also an allem zweifeln, was wir einfach als gegeben hinnehmen. Keine Ausbildung, kein Job und kein noch so etabliertes Unternehmen ist jemals sicher.

Die ganze Welt sollte die Art und Weise anzweifeln, wie wir mit unserer Umwelt umgehen – und zwar bevor es noch mehr zu spät ist, als jetzt schon.

Wir brauchen Werkzeuge, um uns **für den permanenten Wandel** wirklich zu rüsten, dem wir alle uns heute gegenübersehen. Denn der geht nicht weg, nur weil wir uns die Zweifel am Status quo verkneifen. Wir haben heute keine andere Wahl, als anzuerkennen, dass wir eigentlich immer unvorbereitet sind.

Und woran zweifeln Sie?

Es ist nie zu spät, sich mit den eigenen Zweifeln auseinanderzusetzen. Vielleicht haben Sie das auch schon erlebt – Sie wollen einen wichtigen Schritt gehen und fragen sich: Traue ich mir das wirklich zu? Haben Sie es schon einmal bereut, wenn Sie sich von ihren Zweifeln haben bremsen lassen? Oder wenn Sie umgekehrt zu spät, zu wenig gezweifelt haben?

Vielleicht kennen Sie den Gedanken, dass die eigenen Leistungen und Ideen nicht gut genug sind. Schnell zweifelt man an den eigenen Fähigkeiten und vermutet, dass andere immer viel besser sind. Solche Selbstzweifel können wirklich lähmen.

Oder man spürt, dass ein Projekt nicht auf einem guten Weg ist. Dass es nicht gut ist, die Dinge so zu tun, »wie wir es immer schon gemacht haben«. Unter Umständen ist es schwer, das zu thematisieren. Das kann eine Menge Gegenwind bedeuten. Manchmal sagt man nichts, weil man nicht als Dauer-Nörgler und Bedenkenträger dastehen möchte.

Haben Sie sich vielleicht auch schon vorgenommen, eine Sache richtig zu machen, hatten aber den Eindruck, noch nicht genug Wissen zu haben. Waren Sie daraufhin in der berüchtigten Zweifelfalle gefangen? Haben das Handeln verschoben oder ganz aufgegeben?

Ich weiß nicht, wie Ihre gegenwärtige Situation aussieht und wie Ihre Vorerfahrungen mit dem Zweifeln sind. Aber ich weiß, dass Sie wahrscheinlich ganz normal sind – zumindest, was Ihre Zweifel betrifft. Denn wir alle zweifeln – auch diejenigen von uns, die es nicht gern zugeben. Und wir alle hadern manchmal mit unseren Zweifeln – sogar die, die es mit dem Zweifeln auch mal übertreiben.

Als ich festgestellt habe, dass ich mit meinen Zweifeln nicht allein auf der Welt bin, habe ich einen besseren Frieden damit geschlossen. Die Erkenntnis, dass Zweifel auch eine enorme positive Kraft haben, gibt mir die Stärke, die Phasen des Zweifelns in Projekten, in meiner Entwicklung und im Leben auszuhalten und als Antrieb zu nutzen.

Die emotionale Seite des Zweifelns

Bevor wir näher betrachten, woran wir im Alltag so zweifeln können und in welchen Fällen das eine gute Idee ist, möchte ich noch eine wichtige Unterscheidung ansprechen: die zwischen Zweifeln und Unsicherheit. Eines kann und will ich Ihnen nämlich nicht versprechen: dass die richtige Art zu zweifeln das Ende aller Unsicherheiten wäre. Denn das wäre unseriös: **Die Unsicherheit ist die emotionale Seite des Zweifelns.**

Auch das ausgewogenste Denken, auch das konstruktivste Zweifeln wird uns nie alle Unsicherheiten nehmen können. Zweifeln ist ein sehr emotionaler Vorgang – und das ist auch gut so. Es ist menschlich, unsicher zu sein. Und gleichzeitig haben viele Menschen aus meiner Sicht keinen guten Umgang mit Unsicherheit gelernt.

Auch für diese emotionale Seite soll das Buch deshalb ein gutes Fundament legen. Wie können wir die Unsicherheit umarmen? Wie können wir mit aufkommenden Selbstzweifeln umgehen, die für viele Menschen einfach zum Leben dazugehören?

Der Schriftsteller und Dichter Erich Fried schrieb:

> Zweifle nicht
> an dem
> der dir sagt
> er hat Angst
> aber hab Angst
> vor dem
> der dir sagt
> er kennt keinen Zweifel.

Zweifeln entzieht sich der absoluten Betrachtung. Es ist immer ein relatives Spiel, höchst individuell und massiv abhängig von der Aufgabenstellung und dem jeweiligen Umfeld.

Warum? Beim Zweifeln geht es nicht um die einfachen Antworten. Sie brauchen keine Zweifel für die Frage, ob Sie beim Joggen hinter dem Spielplatz heute rechts oder links abbiegen. Sie brauchen Zweifel für Fragen wie: Bin ich in diesem Job noch richtig? Will ich in 20 Jahren noch dasselbe tun? Bin ich der Digitalisierung gewachsen? Tue ich genug für meine Gesundheit? Ist meine Beziehung noch gut für mich?

Zweifeln ist eine Kompetenz für die echten Herausforderungen des Lebens.

Die Unsicherheit, die in solchen Fragen einfach unvermeidlich ist, ist ein Teil des Spiels. Mit ihr umgehen zu können, macht die Kunst des Zweifelns erst aus. Doch es wird um vieles leichter, wenn die Mechanik und Wirkungsweise der Zweifel kennt.

2.
Risikofaktor Überzeugung

Warum wir die falschen Dinge anzweifeln

YouTube? Das wird doch nie was!

Es ist Juli 2007, und ich halte YouTube für eine Schnapsidee. Ich sitze in meinem Büro und starre total fasziniert auf meinen Laptop. Das neuste Modell, federleichte drei Kilogramm wiegt er. Leider hat er noch keine internen Lautsprecher, und daher stecke ich gerade externe Boxen an, um dieses kurze Video anzusehen. »Did you know«, heißt es, »Schon gewusst«, und geht gerade um die Welt. Ich staune, denn ich kann das Video ganz einfach mit einem Mausklick im Browser starten. Unglaublich, diese neue Plattform.

Ein innovatives Startup aus Kalifornien hat die Vision von Videos im Netz von und für jedermann umgesetzt. Jeder Internetnutzer sollte nach der Vorstellung der Entrepreneure ganz einfach die Möglichkeit haben, Videos hochzuladen und der Welt zugänglich zu machen.

Mein erster Gedanke ist damals: »Wie soll das denn skalierbar sein?« Ich finde den technischen Ansatz ja wirklich toll. Nur wie soll das gehen, wenn alle Internetnutzer nun anfangen, ihre Privatvideos hochzuladen, als gäbe es auf den Servern von YouTube genug Platz für jeden? Spontan denke ich an diverse Bewegtbild-Werke von Verwandten und Freunden, denen ich schon zum Opfer gefallen war: »Pauschalurlaub auf Malle«, »Die Geburt unseres Kindes« (Teil 1 bis 4, jeweils 45 Minuten), bis hin zum »bunten Abend mit den Nachbarn« (zwei Stunden ungeschnittenes Material und nur bedingt bunt). Mein persönliches Highlight ist der vor Jahren mir zugetragene Beitrag »Verfugen bei Scholz«, wo weniger das Handwerk als der Getränkekonsum im Mittelpunkt der Handlung stand.

Private Videos? Ein Horror! Wer will das im Internet sehen? Nicht ohne Grund fragte mein Vater schon früher gern: »War es ein schöner Abend oder musstet ihr Dias gucken?«

Die Qualitätsfrage mal beiseitegelassen: Videodateien sind echt groß und brauchen viel Übertragungskapazität. Kein Server der Welt wird das aushalten. Oder der technische Betrieb von YouTube wird so teuer, dass deren Geschäftsmodell ruck, zuck zusammenbrechen wird.

So denke ich damals, und zweifle auch nicht weiter an meinen Überlegungen. Denn als Diplom-Informatiker, sozusagen Fachmann, kann ich in meiner unendlichen Weisheit natürlich souverän einschätzen, dass diese eigentlich tolle Idee nichts für die breite Masse sein wird. Denn dafür ist ein technologischer Overkill erforderlich, den ein Betreiber nicht finanzieren kann, so meine felsenfeste Überzeugung.

Wahrscheinlich muss ich Ihnen nicht erklären, was aus YouTube inzwischen geworden ist. Ein Blick auf die offiziellen und beeindruckenden Statistiken zeigt, dass die Video-Plattform mit Stand 2018 von mehr als einer Milliarde Menschen in 88 Ländern genutzt wird. Eine unglaubliche Zahl. Jede Minute werden hunderte Stunden Videomaterial hochgeladen – und angesehen. Laut eigenen Angaben von YouTube werden pro Tag weltweit eine Milliarde Stunden abgespielt. Das macht pro Nutzer im Schnitt eine Stunde Videomaterial am Tag. Inzwischen erfolgt die Hälfte aller YouTube-Aufrufe von mobilen Geräten. In den USA erreicht YouTube allein auf Mobilgeräten mehr Zuschauer als jeder US-Fernsehsender.

Womit beide Einwände widerlegt wären, die ich damals zweifelsfrei formulierte. Wie konnte ich mich nur so irren? Ganz einfach: Meine Beurteilung »das kann nichts werden – zumindest nicht auf breiter Basis« basierte auf dem damaligen Stand der Technik und meinem Erfahrungsbereich. Ich wusste, dass sich Technik rasant entwickelt. Aber dieser enorm große Leistungssprung, der parallel bei den Serverkapazitäten, den Übertragungsbandbreiten und bei mobilen Endgeräten passierte und YouTube massenkompatibel machen konnte, das überstieg damals einfach meine Vorstellungskraft.

Was mich daran im Nachhinein ärgert, ist nicht etwa, dass ich am Erfolg von YouTube zweifelte. Das tat ich nämlich nicht – die Phase des Zweifelns hatte ich einfach übersprungen. Ich war mir vielmehr vollkommen sicher, dass diese Schnapsidee nicht funktionieren konnte. Zweifel? Schön wär's.

Für mich persönlich war dieser fundamentale Irrtum kein Beinbruch – ich war ja nur staunender Beobachter. Andere, die damals ähnlich dachten wie ich, bekamen es mit weitaus schmerzhafteren Konsequenzen zu tun – zum Beispiel die Fernsehbranche.

Die Folgen sind so dramatisch, dass ich sie hier kurz schildern möchte. Denn das gesamte Fernsehgeschäft wurde durch YouTube gehörig durchgeschüttelt.

Plötzlich konnten technisch versierte Jugendliche, die vorher in der breiten Öffentlichkeit keiner kannte, auf sich aufmerksam machen. Die interessierten sich nicht für irgendwelche Bedenken, die bezüglich der Technik bestanden. Sie taten einfach das, was ihnen Spaß machte. Schon bald begannen sie, gehörige Mengen Geld damit zu verdienen und Reichweiten zu generieren, von denen manche klassischen Fernsehformate nur träumten. Die Fernsehmacher haben bis heute nicht genug gezweifelt und sind von Internetformaten wie YouTube oder späteren Streamingdiensten wie Amazon Prime oder Netflix überrannt worden.

Seitdem muss diese Branche mit den Folgen ihrer Ignoranz leben: Jugendliche und junge Erwachsene schauen immer weniger Fernsehen. Sie richten sich nicht länger nach Sendezeiten und programmieren auch keine Videorecorder mehr. Bei Bedarf greifen sie zum entsprechenden Angebot im Internet. Heute haben die Fernsehmacher Respekt vor den Internet-Medien und ihren Machern. Sie versuchen händeringend, eigene Antworten darauf zu finden. So haben ARD und ZDF die Sender EinsPlus und ZDF Kultur eingestellt und stattdessen den Internet-Sender »Funk« gegründet. Dort werden vor allem – Sie ahnen es – YouTuber als Moderatoren verpflichtet.

Die Fernsehmacher versuchen also, sich über das klassische TV-Programm hinaus weiterzuentwickeln – bisher eher mit mäßigem Erfolg. Über Angebote wie »Funk« oder ihre Mediatheken versuchen sie, die Internet-Bewegung zu kopieren. Was natürlich eine Gratwanderung ist, denn sie graben damit auch dem klassischen Live-Fernsehen das Wasser ab.

Das Problem dort wiederum ist, dass jeder Sender (Kanal) nur eine Gesamtsendezeit von 24 Stunden zur Verfügung hat. Mit viel Politik und internem Gerangel werden die heißbegehrten Sendeplätze vergeben. Soll etwas Neues hinein, stellt sich zuerst die Frage: Welche Sendung fliegt dafür raus? Diese Beschränkung hat das internetbasierte Format natürlich nicht. Dort besteht ein unendlicher Raum ohne zeitliche und örtliche Beschränkungen. Jeder kann sich dort, ohne Politik und ohne Intendanten und mit nur sehr kleinen technischen Hürden, einfach ausprobieren und seine Ideen umsetzen. Und wenn es den Menschen gefällt, dann geht das Ergebnis vielleicht viral und erreicht über exponentielles Wachstum Millionen von Zuschauern. Einfach so.

Und so konnte man (und kann weiterhin) der Entmachtung der einst so mächtigen Fernsehbranche förmlich zusehen.

Dieser kurze Abriss über die Entwicklung von YouTube und die Auswirkungen auf unseren Medienkonsum insgesamt bringt uns auf eine gute Fährte. Es war meine begrenzte Vorstellungskraft, die mir den Blick verstellte. Wie heißt es so schön: Wer von der Unmöglichkeit überzeugt ist, der schützt jeden Berg zuverlässig vor dem Versetztwerden.

Genau diese Überzeugtheit, der auch ich aufsaß, hat so manches Unternehmen aus Musik- und Filmbranche die Existenz gekostet. Hätte man an der eigenen Vorstellungskraft zweifeln sollen? Das wäre unter Umständen eine gute Idee gewesen. Vielleicht hätte man sich dann früher und besser auf den Wandel eingestellt.

Sind gut platzierte Zweifel also hilfreich? Ist es gut, sich infrage zu stellen, wenn man sich doch eigentlich so sicher ist? Ist es nötig, kritisch zu sein in Bezug auf die Grenzen der eigenen Vorstellungskraft?

Schon gewusst? Die Welt ändert sich

Gerade dieses kleine Video, welches ich damals auf dem klobigen Laptop ansah, hätte mir Antworten auf diese Fragen liefern können. Es war einer der ersten »viralen Hits«, die Millionen Menschen binnen kürzester Zeit angesehen haben. Vollständig hieß es: »Did you know – shift happens« (»Schon gewusst – der Wandel passiert«) und stammt im Ursprung von Karl Fish, dem technischen Direktor der Arapahoe High School in Centennial, Colorado. Wie er in seinem Blog »The Fishbowl« darlegt, wollte er mit dem Video seine Kollegen zu einer Diskussion anregen, um gemeinsam darüber nachzudenken, was Schüler brauchen werden, um im 21. Jahrhundert erfolgreich zu sein und wie sich das auf die Arbeit der Lehrer in den Klassenzimmern auswirken könnte.

Mit seiner Videopräsentation zeigte Fish schon 2007 eindrücklich, dass die Welt sich wandelt – und zwar sehr schnell. Der Lehrer erklärt darin etwa, dass viele der meistgefragten Jobs knapp zehn Jahre zuvor noch nicht einmal existierten. So hatte zum Beispiel der erste Webseiten-Programmierer mit Sicherheit keine offizielle Ausbildung für diese Tätigkeit. Karl Fish weist seine Kollegen darauf hin, dass das für Lehrende bedeutet, dass Schüler aktuell auf Jobs vorbereitet werden, die es möglicherweise noch gar nicht gibt – und ohne, dass ihnen das bewusst wäre. Sie werden mit Technologien arbeiten, die noch gar nicht erfunden sind. Sie werden Probleme lösen müssen, von denen man jetzt noch gar nichts ahnt.

Parallel steigen die verfügbaren technischen Informationen bzw. das technische Wissen: Es verdoppelt sich alle zwei Jahre. Das bedeutet im Umkehrschluss, dass das Wissen eines Studenten, der ein vierjähriges technisches Studium absolviert, bereits im dritten Jahr seiner Ausbildung veraltet ist.

Na, wenn das keine Hinweise auf die Notwendigkeit des Zweifelns sind. Inzwischen hat sich die Welt natürlich noch weiter beschleunigt. Fish vergleicht verschiedene Medien anhand der Zeit, die nötig war, um 50 Millionen Menschen für das Medium zu gewinnen. Beim Radio hat das 38 Jahre gedauert, beim Fernsehen 13 Jahre. Um diese Zahl an Menschen an das Internet anzubinden, waren gerade einmal vier Jahre nötig. Facebook, streng genommen kein Medium, hat es in nur zwei Jahren geschafft.

Wenn dieser frühe virale Hit eines zeigt, dann das: Veränderung passiert im Hier und Jetzt. Sehr schnell, sehr intensiv. Obwohl ausgerechnet dieses Video damals das erste war, das ich auf YouTube sah, brachte es mich nicht dazu, meine Fehldiagnose über das Potenzial der Plattform noch einmal zu überdenken.

Warum? Weil ich am Unbekannten zweifelte anstatt an dem, was ich sicher zu wissen glaubte. Genau deshalb ist es so wichtig, dass wir Unsicherheit aushalten lernen: **Manchmal ist der Faktor Veränderung verlässlicher als das, was wir für sicher halten.**

Veränderungswellen

Der Soziologie-Professor Hartmut Rosa beschäftigt sich seit vielen Jahren mit der Beschleunigung der Welt und der Dynamik dieses Wandels. In einem Interview auf der Webseite www.der-wissens-verlag.de erläutert er, dass Beschleunigung nicht erst ein Thema des 21. Jahrhunderts ist. Vielmehr gab es seit dem 18. Jahrhundert schon immer wieder mehr oder weniger intensive Beschleunigungswellen. Als Beispiel führt er die Elektrifizierung, die Telegrafie oder Eisen- und Straßenbahnen an. Und immer haben diese Wellen zu Veränderungen im Leben der Menschen geführt.

Heute, so Rosa, sind wir immer noch mit den Auswirkungen der aktuellen Welle beschäftigt, die eng verknüpft ist mit der gewaltigen Digitalisierung. Diese sei in der Intensität allerdings so gravierend größer, dass sie im Gegensatz zu den vergangenen Wellen viel fundamentalere Auswirkungen auf fast alle Lebensbereiche hat.

Dass sich Ideen ausbreiten ist nicht neu. Das hatten wir zum

Beispiel schon beim Buchdruck, der eine globale Revolution ausgelöst hat. Neu ist bei der Digitalen Revolution, dass heute Ideen und die dadurch ausgelösten Veränderungen nicht mehr Jahrzehnte zur Verbreitung benötigen, sondern nur noch Sekundenbruchteile.

Vor ein paar Tagen machte ich gerade einen Spaziergang durch den Botanischen Garten von Osnabrück, als mein iPhone in meiner Tasche vibrierte. Es war eine Terminanfrage zu einem Webmeeting mit drei Beteiligten, welches wir mal eben nebenbei koordinierten. Via Smartphone checkten drei Menschen zu völlig unterschiedlichen Uhrzeiten an völlig unterschiedlichen Orten auf der Welt ihre Kalender: der eine in Sydney, die andere in Argentinien und ich hier in Osnabrück. Verrückt.

Und vor allem noch 2007, als ich jenes Video zum ersten Mal sah, vollkommen undenkbar. Denn das erste iPhone, das in diesem Jahr erschien, löste den großen Smarthone-Boom überhaupt erst aus.

Solche Veränderungen sind für unser Gehirn keine Kleinigkeit. Wir müssen Veränderungswellen erst einmal verarbeiten und unser Leben darauf einstellen. Und während wir mit einer aktuellen Veränderungswelle gerade vollauf beschäftigt sind, sie vielleicht gerade so bewältigen können, ist es für uns schwer vorstellbar, welche umfassenden Veränderungen in der Zukunft noch auf uns warten. Die nächsten Veränderungswellen und deren Auswirkungen abzuschätzen und vorherzusagen, ist wahrlich nicht so leicht, wenn nicht sogar unmöglich.

Und das gilt nicht nur für uns normale Menschen – auch große Denker und vermeintliche Visionäre sind in der Vergangenheit immer wieder zu krassen Fehleinschätzungen gekommen. Sie kennen vielleicht manche der folgenden Zitate, die uns im Rückblick milde lächeln lassen. Wenn wir uns in die Zeit und den damaligen Erfahrungshorizont versetzen, sind sie absolut verständlich:

> »Ich denke, dass es einen Weltmarkt für vielleicht fünf Computer gibt« (Thomas Watson, bis 1956 Vorstandsvorsitzender bei IBM)
>
> »Die weltweite Nachfrage nach Kraftfahrzeugen wird eine Million nicht überschreiten – allein schon aus Mangel an verfügbaren Chauffeuren« (Gottlieb Daimler im Jahr 1920)
>
> »Das iPhone ist das teuerste Smartphone der Welt. Und es hat noch nicht mal eine Tastatur, was es untauglich für Geschäftskunden macht« (Steve Ballmer, ehemaliger Chef von Microsoft)

Alle drei waren oder sind in ihrer Branche Top-Experten. Und genau deshalb zweifelten sie auch nicht an ihren Aussagen. Sie waren sich absolut sicher – und lagen falsch. Genauso wie ich seinerzeit, als ich YouTube ein schnelles Ende prophezeite.

Die Welt ändert sich permanent. Und **wer nie an seiner Sicht auf die Welt zweifelt, hat den Schuss nicht gehört.**

Wer die Digitalkamera erfunden hat

Die Digitalisierung ist in ihren Ausmaßen und in ihrer Wucht bisher unvergleichbar. Sie hat unser Leben bereits tiefgreifend umgekrempelt und wird das noch weiter tun. Und weil Veränderungen schnell und global passieren können, sind auch Unternehmen gut beraten, auf der Hut zu sein und die Dinge, derer sie sich sehr sicher sind, anzuzweifeln.

Wissen Sie, wer die Digitalkamera erfunden hat? Kodak. Genau, die mit den Kleinbild-Filmen und dem gelbroten Logo, das man gelegentlich noch auf einer alten Werbefläche an dem ein oder anderen Gebäude sieht.

Und wen gibt es nicht mehr auf dem Markt? Kodak. Was ist passiert?

Die ZDF-Dokumentation »Firmen am Abgrund« untersuchte den Untergang einiger großer Firmen. Eine Folge widmet sich dem Unternehmen, welches die Fotografie revolutionierte, seinerzeit.

Bis Ende der 8oer war Kodak die Fotografie-Marke schlechthin. Für die jüngeren Leser erkläre ich das sicherheitshalber: Bis in die 9oer-Jahre gab es keine Digitalkameras (jedenfalls nicht auf dem Massenmarkt). Stattdessen wurden in Fotoapparate Filme eingelegt und in der Kamera belichtet. Typisch waren 36 Aufnahmen pro Film. Diese Filme wurden in einem Labor entwickelt. Der Kunde bekam dann nach etwa einer Woche die fertigen Bilder zugestellt oder konnte diese im Einzelhandel abholen. Aus heutiger Sicht wirkt das Ganze wie ein sehr kompliziertes Verfahren. Man wundert sich fast, dass damals überhaupt Fotos gemacht wurden, so umständlich wie das alles war.

Dennoch war, bevor es Kodak gab, die Welt der Fotografie noch viel umständlicher und im Prinzip nur einer kleinen Menge von Experten vorbehalten. Vom Einfangen des Fotos mit klobigen Kameras über das chemische Entwickeln bis zum Anfertigen von Abzügen. Um jeden Schritt mussten sich Experten in Handarbeit selbst kümmern. Das erforderte nicht nur umfangreiches Know-how, sondern neben räumlichen Gegebenheiten wie einer Dunkelkammer auch nicht unerhebliche Investitionen in Equipment und Chemikalien.

Der Gründer von Kodak, George Eastman, revolutionierte seinerzeit die Fotografie und entwickelte im Jahr 1888 die erste Rollfilm-Kamera. Er prägte den Werbeslogan »Du drückst den Auslöser – wir machen den Rest«. Mit diesem Ansatz hat Kodak über 120 Jahre lang die Fotoindustrie beherrschen können. Diese Einlegefilme und die damit verbundene Prozessbearbeitung waren das Herz von Kodak. Sie bildeten die Basis für ein sehr solides, über Jahrzehnte steigendes Geschäft. Die Margen lagen bei über 70 Prozent – astronomisch hoch in praktisch jedem Geschäftsfeld. Kodak beherrschte weltweit den Fotografie-Markt; in den USA lag die Marktabdeckung durch den Pionier sogar bei 80 Prozent. Damit war Kodak mit Abstand der unantastbare Marktführer mit weltweit über 145 000 Mitarbeitern. Ebenso rangierte das Unternehmen unter den Top-Börsenwerten. Extrem sexy, extrem profitabel. Für die meisten Mitarbeiter war es eine Auszeichnung, bei Kodak zu arbeiten. Schließlich wurde Kodak-Technik sogar bei der ersten Mondmission eingesetzt. Auch in Wissenschaft und Medizin war das Unternehmen eine nicht wegzudenkende Größe und stand für Qualität in der industriellen Fotografie. Bis das digitale Zeitalter begann. Und jetzt wird aus der Kodak-Geschichte ein echter Krimi. Das Urteil am Ende: schuldig aus Mangel an Zweifeln.

Dabei ging es für Kodak richtig gut los mit der Digitalisierung. Der Kodak-Vizepräsident Don Strickland hatte Ende der 80er-Jahre eine wertvolle Idee. Er wollte eine digitale Kamera ohne Film entwickeln. Er wollte bei der technologischen Revolution dabei sein, die sich gerade erst anbahnte. Seit 1973 war er bei Kodak und mit den internen Strukturen bestens vertraut. Er ahnte, dass diese Idee einer filmlosen Kamera intern erst einmal auf Hürden und Bedenken treffen musste, würde diese doch das bestehende Geschäftsmodell komplett ad absurdum führen. Der Schwenk auf die digitale Technik, das war allen klar, wäre für Kodak ein radikaler Einschnitt. Daher beschloss man im kleinen Kreis, die Entwicklung in das ferne Yokohama in Japan zu verlegen, weit weg von den Heimatmärkten. Dort sollten, streng geheim, die neuen, digitalen Möglichkeiten erforscht werden.

Unter Stricklands Regie wurden dann die ersten Patente und Prototypen realisiert. Die erste Digitalkamera konnte noch nicht viel, war extrem unhandlich und nicht unter einem Verkaufspreis von 30 000 Dollar zu produzieren. Im Jahr 1991 gelang dem Team erstmals ein Entwurf für eine Digitalkamera, die handlich genug und damit auch für Foto-Amateure geeignet war. Selbstverständlich kam die Aufnahmequalität bei Weitem nicht an die damals gängige Analog-Fotografie heran. Aber das japanische Team hatte das enorme Potenzial erkannt und Wege aufgezeigt, es nutzbar zu machen.

So weit, so gut – es ging voran. Bis die japanische Kodak-Enklave einen Besuch des Vizepräsidenten für Marketing bekam. Er war sofort begeistert von den Innovationen. Zurück in den USA berichtete er seinen amerikanischen Vorstandskollegen von den Dingen, die er in Japan gesehen hatte. Diese erstarrten förmlich und forderten den Erfinder Strickland auf, am nächsten Tag sofort Bericht darüber zu erstatten, was er da in Yokohama trieb. Strickland hatte 45 Minuten, um den Vorstand zu überzeugen, und ... versagte.

»Ich verstehe das nicht« war nach Angaben von Kollegen die freundlichste Reaktion, die er in dem Meeting bekommen hatte. Und verständlicherweise konnte er Fragen wie »Wie viele können wir davon verkaufen?« oder »Wie profitabel ist das?« nicht beantworten. Schließlich gab es keinerlei Anhaltspunkte, Bezugsrahmen oder Vergleichswerte von Wettbewerbern. Noch niemand hatte bisher eine Digitalkamera gesehen, benutzt oder verkauft.

In der Folge wurde Strickland mit seiner Idee und seiner Forschung förmlich sabotiert. Interessanterweise nicht, weil man Angst hatte, das bestehende Geschäft könnte zusammenbrechen. Man hielt das Ganze für eine Spinnerei. Auch die Qualität des digitalen Ansatzes konnte natürlich seinerzeit gegenüber der analogen Fotografie nicht überzeugen. Keiner konnte sich vorstellen, was in den Jahren darauf passieren würde. Stattdessen pochte man darauf, sich auf den Ausbau des Kerngeschäfts zu konzentrieren. »Digitalfotografie – das passt nicht zu unserer Strategie.«

Strickland war frustriert. Er verließ Kodak und ging zu – Apple. Das Erstaunlichste daran: Er durfte große Teile seiner Arbeit und ungenutzte Patente zu Apple mitnehmen. So wenig glaubte man bei Kodak an die Digitalkamera: Man warf sie dem scheidenden Erfinder auf dem Weg nach draußen praktisch hinterher.

Und wie ging es mit Kodak weiter? Zunächst einmal mit *business as usual*: analog. Die Entscheider glaubten daran, mit ihren Filmen und ihren Kameras auch weiterhin über sehr großes Marktpotenzial zu verfügen und das altbewährte Konzept einfach in ein neues Land transportieren zu können, um mit der alten Technik weiter zu wachsen. Man setzte auf den chinesischen Markt, der sich langsam öffnete. Da gab es scheinbar noch ein weites Feld für klassische Fotografie. Die Entscheider glaubten, dass Kunden in neuen Ländern sich genauso entwickeln würden wie bisher in den Stammmärkten. Dass die Chinesen erst ebenso analog fotografieren würden wie alle anderen Märkte in der Vergangenheit, und dann irgendwann in der Zukunft mal digital werden würden.

Bei Kodak war man sich vollkommen sicher zu wissen, was die Kunden wollen. Früher, heute und in Zukunft, immer und überall. Schließlich hatte man über hundert Jahre Erfahrung. Man glaubte an die eigene Größe und die eigene Marktmacht. Man nahm Wettbewerber nicht ernst. Man versuchte, die aufkommende Digitalisierung mit halbherzigen Produkten wie der Foto-CD in den Griff zu bekommen. Man übersah, dass Menschen Fotos in Zukunft lieber teilen möchten, als sie nur zu archivieren. Und vor allem dachte man bei Kodak, man hätte noch viel Zeit.

Kodak hat alle Warnsignale ignoriert, alle roten Ampeln überfahren und alle Schüsse nicht gehört.

Es kam, wie es kommen musste: Die Chinesen sparten sich den lästigen analogen Zwischenschritt und setzten von Anfang an auf die digitale Fotografie, als dieses Feld dort zu einem Massenmarkt wurde. Kodak verlor zunehmend auch in den Heimatmärkten Marktanteile. Nach und nach wurden Tausende von Mitarbeitern entlassen und immer mehr Fabriken geschlossen. Der Fehler, nicht alle Kraft und Energie in die Digitalisierung zu stecken, brach Kodak das Genick. Auch hektische Investments und Zukäufe brachten nichts mehr: Am 19. Januar 2012 stellte Kodak einen Insolvenzantrag.

Kodak hat die erste Digitalkamera erfunden. Apple hat sie mit der QuickTake 100 auf den Markt gebracht. Kodak ist heute tot.

Der Erfinder der ersten Digitalkamera Strickland sagte zur Insolvenz seines ehemaligen Arbeitgebers: »Firmen gehen eher durch den eigenen Erfolg zugrunde als durch Konkurrenz.«

Und warum machen sie diesen Fehler? Weil sie – geblendet durch ihren Erfolg – nicht rechtzeitig zweifeln. Auch bei Kodak wird irgendwann irgendwer angefangen haben zu zweifeln – doch da war es längst zu spät.

Zweifel: Treibstoff der Disruption

Die Erfindung der Digitalkamera war im Grunde viel mehr als eine Innovation. Die Digitalkamera hat einen bestehenden, sehr etablierten Markt komplett zerstört und dabei gleichzeitig völlig neue, ungeahnte Möglichkeiten geschaffen. Man spricht bei solchen einschneidenden Veränderungen an Märkten gern von »Disruption«. Das Wort leitet sich aus dem englischen »disrupt« ab und bedeutet soviel wie »zerstören«. Disruption und Digitalisierung hängen eng miteinander zusammen, wie wir bereits an mehreren Beispielen beobachten konnten.

Denken Sie nur an die Musikindustrie, die viel zu lange noch in Tonträgern gedacht hat – im Schema eines physischen Produkts. Digitalisierung, das war für diese Industrie die Einführung von CDs. Als innovativ galt den Entscheidern, die Produktion von Vinyl auf CDs umzustellen. Disruptiv für das eigene Geschäftsmodell war jedoch das Musikformat MP3, iPods und Internet-Streamingdienste. Sie haben das klassische Geschäftsmodell inklusive seiner Absatzkanäle komplett zerstört.

Ähnlich verlief die Entwicklung bei den Videotheken, deren Geschäftsmodell im Verleih von Bild- und Tonträgern bestand: Opfer der Disruption. Es gibt sie nicht mehr. Genauso wenig wie viele Einzelhändler, die ihren Kunden nicht klarmachen konnten, was sie besser können als Amazon. Und so lässt sich die Aufzählung fortsetzen.

Aber Disruption ist nicht nur im geschäftlichen Umfeld zu finden. Genauso wie Kunden sich von Anbietern trennen, kann das auch in Beziehungen passieren. Menschen verändern sich – in ihren Interessen und Bedürfnissen. Sie entwickeln sich in ihrer Persönlichkeit. Während der eine Partner vielleicht noch denkt: »Es ist doch alles wie immer. Das Essen kommt pünktlich auf den Tisch – läuft mit uns!«, fühlt die Partnerin sich womöglich schon länger nicht mehr gesehen. Jetzt, wo die Kinder groß sind, braucht sie eine neue berufliche Herausforderung. Das sind Veränderungen, die langsam und schleichend passieren. Die Partner haben sich vielleicht über eine längere Zeit nicht auf dem Laufenden gehalten. Der immer noch zufriedene Partner täte gut daran, seine Sicht auf den gedeckten Tisch und seine Ableitungen daraus anzuzweifeln: Was intakt aussieht, ist es vielleicht schon längst nicht mehr.

Zweifel sind gerade dann nötig, wenn etwas zu perfekt aussieht.

Genauso atemberaubend wie der Wandel durch neue Technologien, so unvorstellbar ist es vielleicht auch, dass ein anderer Mensch eine langjährige Partnerschaft ins Wanken bringt und dann plötzlich und unerwartet eine massive Veränderung katastrophenähnlich auf den Alltag hereinbricht. Man trennt sich. Und Trennungen können, besonders wenn Kinder im Spiel sind, sehr disruptiv für alle Beteiligten sein: Sie verändern alles.

Zu verhindern wären solche Katastrophen – ebenso wie die von Kodak – durch präventives Zweifeln. Dafür ist es zunächst gar nicht notwendig, die Beziehung oder das Geschäftsmodell als solches anzuzweifeln, sondern die eigene Wahrnehmung: Ist wirklich alles in Ordnung? Was bewegt meinen Partner gerade? Sehe ich sie oder ihn wirklich?

Oder im Business-Kontext: Funktioniert das Geschäftsmodell auch in Zukunft? Spricht die Entwicklung des Marktes und der Bedürfnisse dafür, dass der Erfolg anhalten wird? Gibt es Hinweise, dass unsere Lösung irgendwann nicht mehr ausreichen wird?

Prävention ist besser als Therapie, sagen die Mediziner. Das gilt auch für die Disruption.

Natürlich kann und sollte man nicht jeden Tag präventiv zweifeln. Das wäre sicherlich nicht zielführend – und gar nicht gut für die Motivation. Aber von Zeit zu Zeit, um sich selbst zu updaten. Um herauszufinden, ob man noch eine gute Sicht hat. Um eine Chance zu haben, sich in der Partnerschaft für veränderte Situationen neu und besser aufzustellen, sich neu zu erfinden. Das wäre innovativ. Sich eben nicht in Sicherheit zu wähnen, sondern Wahrnehmungen und Zweifel zuzulassen.

Wann haben Sie sich das letzte Mal Zeit für ein Update mit Ihrem Partner genommen? Wann haben Sie das letzte Mal über die Zukunftschancen Ihres Jobs oder Ihres Geschäftsmodells nachgedacht?

Neu erfinden – ein gutes Stichwort. Wie sagte Willy Brandt so schön: »Der beste Weg, die Zukunft vorauszusagen, ist, sie zu gestalten.« Noch nie waren die Zeiten dafür so gut. Die technologische Entwicklung eröffnet produktiven Zweiflern viele neue Räume, den Status quo mit disruptiven Ideen aufzurollen. Die innovativen Zweifler hinterfragen vor allem das Bekannte und zweifeln vor allem das an, was aus der eigenen Sicht naheliegt. Sie stürzen sich gezielt in Zweifel, um auf neue Ideen zu kommen.

Innovation heißt zuerst immer: Bestehendes in Zweifel ziehen. Wie Elon Musk, der mit dem ersten Elektroauto von Tesla gezeigt hat, dass es doch möglich ist, rein batteriebetriebene Limousinen mit akzeptabler Reichweite zu bauen. Er zweifelte am klassischen Verbrennungsmotor und dem Hybrid-Ansatz als Zukunftsmodell. Es muss doch anders gehen. Mit dem Mut des Zweiflers startete er eine disruptive Welle, die eine gesamte Industrie überrollt.

Beispiele für Disruption durch Zweifel gibt es aber nicht nur in der Wirtschaft. Zu Beginn des 20. Jahrhunderts war es zum Beispiel noch unvorstellbar, dass Frauen an der Bundestagswahl teilnehmen: »Das geht doch nicht, denn das ging noch nie!« Damit sich das ändern konnte, brauchte es Menschen, die bereit waren, den Status quo anzuzweifeln und sich für die Gleichberechtigung einzusetzen. Dass die Debatte im 21. Jahrhundert immer noch nicht beendet ist, zeigt: In manchen Bereichen reicht es nicht, nur einmal zu zweifeln. Manchmal braucht es Jahrzehnte, Generationen, sogar Jahrhunderte, bis wir genug gezweifelt und eine Veränderung durchgesetzt haben.

Zweifeln ist manchmal ein zähes Geschäft. Aber oft ist es auch alternativlos.

Neben Emanzipation und Geschlechterfragen diskutieren wir heute auch Themen, die für viele Menschen erst einmal »unvorstellbar« sind – weil es Zweifler gab, die nicht aufgegeben haben. Wir reden heute auch über die Ehe für alle und das dritte Geschlecht – Themen, die früher einfach totgeschwiegen wurden, weil sie disruptiv für manches konservative Weltbild sind.

Solange es hartnäckige Zweifler gibt, können wir uns kontinuierlich weiterentwickeln. Ohne Zweifler würde die Welt einfach stehenbleiben.

Wir brauchen diese Menschen, die Stricklands, die Musks, die Luther Kings dieser Welt. Die Menschen, die fühlen, dass etwas anders laufen muss als bisher. Die unsicher darüber sind, was ihnen der Status quo und die Gesellschaft suggerieren. Die auch dann zweifeln, wenn es unbequem ist.

Wir brauchen diese Zweifler, denn **Veränderung braucht Zweifler.**

Zweifeln, wenn's am schönsten ist

»Ich bin mir nicht sicher, ob wir vielleicht gar nichts tun und alles beim Alten belassen sollten« – Der gestandene Mittfünfziger mit dem freundlichen Gesicht schaut mich mit fragenden Augen an. Obwohl er Mr. Business in Person ist und man ihm rein vom Äußerlichen bereits alle dafür notwendigen Kompetenzen intuitiv zuschreibt, wirkt er auf mich gerade etwas unsicher. »Ja, ich weiß. Viele Mitarbeiter sind hier mit einigen Dingen unzufrieden, und wir sind vielleicht nicht der modernste Arbeitgeber. Aber uns gibt es seit über 100 Jahren. Ein sicherer Arbeitsplatz, das schätzen die Leute. Ich bin mir nicht sicher, ob wir Sie brauchen, Herr Koch. Es läuft doch!«

Das Unternehmen ist in der Öffentlichkeit eher unbekannt. Einer jener Hidden Champions, deren Produkte als Komponenten überall verbaut sind. Es ist vor allem die eine Idee aus den Fünfzigerjahren, die dem Unternehmen Millionen über Millionen an Umsatz beschert. Brancheninsider kennen die Firma – sie steht mit ihren Produkten für Qualität. Deutsche Wertarbeit, solide Fertigung, das alte Muster. Und das Unternehmen wächst und wächst. Mindestens zehn Prozent jedes Jahr. In manchen Jahren sogar deutlich mehr.

Eigentlich hat er Recht: Es läuft doch!

Von den derzeitigen Zahlen und nur von den Zahlen ausgehend stimmt das – doch die stimmten auch bei Kodak noch, als die wichtigen Zeichen der Zeit übersehen wurden. Wenn man den Blickwinkel verschiebt, ergibt sich ein anderes Bild: Viele gute Mitarbeiter, die über Jahrzehnte in dem Traditionsunternehmen gearbeitet haben, gehen gerade oder in den nächsten Jahren in Rente. Und dann schlägt der Fachkräfte-Mangel zu. Qualifizierte neue Mitarbeiter – Fehlanzeige! Für viele Bereiche in der Produktion bedarf es zudem viel Erfahrung, die man nicht so einfach einkaufen kann.

Auch das System hat Mängel, wohin man blickt, wenn man nur richtig hinsieht: Viele Prozesse und administrative Arbeitsschritte sind zu aufwendig, zu papierlastig, zu langsam, zu personalintensiv. Die Mitarbeiter, zumindest die Jüngeren, würden gern mehr mit Computern arbeiten. Eine IT-Infrastruktur ist so gut wie nicht vorhanden. Beim Thema Digitalisierung ist das ganze Unternehmen noch im »Neuland« unterwegs.

Und als ich ganz persönlich und im Vertrauen mit den Mitarbeitern spreche, muss ich nicht lange bohren, um eine tief verankerte Unzufriedenheit und Resignation auf breiter Front zu erkennen. »Wir sagen seit Jahren, dass es so nicht weitergehen kann«, so das allgemeine Stimmungsbild.

Und trotz dieser demotivierten Mannschaft: Wieder eines der besten Jahre hingelegt. Es läuft doch! Fragt sich nur: Wie lange noch?

Das Beispiel von Kodak zeigt, wie wichtig das Zweifeln in Erfolgsphasen ist – vor allem, wenn sie schon sehr lange anhalten und nichts verändert wurde. Das ist ein Muster in sehr vielen Branchen und eine der gefährlichsten Fallen überhaupt im Zeitalter der permanenten Veränderung und der digitalen Disruption: In Euphorie-Phasen werden Systemkritiker zu oft nicht gehört.

Aber alles hat zwei Richtungen. Jeder Aufwärtsbewegung folgt eine Abwärtsbewegung. Irgendwann. Denn **unendliches Wachstum ohne Veränderung ist eine Illusion.** Wie bahnen sich Krisen typischerweise an? Erst kommt ein Jahr mit null Prozent Wachstum. »Kann ja passieren«, heißt es dann – es kann ja nicht immer nur aufwärts gehen. Dann folgt vielleicht ein Jahr mit einem kleinen Verlust. »Okay, es war für das Land insgesamt ein schwieriges Jahr. Das bringt uns nicht ins Wanken, das stehen wir durch.« Vielleicht unterbricht dann tatsächlich noch ein kleiner, eher zufälliger Aufschwung die Talfahrt: »Ah, dieses Jahr war ein wenig besser als letztes, obwohl wir wieder Verluste eingefahren haben. Der Markt ist eben ein launisches Biest. Bevor wir hier große Veränderungen anstoßen, warten wir erst mal die Entwicklung ab.«

So vertröstet man sich selbst, die Belegschaft und die Kunden immer wieder aufs nächste Jahr, und die Talfahrt geht ungebremst weiter. Mit dem Prinzip Hoffnung wird wichtige Zeit vergeudet, wo längst Zweifel daran aufkommen sollten, dass die Situation sich von selbst wieder entschärfen wird. Bis auch die Entscheider einsehen, dass etwas passieren muss, haben sie es oft bereits mit einer handfesten Krise zu tun. Und erst dann ist der Punkt erreicht, an dem Unternehmen typischerweise auch auf unser Beratungsunternehmen zugehen. Zu einem Zeitpunkt, wo eigentlich schon nicht mehr eine gute Strategie, sondern ein Zaubertrank gebraucht wird.

Auch das Unternehmen des Mittfünfzigers ist längst in einer Abwärtsspirale gefangen – sie ist nur noch nicht an den Zahlen ablesbar. Noch hat das Unternehmen die Chance, Maßnahmen einzuleiten, bevor die Krise sich auch wirtschaftlich manifestiert. Doch das würde bedeuten, den Status quo infrage zu stellen und daran zu zweifeln, dass die alten Rezepte auch morgen noch funktionieren werden.

Doch seine Formulierung macht mir Hoffnung: »Ich weiß nicht, ob wir Sie überhaupt brauchen.« Nicht: »Ich brauche Sie nicht.« Irgendwo in seiner Überzeugung ist bereits ein Funken Zweifel. Daran, ob das Unternehmen wirklich so gut aufgestellt ist für die Zukunft. Er ist sich unsicher und gibt es zu erkennen, wenn auch sehr zaghaft. Ein gutes Zeichen: Damit erlaubt er sich bereits mehr Zweifel als viele andere in seiner Position, solange es läuft.

Zweifler an die Macht!

Außerdem gibt es in seinem Unternehmen einen gewaltigen Unterschied zum Beispiel zu Kodak. Dort gab es einen Menschen, der eine Vision, eine Idee hatte und das Potenzial der digitalen Fotografie gespürt hat. Aber er hatte zu wenig Einfluss. Er hat es nicht geschafft, die Menschen an der Führungsspitze davon zu überzeugen, dass es Zeit ist, am Status quo zu zweifeln. Der Geschäftsführer in diesem Unternehmen dagegen hat den Einfluss. Er holt sich Sichtweisen von außen – er hat mich angerufen. Er startet einen Zweifelprozess. Und er hat die Macht, einen Change-Prozess in der eigenen Organisation anzustoßen. Ein wichtiger Aspekt, um Zweifel in Zeiten der Disruption wirtschaftlich zu instrumentalisieren: Es braucht nicht nur Zweifler – die Zweifler müssen auch mit der notwendigen Macht ausgestattet werden.

Analog dazu möchte ich auch Sie ermutigen, zu zweifeln – und den Zweiflern in Ihrem Umfeld Gehör zu schenken. Den Status quo infrage zu stellen. Sich zum einen neue Informationen darüber zu besorgen, ob die Welt überhaupt noch so ist, wie wir selbst denken. Und auf der anderen Seite unser Vorstellungsvermögen infrage zu stellen, wenn wir Dinge für unmöglich halten. Wer sagt denn, dass sie unmöglich sind? Ist diese Behauptung haltbar? Und wenn ja, wie lange noch? Heute werden Dinge möglich, die wir vor einigen Jahren noch für völlig absurd gehalten hätten, weil die Welt sich in berauschender Geschwindigkeit verändert. **Durch Zweifeln bekommen wir die nötigen Wissensupdates**, die wir zwingend brauchen.

Viele Entscheider, die lange Zeit in sicherem Fahrwasser unterwegs waren, überschätzen ihre Kenntnisse und unterschätzen die Welt da draußen. Im Zweifel lieber zweifeln: Wir haben in der Regel eine schlechtere Informationsbasis, als wir glauben – auch wenn wir uns einbilden, gut informiert zu sein. Unser Bild von der Welt, unsere Glaubenssätze, unsere Modelle veralten immer schneller, je schneller die Welt sich wandelt.

In den allermeisten Fällen sind unsere Überzeugungen in vielen Bereichen nicht an das aktuelle Weltbild angepasst – und unsere gefühlte Sicherheit ist deshalb nichts als eine bequeme Illusion. Wir benutzen unser altes Weltbild. Das ist ungefähr so, als würde man heute einen Atlas von vor 1990 in die Hand nehmen: Da stimmt so einiges nicht mehr.

Kritisches Update gefällig?

Ich möchte Sie dafür sensibilisieren, dass es sich lohnt, eben nicht einfach unreflektiert Dinge zu denken und zu tun, die Sie schon immer gedacht und getan haben.

Warum? Ganz einfach: Gerade dann, wenn Sie sich ganz sicher sind, sind Sie oft auf der falschen Fährte, weil Ihre Informationen unter Umständen nicht aktuell sind. **Ihr Wissen stammt** nämlich **aus einer Zeit, die es nicht mehr gibt.**

Wissens- und Erfahrungs-Updates können uns helfen, eine bessere Ausgangslage zu bekommen. Nur müssten wir erst mal merken, dass solche Updates gerade anstehen und notwendig sind. Wir sind uns oft zu sicher bei den Dingen, die wir kennen – aber unsere Kenntnisse sind veraltet.

Beispiele gefällig?

- Die Kids sind bei Facebook? Nein, da sind sie längst nicht mehr. Instagram und Snapchat sind angesagt. Und wenn die Eltern dort ankommen, dann sind die Kids schon auf der nächsten Plattform.

- Unternehmen suchen Mitarbeiter aus? Eher nicht. Schon heute und erst recht morgen suchen sich die Mitarbeiter die Unternehmen aus, in denen sie arbeiten wollen.
- Künstler sind mittellos? Stimmt nur bei manchen. Andere machen gutes Marketing, sind exzellent im Geschäft und verdienen gutes Geld.
- Gute Schulnoten sind wichtig? Unmittelbar erst einmal nur für ein Studium mit Numerus clausus oder ein Stipendium. Ansonsten sagen sie erst mal nicht viel aus – und das sehen auch immer mehr Arbeitgeber so.

Es ist so eine Sache mit unserem Wissen. Wir bilden uns eine Meinung. Über das, was wir selbst erfahren und tun. Aber auch über das, was wir von anderen hören. Unsere Eltern, Lehrer und das allgemeine Umfeld prägen uns mit den Dingen, die sie kennen und wissen, und wir übernehmen ihre Bewertungen. Ihre Bewertungen wohlgemerkt – oftmals sogar ohne das Wissen dahinter. Und meistens passiert das auch noch unbewusst.

Ich bin ein großer Fan von New York und fahre alle ein bis zwei Jahre einmal dort hin. Ich mag das Flair der Stadt: Top of Fashion, Top of Finance, Top of Music. Die Stadt der Superlative. Ich kann mir zwar nicht vorstellen, dort dauerhaft zu leben, aber meine regelmäßige Stippvisite ist ein persönliches Pflichtprogramm.

Wenn Sie auch ein Fan von New York sind, haben Sie vielleicht ebenfalls schon folgenden Ratschlag gehört: »Du, ein Besuch auf der Freiheitsstatue lohnt sich nicht. Die wollen viel zu viel Geld haben, und man sieht das Highlight nicht, weil man selbst darauf steht. Bis oben auf die Krone kommt man eh nicht mehr. Fahr lieber mit den Staten Island Fähren. Die schippern euch direkt an der Freiheitsstatue vorbei. Und das Beste: Sie sind kostenlos.«

Na, das ist doch der Geheimtipp schlechthin für New York! Neulich gab ich diesen Geheimtipp an ein Pärchen weiter, das gerade kurz vor seiner ersten New-York-Reise stand. »Danke, Emanuel. Das haben wir schon öfter gehört«, erwiderten sie.

Als ich dann kurze Zeit später New-York-Bilder der beiden auf Facebook entdeckte, staunte ich nicht schlecht: von der Freiheitsstatue fotografiert auf die wundervolle Skyline von Manhattan. Die beiden hatten an den schlauen Ratschlägen gezweifelt, nicht auf die anderen gehört und sich selbst ein Bild gemacht. Mit dem »Crown Ticket« für knapp 30 Dollar pro Person gab es die Fährüberfahrt, Priorisierung in der Warteschlange und die Möglichkeit, bis in die Krone der Lady zu steigen.

Der Konsens über die überschätzte Freiheitsstatue? Nichts als Blödsinn. Von wegen »bis oben geht's eh nicht mehr«. Von »viel zu viel Geld« kann im Vergleich mit anderen Eintrittspreisen in New York auch keine Rede sein. Und die Fähre gab's obendrauf… Klar, der Tipp mit der kostenlosen Staten Island Fähre ist super. Sie aber an die Aussage »Freiheitsstatue lohnt sich nicht« zu koppeln, ist, wie wir sehen, so nicht richtig.

Mein vermeintliches Insiderwissen war überholt. Ich hatte das Zweifeln verpasst und war reingefallen.

Wissen Sie noch oder zweifeln Sie schon?

Wir übernehmen also anscheinend recht häufig unreflektiert Meinungen von anderen. Im Fall der verpassten Skyline von Manhattan ist das sicher ärgerlich, aber nicht so tragisch. In anderen Bereichen ist es schon relevanter.

Testen wir doch einmal, wie es um Ihr Wissen über den Stand der Dinge steht.

Die Welt in drei Fragen

FRAGE 1 – Armut
In den letzten 20 Jahren hat sich der Anteil der in
extremer Armut lebenden Weltbevölkerung …
  a) nahezu verdoppelt.
  b) nicht oder nur unwesentlich verändert.
  c) deutlich mehr als halbiert.

FRAGE 2 – Wie hoch ist die durchschnittliche
Lebenserwartung bei der Geburt heute weltweit?
  a) 50 Jahre
  b) 60 Jahre
  c) 70 Jahre

FRAGE 3 – Bildung
Weltweit haben 30-jährige Männer durchschnittlich
10 Jahre lang eine Schule besucht. Wie viele Jahre haben
gleichaltrige Frauen die Schule besucht?
  a) 9 Jahre
  b) 6 Jahre
  c) 3 Jahre

Diese Fragen stammen nicht von mir, sondern aus Hans Roslings Buch »Factfulness – Wie wir lernen, die Welt so zu sehen, wie sie wirklich ist«. Hans Rosling ist inzwischen leider verstorben, doch seine Vorträge bleiben legendär. Er verstand es, dröge Statistiken in packende und inspirierende Vorträge zu verwandeln und uns damit eine völlig neue, faktenbasierte Sicht auf die Welt zu ermöglichen. Seine Ideen trafen international auf große Resonanz.

Rosling zeigt in *Factfulness* auf, dass sich die Welt in vielen Bereichen inzwischen deutlich verbessert hat, diese Veränderung aber noch gar nicht in unseren Köpfen angekommen ist – und der kleine Test oben stellt das unter Beweis.

Die richtige Antwort auf die ersten beiden Fragen ist jeweils c) – bei der letzten Frage ist es Antwort a). Wenn Sie nicht richtig gelegen haben, machen Sie sich keine Vorwürfe. Weder ich, noch die meisten anderen Menschen kommen auf Anhieb auf die richtigen Antworten. Sie sind also in bester Gesellschaft.

Die allermeisten Menschen bilden ihre Urteile nämlich auf der Basis von veraltetem Wissen aus früheren Lebensabschnitten, das schlichtweg nicht mehr aktuell ist. Das betrifft nicht nur die Bevölkerung im Durchschnitt, sondern auch überdurchschnittlich gebildete Menschen, die täglich gravierende Entscheidungen auf Basis dieses veralteten Wissens treffen.

Warum ist das so? Die meisten von uns tragen einen Wissensschatz in sich, der ungefähr dem Wissenstand unserer Lehrer entspricht, als sie fertig mit ihrer Ausbildung waren. Dieses Wissen haben wir als Lernende übernommen, und in unseren Köpfen ist das jetzt einzementiert. Es ist ein Wissen über eine Welt, die es inzwischen so nicht mehr gibt. Durch unsere sich rasant verändernde Welt in Kombination mit der eingebauten Trägheit des Bildungssystems kommen wir teilweise in die skurrile Situation, dass manche Dinge bereits veraltet waren, als wir sie das erste Mal von unseren Eltern oder Lehrern gehört haben. Ich kann mich gut daran erinnern, dass meine Schwester in der Berufsschule noch die Funktionsweise von Lochstreifen lernen musste, als diese Ende der 8oer-Jahre schon gefühlte Steinzeit-Technologie waren.

Ich selbst kann mich erinnern, dass wir zu meinen Schulzeiten ausführlich über die »Dritte Welt« und die Probleme Afrikas gesprochen haben. Diese Dritte Welt gibt es heute so nicht mehr. Hans Rosling betont, dass es keinen Sinn ergibt, heute noch allgemein von »afrikanischen Ländern« und »Afrikas Problemen« zu sprechen. Deshalb hat es groteske Folgen, wenn wir das tun. Zum Beispiel die, dass die weltweite Berichterstattung über den Ausbruch der Krankheit Ebola in Liberia und Sierra Leone dazu geführt hat, dass der Tourismus auch in Kenia zurückging. Einem Land, das auf der anderen Seite des afrikanischen Kontinents liegt und von der Epidemie somit weiter entfernt war als London von Teheran. Mehr als 100 Autostunden, um genau zu sein.

Hans Rosling bringt es auf der Webseite seiner Organisation gapminder.org auf den Punkt: »Fast niemand kennt die grundlegenden globalen Fakten.«

Verschärft wird dieses Problem durch die Überforderung angesichts der Informationsflut. Wir zweifeln auch deshalb nicht, weil wir zumindest gefühlt keine Kapazitäten für neues Wissen mehr übrighaben. Die Künstlerin Rena Tangens beschrieb unsere Gesellschaft sehr treffend mit dem Wort »Zuvielisation«. Wir können nicht mehr überall mitkommen, überall mithalten und stets auf der Höhe der Zeit sein.

Ich denke, auch Rosling ist klar gewesen, dass wir nicht sämtliches Weltwissen nachhalten und permanent aktualisieren. Ihm ging es eher um unsere grundlegende Allgemeinbildung. Und schon da hapert es bei den meisten gewaltig.

Das liegt aber nicht daran, dass wir die Informationen nicht bekommen könnten, denn das ist mittels Internet inzwischen sehr leicht. Doch woran liegt es dann? Ist es eine Frage der Zeit oder der Bequemlichkeit, dass wir uns nicht mit aktuellen Daten versorgen? Nein, so die faszinierende Erkenntnis von Hans Rosling. Die Ursache liegt auch in der Funktionsweise unseres Gehirns begründet. Die Art und Weise, wie Menschen Daten interpretieren, verstellt uns in vielen Fällen extrem den Blick. Rosling beschreibt zehn »Instinkte«, die dazu führen, dass selbst die am besten gebildeten Menschen systematisch Fehler machen. Diese führen dann auch zu systematisch falschen Antworten. Systematisch falsch heißt hier: Würde man die Antworten auf die obigen Fragen zufällig geben, also quasi auswürfeln, würde man im Mittel bessere Ergebnisse erzielen.

Aber **unser Gehirn hat unter anderem die Tendenz zu polarisieren**, nämlich die Welt in »Gut und Böse« oder »Arm und Reich« einzuteilen. Ganz oft übersehen wir, dass die Welt nicht so einfach ist und eine solche Unterscheidung zwischen Extrempositionen keine adäquate Beschreibung darstellt. Die Wahrheit liegt meistens dazwischen, und die Mehrheit der Menschen ist eher in der Mitte zu finden.

Des Weiteren reagieren wir eher auf negative Nachrichten, positive dringen schlechter zu uns durch. Das schürt eine überdramatisierte Weltsicht.

Ein weiterer »Instinkt« besteht darin, dass wir gern verallgemeinern, um weniger Informationen verarbeiten und weniger Einzelentscheidungen treffen zu müssen. Auch dort, wo das nicht zulässig ist.

Dieser Hang des Gehirns zur Vereinfachung, Verallgemeinerung und sogar Ignoranz zeigt vor allem eines: Als informiert darf sich heute nur bezeichnen, wer permanent an seinem Wissen zweifelt und sich ständig auf dem neuesten Stand hält. Nur so können wir Täuschungen und systematische Fehlinterpretationen besser nachvollziehen und korrigieren.

»Ich weiß, dass ich nichts weiß« – das geflügelte Wort vom alten Cicero hat heute mehr Gültigkeit denn je.

Wie fühlen Sie sich mit dem Ergebnis unseres kleinen Tests eigentlich? Wie fühlt es sich an zu erkennen, dass man eigentlich ganz schön ahnungslos durch die Welt läuft? Machen wir uns nichts vor: Die Formulierung »nagende Zweifel« gibt es nicht umsonst. Wer zweifelt, ist unsicher und fühlt sich unsicher. Wie gehen wir mit dieser Unsicherheit um?

Lassen Sie uns dieser Frage auf den Grund gehen und betrachten, wie die emotionale Seite des Zweifelns im Alltag aussieht.

3.
Der gefährliche Wunsch nach Sicherheit
Die emotionale Seite des Zweifelns

Keine Garantie auf gute Zeiten

Wenn wir zweifeln, dann sind wir unsicher. In diesem Kapitel möchte ich zeigen, dass wir dazu tendieren, dieser Unsicherheit auszuweichen. Wir möchten dem unbequemen, emotionalen Zustand entfliehen. Dabei greifen wir zu Strategien, die nicht zwingend hilfreich sind und nicht in jedem Fall passen. Oft wäre es viel besser, unsere Reaktionen anzuzweifeln.

Wir leben in der sichersten Welt, die es bisher gab. Über 70 Jahre lang gab es keinen Krieg in Zentraleuropa. Deutschland zählt zu den wohlhabendsten Ländern der Erde, wir sind medizinisch weltweit bestversorgt, und wir haben auch noch viel mehr Freiheiten als in irgendeiner Epoche zuvor. Fast alles ist möglich: Wir können frei entscheiden, was wir tun und wer wir sein wollen.

Aber bleibt das auch so? Wie sieht die Welt von morgen aus? Bietet das heute noch starke Bündnis der Europäischen Union uns weiterhin die innenpolitische Sicherheit, die sie uns in den letzten Jahrzehnten hervorgebracht hat? Werden wir unsere starke Wirtschaftskraft behaupten können? Werden wir in Zukunft genug Arbeit haben?

Und vor allem: Treffen wir gerade jetzt die richtigen Entscheidungen, um für die Zukunft gut gerüstet zu sein?

Über die Dynamik des Wandels und die damit verbundenen Veränderungswellen haben wir bereits gesprochen: Nichts ist sicher, und nichts bleibt auf Dauer so, wie es ist. Im Prinzip muss man nur lange genug warten, dann stellt sich die Veränderung ganz von allein ein. Sicherheit ist, aus der Vogelperspektive betrachtet, nicht mehr als ein frommer, ja sogar kindlicher Wunsch. Als wir klein waren, haben unsere Eltern sich um alles gekümmert, und wir haben – je nach Fall mehr oder weniger – in einer schützenden Glocke gelebt. Insgeheim versuchen wir, an diesen Zustand in Zeiten der Unsicherheit wieder anzuknüpfen: Wir wünschen uns, dass alles, was wir kennen und liebgewonnen haben, auch so bleibt. Vor allem die Dinge, die gerade annehmlich und angenehm sind.

Doch **es gibt keine Garantie auf gute Zeiten.**

In meinen Vorträgen sorgt diese Feststellung immer wieder für ähnliche Reaktionen: »Das klingt aber nicht gerade positiv«, rief eine Frau aus der vierten Reihe mir erst neulich wieder zu. Vorwurfsvoll. Schließlich war sie doch in einem Motivationsvortrag.

Nachdem ich diese Rückmeldung etliche Male an der gleichen Stelle bekommen hatte, ist mir klar geworden: Menschen werden nicht gern mit Unsicherheit konfrontiert. Die Angst vor Bedrohungen aller Art, Krankheit, Tod, Gewalt, Leid, Schicksalsschläge, Trennung, materielle Verluste – also kurz: vor einschneidenden Veränderungen, die mit Unsicherheit einhergehen –, ist so riesig, dass wir sie lieber verdrängen wollen. Wir hören den »Du schaffst alles«-Botschaften lieber zu als »Kann auch schiefgehen«-Aussagen.

Aber so ist das nun mal: Trotz bestem Willen und trotz Handeln nach bestem Wissen und Gewissen kann auch alles schiefgehen. Dass ein Buch nicht fertig wird. Dass ein Projekt floppt.

Dass die Berufswahl sich als vollkommen unpassend heraus-stellt. Dass der neue Partner bei näherem Hinsehen doch nicht derjenige ist, mit dem man alt werden will. Alles Gedanken, die Unsicherheit erzeugen und die wir deshalb weit wegschieben. Aber unrealistisch ist nichts davon. Viel mehr sind wir unrealis-tisch, wenn wir die Möglichkeit nicht akzeptieren.

Von wegen »Worst Case«

Im Zusammenhang mit Businessplänen oder Projektplanun-gen gibt es den schönen Begriff des »Worst-Case-Szenarios« – der schlimmste Fall, der eintreten kann. Im Geschäftsumfeld ist es nicht untypisch, für sein Vorhaben mehrere Szenarien dar-zustellen und zu durchdenken, die beschreiben, wie alternative Stränge der Geschäftsentwicklung aussehen können. Da gerät die Fantasie schon mal richtig in Wallung. In Businessplänen will man damit zeigen, dass man alles gut durchdacht und auch einen Plan hat, wenn es nicht so läuft wie geplant.

Diese beliebte Methode ist konzeptionell vielleicht sinnvoll, hat aber oft einen Haken: Das skizzierte Worst-Case-Szenario, also der schlimmste anzunehmende Fall, ist nach meiner Beob-achtung in den allermeisten Fällen immer noch beschönigt – bei Studierenden, die ich unterrichte, genauso wie bei gestandenen Unternehmensführern und Managern, die in Sachen Scheitern und Misserfolge bereits Erfahrungen gesammelt haben.

Ich habe inzwischen schon einige Male erlebt, wie nicht nur der schlimmste angenommene Fall eintrat, sondern ein noch deutlich schlimmerer – was das Worst-Case-Szenario eigentlich ad absurdum führt. Und diese Katastrophe kann aus den unter-schiedlichsten Gründen passieren, die mit dem Produkt, der

Planung, Denkfehlern, Material, Partnern, Zeit oder dem lieben Geld zu tun haben können – Stolperfallen, die kein Mensch hätte vorausahnen können. Erfahrene Unternehmer wissen das und können viele Geschichten darüber erzählen, wie viele Unwägbarkeiten es bei der Geburt einer Geschäftsidee so gibt. All diese Geschichten laufen auf ein und dieselbe Lehre hinaus, die ich vor mir selbst, meinen Kunden, meinen Studenten und meinen Unternehmerkollegen nicht müde werde zu wiederholen: **»Hört auf mit Worst-Case-Szenarien – es geht immer noch schlimmer.«**

Wie viel Luft bei den meisten Worst-Case-Szenarien nach unten ist, verdeutlicht folgende Szene, die ich erst kürzlich mit einem Freund in einem Club erlebt habe. Ich glaube, er leckt heute noch seine Wunden.

Wir saßen schon eine Weile an der Bar, als mir auffiel, dass er eine sympathisch aussehende Dame auf der anderen Seite des Raumes beobachtete. Er ist nicht der Typ, dem es leichtfällt, auf andere Menschen zuzugehen, und so will ich ihm auf die Sprünge helfen. »Sprich sie doch an«, ermutige ich ihn.

»Trau mich nicht«, gibt er zurück.

»Was ist denn das Schlimmste, was dir passieren kann?«

»Dass sie ›Nein‹ sagt.«

Ich entgegne mit der Vertriebs-Logik aus einem anderen Leben: »Siehst du, und das ›Nein‹ hast du schon sicher in der Tasche, wenn du gar nichts machst. Du kannst also nicht verlieren.«

Mit diesen motivierenden Worten im Kopf sehe ich ihn aufstehen und sich auf den Weg auf die andere Seite des Raumes machen. Doch nach zwei Minuten sitzt er schon wieder neben mir.

»Und? Was hat sie gesagt?«, frage ich neugierig.

»Sie sagte: Hau ab, du bist hässlich.«

Wie gesagt: Es geht immer noch schlimmer, als wir erwarten. Bei meinem pseudoweisen Motivationsgerede habe ich die »Luft nach unten« nicht mit eingeplant: Ich war davon ausgegangen, dass die meisten Menschen sich zumindest zivil verhalten, wenn ihnen etwas nicht gefällt. Dass es auch Menschen gibt, die vollkommen empathiefrei, unsensibel und sogar aggressiv reagieren, wenn sie angesprochen werden, hatte ich ignoriert. Mit anderen Worten: Ich hatte den Arschloch-Faktor nicht einkalkuliert. Dabei sollte ich es in meinem Alter besser wissen: Arschlöcher gibt es immer und überall.

Und selbst dieses wirklich schon ziemlich fortgeschrittene Szenario ist noch weit von einem echten Worst-Case-Szenario entfernt. Es geht immer noch schlimmer: Die Dame hätte sich als Freundin eines zwei Meter zehn großen Bodybuilders erweisen können, der genau in dem Moment von der Toilette zurückkommt, als mein Freund sie anspricht. Oder diese menschliche Tragödie hätte von einer noch viel schlimmeren getoppt werden können. Wäre zum Beispiel die Decke des Clubhauses eingestürzt. Manchmal ist man einfach nur zur falschen Zeit am falschen Ort.

Apropos spontanes Ableben: Interessanterweise ist der Tod nicht die Angst Nummer eins der Menschen. Über die häufigsten Ängste gibt eine *Statista*-Erhebung Auskunft. Hier eine Auflistung der häufigsten Ängste:

- Angst, öffentlich zu reden: 41 %
- Angst vor großen Höhen: 32 %
- Angst vor Geldmangel: 22 %
- Angst vor tiefem Wasser: 22 %
- Angst vor Ungeziefer: 22 %
- Angst vor Krankheit, Tod: 19 %

- Angst vor dem Fliegen: 18 %
- Angst vor Einsamkeit: 14 %
- Angst vor Hunden: 11 %

Lassen Sie diese Liste mal auf sich wirken: Die meisten dieser Ängste sind – zumal in einer zivilisierten Gesellschaft, in der man nicht mehr in Höhlen lebt – in einem existenziellen Sinne eigentlich nur bedingt bedrohlich, oder? **Ängste entstehen aus gefühlten Bedrohungen** – egal, ob diese real oder zunächst nur in der Vorstellung existieren. Das Bedürfnis nach Sicherheit ist dasselbe – ganz gleich, ob die Bedrohung realistisch ist oder nicht. Wir wünschen uns körperliche Unversehrtheit und Gesundheit, materiellen Wohlstand oder wenigstens genügend Geld – und streben bei jedem dieser Bedrohungsthemen nach Sicherheit.

Sehr intensiv können diese Ängste zudem werden, wenn uns bereits schmerzliche Dinge passiert sind, die wir in Zukunft auch nicht mehr erleben möchten. Wie die Situation von meinem Freund im Club, der einen deftigen Korb von der Dame kassiert hat. Das schmerzt. Wenn wir verletzt worden sind, wenn wir unangenehme Dinge erfahren haben, etwas mal gehörig schief gegangen ist oder wir uns zum Gespött gemacht haben, dann setzt unser Schmerzgedächtnis ein. Unsere Ängste sollen uns davor schützen, so etwas noch einmal zu erleben.

Und diese Ängste machen das Zweifeln zu einer sehr emotionalen Angelegenheit. Wir zögern, halten uns zurück und sind lieber vorsichtig, als physische oder mentale Verletzungen zu riskieren: Soll ich das wirklich tun, oder lieber nicht?

Bleibt die Frage: Was sind Zweifel denn nun – rationale Gedanken oder primitive Emotionen?

Gedanke oder Emotion?

Zweifel definiert der Duden als »Bedenken, schwankende Ungewissheit, ob jemandem, jemandes Äußerung zu glauben ist, ob ein Vorgehen, eine Handlung richtig und gut ist, ob etwas gelingen kann.«

Wenn man diese Definition liest, dann schwingt mit, dass wir beim Zweifeln quasi »auf der Hut sein sollten«, ob jemandem zu glauben ist. Dass wir nachdenken sollten, um sicherzustellen, dass etwas gelingen kann.

Doch aus der Lebenserfahrung wissen wir alle, dass **Zweifel mehr sind als ein reiner Denkprozess.** Der Duden leitet mit der Formulierung »schwankende Ungewissheit« in die Richtung, die ich meine. Es ist eine gute Beschreibung dafür, wie es sich anfühlt, wenn man sich noch nicht sicher ist. Bedenken im Sinne rationaler Einwände sind für die meisten Menschen kein Problem. Ungewissheit schon eher. Und »schwankende Ungewissheit«? Das klingt so bedrohlich, dass es glatt einen Platz auf der Liste der Ängste weiter oben verdient hätte.

Was mich betrifft, so empfinde ich mich beim Zweifeln als sehr »schwankend ungewiss« – und das meine ich in hohem Maße emotional. In manchen Fällen sagt der Kopf: »Ja, das ist logisch – so machen wir es«, und der Bauch hält dagegen: »Aber es fühlt sich nicht gut an.« Manchmal ist es auch umgekehrt, und die Dinge fühlen sich richtig an, während der Kopf uns ein logisches Korrektiv anbietet.

Als Vater bin ich zum Beispiel schwankend unsicher, wenn ich Bedenken habe, ob ich meine Kinder gut genug bei ihren Schulfragen unterstütze. Zugleich weiß ich aber auch, dass sie alt genug sind, um eigenverantwortlich zu lernen, und davon möglicherweise mehr profitieren als von zu viel Unterstützung. In diesem Zwischenraum bin ich gefangen und schwanke unsicher hin und her. Und das nicht einmal, sondern wahrscheinlich so lange, bis die Kleinen ihren Schulabschluss in der Tasche haben. Für Eltern sind solche Fragen eine emotionale Achterbahnfahrt in permanent schwankender Ungewissheit.

Wie geht es Ihnen, wenn Sie zweifeln?

In Zweifelphasen flattern wir zwischen emotionalen und rationalen Zuständen hin und her. Es ist so eine Art von undefiniertem, unsicherem Betriebsmodus. Aus meiner Sicht ist jemand, der zweifelt, immer zugleich emotional und rational. Besonders in Phasen intensiven Zweifelns kann man interessante Beobachtungen am menschlichen Verhalten machen.

Ich bin zu dem Schluss gekommen, dass es sinnvoll ist, zwischen vorwiegend rationalen und vorwiegend emotionalen Zweifeln zu unterscheiden, denn meist ist eine von beiden Seiten dominant.

Beim *rationalen Zweifeln* lässt sich der Zustand des Zweifelnden faktenorientiert beschreiben:

- Es könnte sein, dass wir nicht auf der richtigen Spur sind.
- Es könnte sein, dass wir nicht alles sehen.
- Vielleicht fehlen uns Informationen.

Während beim *emotionalen Zweifeln* vor allem subjektive Empfindungen im Vordergrund stehen, etwa dass ...

- sich die Dinge nicht gut anfühlen.
- wir Ängste entwickeln.
- wir unsicher sind.

Beide Zustände sind nicht exakt voneinander zu trennen und können ineinander übergehen.

Daraus ergibt sich eine interessante Folgerung. Und das ist wahrscheinlich auch ein wesentlicher Grund dafür, dass Zweifel im Alltag eher als etwas Negatives betrachtet werden: Wenn ich von etwas überzeugt und entsprechend sicher bin, dann zweifle ich nicht. Wenn ich aber überdenke, meine Überzeugung und Sicherheit infrage stelle, dann stelle ich willentlich einen unsicheren, unangenehmen Gefühlszustand her. Ebenso, wenn ich meinen emotionalen Wünschen nicht nachgebe und sie infrage stelle. Und das führt dazu, dass Zweifeln recht anstrengend werden kann:

- Zweifel lösen ein Unsicherheitsgefühl aus, weil man etwas infrage stellt, die Antworten aber nicht kennt.
- Situationen werden komplizierter. Mit dem Zweifeln einher geht, dass man nachdenken muss, ohne gleich Ergebnisse zu haben. Man muss also eine Phase der Unsicherheit ertragen.
- Die Befürchtung, die Unsicherheit auch auszustrahlen, die man empfindet, macht viele Menschen zusätzlich unsicher.
- Es ergeben sich Identitätsfragen: Wer bin ich, wenn das, was bisher war, nicht mehr sicher ist? Wer bin ich, wenn ich unsicher bin? Wer bin ich, wenn ich zweifle?

Und wer sind Sie, wenn Sie zweifeln?

Auf der einen Seite ist also unser Bedürfnis nach Sicherheit, und auf der anderen Seite eine immer unsicherer werdende Welt. Es scheint so, als ob wir einen Weg finden müssen, beides miteinander in Einklang zu bringen, oder wenigstens: die Differenz auszuhalten.

Wäre es nicht schön, wenn wir in kompletter Unsicherheit trotzdem klar denken und souverän handeln könnten? So klar und so souverän, als ob nichts wäre? Leider können wir das nicht. Warum? Weil uns Ängste oder Sorgen emotional beeinflussen und irrational denken und handeln lassen, auch wenn wir uns noch so sehr bemühen.

Wir müssen die Unsicherheit also aushalten lernen und die rationale und die emotionale Seite des Zweifelns integrieren.

Die Voraussetzung dafür ist allerdings, dass wir die emotionalen Unsicherheiten überhaupt erkennen, wenn sie Einfluss auf unsere Gedanken nehmen. Und das tun sie im Alltag oft auf sehr subtile Art und Weise.

Konformität ist eine Zweifelvermeidungsstrategie

Wir wollen dazugehören. Dieser Wunsch steckt als Grundbedürfnis tief in uns drin. Heute sind autonome und selbstbestimmte Lebensweisen normal, früher konnte der Ausschluss aus einer Gruppe schnell bedrohlich werden und sogar den Tod bedeuten. Die Angst vor sozialem Ausschluss war angebracht und überlebensnotwendig. Diese Prägung aus vergangener Zeit ist möglicherweise der Grund, warum wir heute noch nach Konformität streben – selbst wenn wir das nicht immer wahrhaben wollen. Der amerikanische Sozialpsychologe Solomon Asch hat dazu in den 50er-Jahren hochinteressante und berühmt gewordene Experimente durchgeführt.

Dabei wurden mehrere Menschen in einen Raum gesetzt und sollten leichte Aufgaben erledigen. In den Ursprungsexperimenten sollten die Probanden die Länge von Linien einschätzen und beurteilen, welche Linien die gleiche Länge haben. Die Lösungen sind recht eindeutig und die Aufgaben nicht schwierig. Der Clou: Nur einer im Raum ist ein wirklicher Proband. Alle anderen sind Schauspieler. Sie waren zuvor angewiesen worden, nach einer gewissen Zeit vorsätzlich und einheitlich falsche Antworten zu geben.

Und nun wird es interessant: Obwohl der Proband die richtige Lösung kannte, gab er unter dem sozialen Druck des Umfeldes die falsche Lösung an – und zwar nicht bei einem Experiment, sondern auch bei etlichen Wiederholungen der gleichen Aufstellung. Fragt sich nur: Warum?

In der Nachbefragung geben die verschiedenen Probanden unterschiedliche Gründe für ihre falschen Antworten an. Manche behaupteten, sich aus Gründen der Wahrscheinlichkeit umentschieden zu haben: »Wenn alle zu einem anderen Ergebnis kommen, dann ist es unwahrscheinlich, dass meine Meinung die Richtige ist.« Diese Probanden zweifelten also klar an ihrem eigenen Urteilsvermögen. Eine andere Gruppe von Teilnehmern war davon überzeugt, dass die anderen im Raum offensichtlich absichtlich falsche Antworten geben – sie selbst hätten nur das Spiel mitgespielt. Diese Probanden ordneten sich also der Gruppe unter und gingen konform, obwohl sie nicht an ihrem Urteilsvermögen zweifelten. Sie wollten lediglich dazugehören und nicht als Außenseiter ausscheren.

Asch kommt bei seinen Experimenten zu dem Schluss, dass unsere Entscheidungen im Durchschnitt mit bis zu 37 Prozent durch solche Konformitätseffekte verzerrt sein können.

Das ist spannend und erschreckend zugleich. Dennoch überrascht es mich nicht, denn es führt mir zahlreiche Bilder vor Augen, die ich täglich in Unternehmen erlebe. Beispielsweise muss man schon einen breiten Rücken haben, um mit einer unpopulären Meinung gegen eine Gruppe von Kollegen zu bestehen. Schnell gilt man als Außenseiter, als Querulant. Die tiefsitzende Angst vor dem Ausschluss aus der Gruppe sorgt in vielen Fällen dafür, dass Zweifel am kollektiven Vorgehen nicht ausgesprochen werden. **Die Angst vor der Ausgrenzung kann Zweifel effektiv unterdrücken.** Denn das wäre eine Entscheidung gegen unser Sicherheitsbedürfnis und ist emotional bedrohlich. Diese Ängste können ja durchaus real sein: Denken Sie nur an Don Strickland von Kodak – er musste die Firma verlassen, der er sich zugehörig gefühlt hatte und für die er sich mit seiner bahnbrechenden Idee engagierte.

Ein weiterer Nachweis dafür, dass Zweifel unbequem sein können. Aber auch ein weiterer Nachweis dafür, wie wichtig sie sind, wenn wir uns nicht selbst in die Tasche lügen wollen.

Der Glaube an die heilsame Wirkung von Konformität ist nicht das einzige gruppendynamische Phänomen, mit dem wir uns selbst ein Bein stellen.

Neid ist immer destruktiv

Wilhelm Busch sagte einmal: »Der Neid ist die aufrichtigste Form der Anerkennung.« Das ist wohl auch der Grund dafür, warum Wissenschaftler sich so intensiv mit dem sozialen Phänomen Neid auseinandersetzen.

Der Frankfurter Sozialpsychologe Rolf Haubl hat für die Studie »Neid und Neidbewältigung in Deutschland« 2500 Menschen zum Thema Neid befragt und stellt fest, dass sich im Neid verschiedene Emotionen, wie Wut, Ärger und Traurigkeit vereinen. Ich kann also traurig, ärgerlich, wütend oder alles zusammen werden, weil ein anderer etwas hat, das ich selbst gern haben möchte. Das ist schon deshalb spannend, weil es zeigt, dass Neid für sich genommen eigentlich noch kein Gefühl ist, sondern nur ein Auslöser für unangenehme Empfindungen.

In der Auswertung kommt die Studie von Rolf Haubl zu dem Schluss, dass dem Neid immer ein sozialer Vergleich vorausgeht und die Menschen dann ganz unterschiedlich darauf reagieren. Haubl sagt: »Es gibt nichts, was sich nicht beneiden lässt. Zwar werden in unserer Gesellschaft überwiegend materielle Güter beneidet, die aber sind Stellvertreter für innerpsychische Zustände. Der neue Porsche, mit dem der Nachbar Neid erregt, verdeckt, dass es um anderes geht – um Anerkennung, Zufriedenheit, Glück, Sinn oder ähnliches.«

Abhängig von der eigenen Persönlichkeitsstruktur und den eigenen sozialen Verhältnissen könne Neid »ehrgeizig simulierend«, »empört rechtend« oder auch »depressiv lähmend« sein.

Wenn wir neidisch sind, sind wir also voll mit Emotionen aufgeladen – und es sind keine positiven Emotionen. Wenn Neid unseren Ehrgeiz auslöst, dann weil wir glauben, wir wären genauso gut wie derjenige, der das hat, was wir gern hätten. Ebenso kann Neid uns glauben machen, jemand habe es verdient, mal so richtig eins ausgewischt zu bekommen. Und wenn wir auf Neid eher depressiv reagieren, dann wollen wir diesen fiesen Gefühlszustand auch so schnell wie möglich loswerden, denn diese Form von Neid lässt uns glauben: Das schaffe ich nie, und deshalb haben all meine Mühen keinen Sinn.

Neid, das lässt sich zusammenfassend feststellen, ist eigentlich immer destruktiv. Und Empfindungen, die nicht gut für uns sind, uns eigentlich ins Grübeln bringen: Ist es gut für mich, so zu empfinden, oder führt der Neid mich auf eine falsche Fährte? Brauche ich wirklich den Porsche oder bin ich mit etwas anderem unzufrieden?

Neid kann ein Indikator dafür sein, dass wir genauer hinschauen sollten, was uns eigentlich fehlt. Doch dafür ist es notwendig, dass wir hinter die Fassade des Neids blicken und an der Substanz des Symbolbilds zweifeln, das uns scheinbar neidisch werden lässt. **Neid ist ein guter Anlass für Zweifel.** Wir dürfen ihn nur nicht für bare Münze nehmen, denn er kann uns leicht in die Irre führen.

Einfallstor Sehnsucht

Wenn wir uns mit anderen vergleichen, führt das oft zu der Feststellung, dass wir genauso sein wollen wie sie. Schließlich sehnen wir uns nach Sicherheit, Zugehörigkeit, Geborgenheit. Dieser Wunsch, in einem sozialen Sinne »vergleichbar zu sein«, also dazuzugehören, ist emotional so stark aufgeladen, dass er uns anfällig macht.

Es gibt Menschen, die dieses Einfallstor der Seele mit ihren goldenen Mittelchen, ihren unfehlbaren Erfolgsmethoden oder ihren Heilsversprechen zu nutzen wissen. Wenn Detlef D. Soost es geschafft hat, mit ein paar Übungen in Nullkommanichts ein Sixpack zu haben, dann kann ich mir den auch klicken. Überhaupt: Erfolgsrezepte sind da, um kopiert zu werden. Wollen wir alle gleich sein? Um Himmels willen, nein, das nun wirklich nicht. Unser Konsumverhalten spricht aber eine ganz andere Sprache: Wenn wir auf die Erfolgsgeheimnisse anderer reinfallen, glauben und hoffen wir sehr wohl, dass wir genauso sein mögen wie die anderen und dass ihre Rezepte auch uns erfolgreich, schön und schlank machen können. **Wenn es um Zugehörigkeit geht, sind die Zweifel oft ausgesetzt.**

Und das, obwohl wir es besser wissen. Nicht die Methoden

machen Menschen erfolgreich, sondern die Menschen die Methoden. Dass eine Diät bei dem einen funktioniert, ist keine Garantie dafür, dass es bei einem anderen auch nach dem gleichen Prinzip klappt. Und doch werden wir bei vermeintlichen »Abkürzungen zum Erfolg« automatisch hellhörig – weil andere es ja schließlich auch nutzen.

Vor allem aber, weil wir uns wünschen, dass es funktioniert.

So sehr, dass wir anfällig sind für die verrücktesten Versprechen, die uns bei unseren Emotionen packen. Die Sehnsucht nach unseren tiefsten Wünschen ist oft stärker als der Zweifel – solange wir ihr nicht auf die Schliche kommen.

Ich entdecke immer erst viel später, wenn mir so etwas passiert ist. Vor einiger Zeit habe ich die wirklich faszinierende Produktpräsentation eines neuen Keyboards gesehen. Ein wahres Wunderding, das einfach alles kann. Ein talentierter Niederländer mit charmantem Akzent präsentiert das Teil mit einer unglaublichen Leichtigkeit. Was der da rausholt! Eine ganze Band, ein ganzes Orchester, über 3000 Sounds, und all die Technologie wirkt auf magische Weise perfekt zusammen – auf Knopfdruck. Ein Wahnsinn! So wie der möchte ich auch spielen können, jawohl. Bin ich neidisch? Womöglich. Die Demo des Instruments verspricht: Wenn du nur dieses Produkt kaufst, dann kannst du das alles auch. Auch du kannst so sein wie der Holländer mit den fliegenden Fingern! Alles ganz einfach – unterschreiben Sie hier.

Monatelang war ich davon überzeugt, dass mein Leben ohne dieses Keyboard eigentlich nicht mehr wirklich Sinn ergibt. Ich wollte auch so spielen können wie der Holländer. Und das könnte ich mit diesem Keyboard natürlich …

… nicht. Meine unterbewussten Annahmen sind Blödsinn. Denn das Keyboard kann natürlich alles das, was es in der Präsentation zu bestaunen gibt – aber nur theoretisch. Denn man übersieht sogar mit Vorkenntnissen recht schnell, dass man die unterschiedlichen Sounds mit den jeweiligen Spieltechniken auch erst einmal einspielen, kombinieren, arrangieren muss. Und dazu bedarf es Fähigkeiten, die eigentlich nicht das Keyboard hat, sondern der Holländer. Das Keyboard ist das Werkzeug – doch es bedarf des erfahrenen Musikers, um Wunder zu produzieren.

Eine Zeit lang bin ich trotzdem der festen Überzeugung, dass dieses Keyboard alle meine Defizite in der Spiel- und Arrangierkunst lösen kann und wird. Ich muss es nur kaufen, sagt die Sehnsucht.

Lass es sein, sagen meine Zweifel – bei einer langen Tasse Kaffee mit Nachdenken. Es wäre nicht das erste Gerät in meinem Arsenal, das nach der Anschaffung zu wenig genutzt wird, weil es dann doch nicht so einfach ist, wie die Werbung suggeriert und die Sehnsucht kolportiert. Immerhin habe ich mehr als genug Instrumente und bereits über 7000 Sounds in meinem Studio-Rechner. Ein paar Stunden mehr Übung am Klavier sind sicherlich ein besseres Investment in den Holländer in mir, sagen meine Zweifel.

Danke, liebe Spielverderber.

Die falschen Rezepte

Wenn wir Neidgefühle entwickeln oder uns nach Einfachheit und Sicherheit sehnen, dann werfen wir leider dafür oft unseren gesunden Menschenverstand über Bord und lassen uns von unseren Wünschen intuitiv leiten. Nicht weil wir tatsächlich bräuchten, was andere haben oder die Zugehörigkeit zum Club der

Porsche-Fahrer so wahnsinnig begehrenswert wäre – sondern weil wir das unangenehme Gefühl wieder los werden wollen, das unsere Sehnsucht triggert.

In diesen Situationen gibt es zwei Möglichkeiten. Zweifeln ist die eine, anstrengendere. Nachgeben ist die einfachere, schnellere und gefühlt effizientere, denn sie macht die unangenehmen Emotionen sofort weg. Für den Moment jedenfalls.

Aus diesem Grund benutzen wir oft Antworten, Lösungen, Ideen, die eigentlich nicht passen, die uns aber beruhigen und sicher fühlen lassen. Wir versuchen ständig, Gegenmittel für unsere aufkommenden, schwierigen Emotionen zu finden – und das einfachste Mittel gegen Bedürfnisse, Wünsche und Sehnsüchte ist nun mal deren Erfüllung.

Und dabei übersehen wir dann, was uns später siedend heiß aufgeht: Eigentlich passt der Porsche gar nicht in unser Leben. Dann merken wir, was der Zweifel uns vorher hätte sagen können: Vielleicht wäre ein Bulli oder ein Kombi richtig, weil da außer dem Papa in der *midlife crisis* auch noch drei Kinder reinpassen.

Der Papa muss dann zwar den Neid weiter aushalten. Aber die Konsequenz kann doch nicht sein, gegen alle Vernunft und Lebensrealität den Porsche zu kaufen?

Unser Wunsch nach Einfachheit lässt uns auch Fake News bei Facebook schlucken, als wären sie aus Zucker. Endlich erklärt mir jemand mal ganz einfach, dass Flüchtlinge unser Land überfremden!

Zweifel: Vielleicht bemühen wir doch mal den Rechenschieber, bevor wir das einfach so glauben, denn draußen vor der Tür in Chemnitz-Nordost sind für ein überfremdetes Land irgendwie verdächtig wenige Flüchtlinge zu sehen.

Wenn ich mich gegen die einfachen Erklärungen entscheide

und mir ein eigenes Bild mache, dann muss ich ein gewisses Maß an Unsicherheit aushalten. Ich muss mir eingestehen, dass ich vielleicht nicht sehr gut informiert bin. Ich muss Zeit und Energie investieren, um meinen Zweifeln nachzugehen.

Populismus: einfach. Zweifel: anspruchsvoll. Wahrheit: immer grau, nie schwarz-weiß. Aber die Konsequenz daraus kann doch nicht sein, auf Populisten zu hören?

Menschen in Unternehmen tun sich oft schwer mit Entscheidungen, da sie Unsicherheiten bergen. Rezept: »Wir beauftragen ein Marktforschungsinstitut, denn die wissen, wie es geht. Oder eine Werbeagentur, die weiß, welche Knöpfe man drücken muss.«

Zweifel: Wissen die externen Partner es eigentlich wirklich besser? Oder sind die genauso unsicher und nehmen mir nur gegen Geld die unangenehme Entscheidung ab? Sie müssen sie ja hinterher nicht verantworten ...

Wenn wir Entscheidungen selbst treffen, müssen wir mit den Unsicherheiten leben, die zu jeder Entscheidung dazu gehören.

Und trotzdem kann die Konsequenz daraus nicht sein, alle Entscheidungen zu delegieren! Rezepte verschaffen uns emotionale Erleichterung – und sonst gar nichts. Wie bei anderen Drogen auch hält der Effekt nie lange an. Zweifel können uns davor bewahren, dass wir »Lösungen benutzen«, die nicht zu uns passen – und vor dem bösen Erwachen, wenn die Wirkung des (teuren) Bedürfnislöschwassers nachlässt.

Also ja: Die Konsequenz daraus muss sein, dass wir nachdenken, der Ratio ein Mitspracherecht geben und in der emotional anstrengenden Situation verharren, bis sie gelöst ist. Dort, wo es sich zunächst einmal vielleicht nicht so kuschelig anfühlt und wo es zudem keine Garantien gibt: im Korridor des positiven Zweifelns. Denn im Gegensatz zu den Zweifeln sind Neid und andere suchtähnliche Empfindungen am Ende immer destruktiv – und Zweifel die Stimme der Vernunft.

Leider gibt es allerdings noch einen anderen einfachen Ausweg, bevor wir endgültig einsehen, dass der Weg über die konstruktiven Zweifel führt: Die Natur hat uns mit erstaunlich effektiven Verdrängungsmechanismen ausgestattet, um uns vor unangenehmen Emotionen zu schützen.

Zur Not verdrängen wir

Dass wir negative Nachrichten nicht wirklich gern hören wollen, die Bereitschaft zu zweifeln uns aber besser tun würde, zeigt zum Beispiel die Situation der ärztlichen Vorsorgeuntersuchungen.

Im Jahr 2018 untersuchte die Gesellschaft für Konsumforschung (GfK) im Auftrag des Magazins *Hausarzt* wieder einmal die aktuelle Situation in Deutschland. Dabei kommt heraus, dass ein Großteil der Deutschen die Vorsorgeuntersuchungen ignoriert. Dabei ist diese in vielen Fällen sehr sinnvoll. Nach Angaben im Deutschen Ärzteblatt (Jg. 113, Heft 7) ist im Zeitraum von 2002 bis 2012 die Häufigkeit eines tödlichen Verlaufs von Darmkrebs bei Männern um 20,8 Prozent und bei Frauen um 26,5 Prozent zurückgegangen. Zurückzuführen sei diese erfreuliche Entwicklung eindeutig auf das frühzeitige Erkennen von Vorstufen des Darmkrebses aufgrund besserer Präventionsmöglichkeiten.

Doch um davon zu profitieren, muss man die Präventionsmöglichkeiten natürlich auch nutzen – und etwas vielleicht eher Kontraintuitives, aber definitiv extrem Gesundes tun: Nämlich an der Unverwüstlichkeit der eigenen Gesundheit zweifeln.

Dennoch verzichten 40,2 Prozent aller Bundesbürger gänzlich auf Vorsorgeuntersuchungen. Im Geschlechtervergleich sind Frauen etwas mehr auf ihre Gesundheit bedacht als Männer: Jede dritte Frau geht gar nicht zu Vorsorgeuntersuchungen (33,6 Prozent), bei den Männern ist es mit 47,1 Prozent schon beinahe die Hälfte, die lieber verdrängt, als sich der Unsicherheit zu stellen.

Bei den Begründungen ist ein breites Spektrum an Ausreden zu finden. Satte 67,5 Prozent derer, die nie zur Vorsorge gehen, geben an, sowieso nur zum Arzt zu gehen, wenn es ihnen schlecht geht. Jeder Dritte (31,7 Prozent) gibt an, regelmäßig zu vergessen, einen Termin beim Arzt zu vereinbaren. Bei 17,5 Prozent der Befragten ist der Grund, bereits im Vorfeld an die unangenehme Untersuchung denken zu müssen. 11,9 Prozent der Befragten geben immerhin zu, Angst zu haben, dass bei der Untersuchung ernsthafte Krankheiten festgestellt werden. Letzteren ist immerhin bewusst, dass sie verdrängen.

Das Beispiel zeigt: **Wir sind Meister im Verdrängen von Zweifeln.** Zweifel an der Gesundheit könnten uns gesünder halten – denn sie würden dafür sorgen, dass wir überprüfen, ob wir noch gesund sind. Doch diese Zweifel konfrontieren uns mit unseren Ängsten oder implizieren Anstrengungen und Unannehmlichkeiten, wenn wir unangenehme Untersuchungen in Kauf nehmen müssen (die meist nicht halb so unangenehm sind, wie wir glauben).

Wie in allen existenziellen Zweifelsfällen geht es auch hier um das richtige Maß: Zu viel zweifeln würde uns in Hypochonder verwandeln und unsere Lebensqualität beeinträchtigen. Zu wenig zu zweifeln und den Arzt zu meiden, um den Gedanken an unangenehme Ergebnisse zu verdrängen, kann im Extremfall sogar lebensgefährlich werden.

Der Korridor der positiven Zweifel ist immer eine Abwägung –

und zudem noch abhängig von individuell unterschiedlichen Faktoren.

Und diese Kunst des abwägenden Zweifelns lässt sich auch auf den Unternehmenskontext übertragen, wie wir im nächsten Kapitel sehen werden.

4.
Tabaluga und seine Väter

Wie Zweifel kleine grüne Drachen erschaffen

Das Risiko ist einfach zu hoch

Fritz Rau ist auf dem Weg zu einem seiner Geschäftspartner. Und er weiß: Es wird kein gutes Gespräch werden.

Ein kurzer Rückblick: Bis zu seinem Tod im Jahr 2013 war Fritz Rau der bedeutendste Konzert- und Tourneeveranstalter in Deutschland. Die Liste seiner Schützlinge ist lang und berühmt: Ob Bob Dylan, Eric Clapton, Madonna. Auch die nationalen Größen wie Udo Lindenberg oder Udo Jürgens gehören dazu. Von Mick Jagger stammt das Zitat: »Fritz Rau ist der Pate von uns allen – Rock'n Rau forever.« Er war ein Mann mit viel Persönlichkeit, der mit Sicherheit wusste, wie das Musikbusiness funktioniert und wie man internationalen Künstlern eine Bühne verschafft.

Aber an diesem Tag hat er eine schwierige Aufgabe vor sich. Dieser Termin wird kein *business as usual* werden. Über Monate haben Peter Maffay und er an *Tabaluga* gearbeitet. Die ganze Zeit über waren sie beflügelt von der Idee, eine Art Musical mit Rockmusik für die ganze Familie zu erschaffen. Ein kleiner grüner Drachen soll die Hauptfigur sein. Viele Gedanken und viel Zeit haben sie investiert in die Frage, wie man diese Märchenfigur inszenieren und auf die Bühne bringen kann – und zwar so, dass die Familien sich den Spaß auch leisten können.

Raus Forderung: Eine vierköpfige Familie soll für den Besuch unter 100 D-Mark ausgeben. Doch die Produktionskosten sind immens hoch. Zu hoch. Sie belaufen sich zu diesem Zeitpunkt auf geschätzte 25 Millionen D-Mark – eine utopisch hohe Summe für damalige Verhältnisse. Mit anderen Worten: nicht finanzierbar. Es ist viel zu unsicher, ob man die nötige Menge an Besuchern mobilisieren kann, damit sich das Projekt irgendwann auch rechnet.

Zu Querfinanzierung putzen Maffay und Rau seit Monaten die Klinken von potenziellen Sponsoren und versuchen, Geld für das Vorhaben einzuwerben. Doch es mag nicht so recht gelingen. Zum einen sind da inhaltliche Vorbehalte: »Der Rocker Maffay und kleine Drachen – das passt doch nicht zusammen!« Zum anderen gelingt es den beiden nicht, die Idee von Tabaluga zu transportieren und bei den potenziellen Geldgebern dasselbe Feuer für die Sache zu entfachen, welches die beiden in sich tragen. Sie kassieren eine Absage nach der anderen. Frustrierend. In seinem Buch Fritz Rau – 50 Jahre Backstage beschreibt der Konzertveranstalter es so: »Zu diesem Zeitpunkt hätte ich sogar zugestimmt, dass es auf der Bühne statt Schnee Cornflakes regnet, hätte sich ein Sponsor wie Kellogg's an unserem Vorhaben beteiligt.«

Die Autofahrt zum Termin erscheint ihm unerträglich lang. Er überlegt hin und her, wie er Peter Maffay die Hiobsbotschaft beibiegen soll. Am besten direkt und ohne Schnörkel: »Peter, wir werden Tabaluga so nicht machen können. Es ist nicht finanzierbar. Punkt.«

So hat er es sich zumindest vorgenommen. Doch es soll anders kommen. Denn Fritz Rau selbst, obwohl er mit dieser Entscheidung im Gepäck unterwegs ist, zweifelt daran, ob aufgeben die richtige Entscheidung ist. Aus ökonomischer Sicht muss er hart sein und dem geldhungrigen Projekt ein Ende setzen – eigentlich. Aber er merkt auch, wie viel Leidenschaft hinter dem Projekt steckt. Bei ihm, beim ganzen Team und auch bei Peter Maffay.

Angekommen bei seinem berühmten Partner sitzen sie sich Auge in Auge gegenüber. Und der entscheidende Satz fällt etwas anders aus, als Rau das eigentlich geplant hatte:

»Peter, wir müssen mit den Kosten runter – die sind einfach zu hoch.«

Moment mal, denkt Rau bei sich: Das klingt gerade gar nicht nach Schlussstrich. Und dann das: Maffay erklärt ihm, er hätte eigentlich schon viel früher mit einem Ende des Projekts gerechnet, denn auch er hat an der Umsetzbarkeit gezweifelt. Doch nun, nachdem Rau eine Hintertür geöffnet hat, schaut Maffay seinem Partner ruhig in die Augen und sagt: »Wenn du meinst, Fritz. Dann machen wir eben weiter.«

Ohne es geplant zu haben, hat Rau aufgrund seiner Zweifel die Perspektive gewechselt: Natürlich geht es weiter, nur die Sache mit den Kosten muss noch einmal gründlich überdacht werden. »Wir können den kleinen Grünen doch nicht im Stich lassen«, sagt Rau – und es geht weiter.

Der Wille war da. Ebenso die Zweifel. Und genau diese Zweifel von Fritz Rau und Peter Maffay haben dazu geführt, dass der eingeschlagene Weg nicht blindlings weiter beschritten, aber auch nicht das ganze Projekt ohne Not über den Haufen geworfen wurde.

Stattdessen wurde das getan, was nötig war: Noch einmal wurden alle bisherigen Annahmen überprüft und jeder Stein noch einmal umgedreht. Das führte zu radikalen Veränderungen in der Projektplanung: Viele Aufträge wurden nicht wie ursprünglich geplant an Dienstleister vergeben, sondern selbst organisiert. Das Tabaluga-Team setzte die gesamte Showplanung von Neuem auf und erreichte eine Kostensenkung um unglaubliche zwölf Millionen D-Mark – also fast eine Halbierung der Ursprungskosten. Damit gab es immer noch ein unternehmerisches Risiko – aber ein deutlich überschaubareres.

Der Rest ist Geschichte: Tabaluga wurde zu einem der erfolgreichsten deutschen Musicals überhaupt, von den Nebenverwertungen über Zeichentrickfilme, Musikalben und Merchandiseartikel gar nicht zu reden. Im Nachhinein hätte sich sogar die ursprüngliche Investition von 25 Millionen D-Mark gelohnt.

Nur gab es zur Startphase eben keine Sicherheit. Niemand konnte mit einem solch großen Erfolg rechnen. Niemand konnte mit Sicherheit sagen, ob das Investment sich rechnen würde oder zum Ruin der Beteiligten geführt hätte.

Doch in diesem Fall bewirkten die Zweifel etwas Magisches: Sie sorgten nicht für die Risikovermeidung, sondern für ein sinnvolles Risikomanagement. Das zeigt: **Zweifel machen Entwicklungsprozesse flexibel.** Sie können uns nicht nur davon abhalten, zu hohe Risiken einzugehen, sondern auch dafür sorgen, dass wir Herausforderungen annehmen. Und dann können sie auch noch dazu führen, dass wir die Dinge, die wir tun, richtig tun – sogar unter schwierigen Bedingungen.

Mal ehrlich: Wenn ein Werkzeug so effektiv ist, darf es auch mal ein bisschen anstrengend sein, oder?

Im Fall von Tabaluga haben die Zweifel – zur richtigen Zeit, im richtigen Maß – einen großen Erfolg erst ermöglicht. Fritz Rau und Peter Maffay haben weder kopflos weitergemacht und sich in unkalkulierbare Risiken gestürzt, noch haben sie frühzeitig die Flinte ins Korn geworfen und das Projekt zu früh beendet.

Zweifel können also auch in Unternehmen Großes bewirken. Doch was ist, wenn Zweifel aus Gewohnheit genau den gegenteiligen Effekt haben und Neues gänzlich verhindern? Was, wenn Sicherheitsdenken sämtliche Innovationen ausbremst?

Mal was Neues wagen

Menschen lieben das Neue: neue Erfahrungen, neue Ideen, neue Mode, neue Technologien, neue Produkte. Deshalb ist »neu« auch eines der wichtigsten Attribute auf Produktverpackungen und in der Werbung – aber es gehört noch mehr zu diesem Gedanken.

Ja, Menschen wollen Neues. Aber nur wenn es fertig und verfügbar ist und wenn man weiß, was man bekommt. Neues wird in der Regel stark angezweifelt, wenn es mit zu wenig Bekanntem als Gegengewicht daherkommt, und diese Zweifel kippen leicht ins Negative, sobald die Unsicherheit zu groß ist.

Wenn das Neue dagegen hübsch bequem und mit empfundenen Sicherheiten verpackt ist, dann erzeugen die Zweifel ein quasi-erotisches, positives Kitzeln, das man mitnimmt auf die Entdeckungsreise. So war das iPhone bei seinem Marktstart im Jahr 2007 als Idee schon brutal neu, was aber aufgewogen wurde durch Apple als verlässliche Marke dahinter, durch das Vertrauen in die Person Steve Jobs und durch die weltberühmte Präsentation, bei der man sehen konnte, dass es tatsächlich funktioniert.

Deshalb gibt es meiner Ansicht nach für jede Innovation auch eine Art »kritische Zweifel-Masse«: eine Anzahl von Menschen, meist Insider, die das Neue schon nutzen, geprüft und eine gewisse Erfahrung damit generiert haben – gerade genug Erfahrung, die anderen als Sicherheit dient. Sind zu viele Menschen schon mit der Innovation vertraut, gehört es schnell zum »Mainstream«, und das »Kribbeln des Neuen« geht verloren.

Für viele etablierte Firmen beispielsweise ist es nicht attraktiv, das erste Unternehmen zu sein, das etwas Neues macht. Zu groß ist die Angst vor Fehlern. Das Risiko ist zu hoch, viel Geld zu verbrennen und in die falsche Richtung zu laufen. Im Business spricht man dann gern von der »*Second Mover Advantage*«, also vom Vorteil, der Zweite zu sein. Beobachten lässt sich das zum Beispiel bei neuen Fernsehformaten. Neue Formate laufen in der Regel zunächst nicht in den Hauptprogrammen und zu den Hauptsendezeiten. Die großen Produktionsunternehmen und Sender testen neue Shows zunächst und warten ab, bevor sie sich auf eine Fortsetzung einlassen, denn niemand will sich die Finger verbrennen. Aber wenn ein Format wie »Deutschland sucht den Superstar (DSDS)« oder »Big Brother« erst einmal Anklang findet, läuft es zur besten Sendezeit – und andere springen auf den Zug auf. In kürzester Zeit entstehen so viele Plagiate und Kopien der Erfolgsformate, dass man als Zuschauer schnell die Übersicht verliert. Oder können Sie die Gewinner von »DSDS«, »Das Supertalent« oder »The Voice« noch auseinanderhalten?

Der *Second Mover*, der Zweite, hat die Chance, Fehler zu vermeiden. Es kann durchaus einen Vorteil haben, dass erst einmal andere herausfinden, ob etwas möglich ist, oder nicht – vor allem wirtschaftlich: **Der Zweite zu sein ist der weniger riskante Weg.**

Die verlernte Innovation

Doch so mancher Konzern hat es verlernt, innovativ zu sein. Innovationen werden oft nur noch dazugekauft – oder gleich ganze Startups, die neben einem reizvollen Produkt auch noch die Innovationskompetenz mitbringen, die man selbst nicht hat. So war es im Boom-Markt der Internet-Telefonie: Kleine, wendige und innovative Unternehmen haben die Technik entwickelt und zur Marktreife gebracht. Die großen Telefonkonzerne haben diese dann übernommen und somit ihre Antworten auf die neuen Kundenbedürfnisse nicht selbst gefunden, sondern eingekauft. Der klassische ISDN-Anschluss, der bis vor wenigen Jahren noch ein Standard war, hat ausgedient. Die großen Anbieter haben jedoch durch Zukauf von Innovationen ihre Stellung im Markt behaupten können.

Auf den ersten Blick ist das vielleicht ein sinnvoller Ansatz. Allerdings ist dabei im Grunde nicht der Käufer innovativ. Und mangelnde Innovationsfähigkeit kann, wie wir bereits an Beispielen wie Kodak gesehen haben, sehr gefährlich werden. Für kleinere Unternehmen ist der Zukauf zudem in der Regel keine Option – selbst innovativ sein ist angesagt. Ganz zu schweigen vom Risiko, dass der First Mover seine Sache so gut macht, dass die Second Mover ihren Vorteil des geringeren Risikos nicht ausspielen können, weil nur noch geringe Marktanteile übrigbleiben.

Ich bin davon überzeugt, dass wir mit so einer vorsichtigen Second-Mover-Haltung in der Zukunft nicht weiterkommen. Die Autoindustrie zeigt im Moment, was passiert, wenn man in einer abwartenden Haltung verharrt. Deutschland als Autonation hat zum Beispiel den Markt für E-Mobilität und autonomes Fahren lange Zeit gehörig verschlafen. Andere Länder und andere Marken machen den deutschen Autobauern vor, wie es geht. Sind die deutschen Autobauer inzwischen die »Third Mover«?

Schauen wir mal auf die echten Innovatoren unter den Autobauern. Haben die gezweifelt? Was haben sie mit ihren Zweifeln gemacht?

Man kann über das Unternehmen Tesla und seinen Gründer Elon Musk denken, was man möchte. Man kann die unzuverlässige Lieferfähigkeit des Tesla Modell 3 belächeln. Aber unter dem Strich hat Musk überhaupt erst den Markt für echte E-Mobilität geöffnet. Und gezeigt, dass vollwertige E-Fahrzeuge machbar und sinnvoll sind. Der Effekt des ersten Tesla war ähnlich, wie damals Apple mit der Vorstellung des ersten iPhones den Markt neu sortiert hat. Und plötzlich waren die Weltmarken Daimler, BMW und VW nicht mehr die Vorreiter, die sie jahrzehntelang unangefochten gewesen waren.

Für meinen Geschmack sind wir Deutschen viel zu sehr in der *Second-Mover*-Haltung verhaftet – weil wir zu lange keinen Grund hatten, an unserer erfolgreichen Aufstellung zu zweifeln. Wir können das Thema Digitalisierung als Beispiel nehmen. Es gibt immer noch Unternehmen, die fast bei null anfangen. Ich kenne tatsächlich eine Reihe von Mittelständlern, die keine strukturierte und zentrale Kundendatenbank haben. Ich kann es beim besten Willen nicht nachvollziehen, wenn mich ein Außendienstler eines Unternehmens besucht, ein schickes iPad für seine Präsentation aus der Tasche zieht, aber die einfachste Rückfrage nach vergangenen Bestellungen nicht beantworten kann – weil er dazu in der Zentrale anrufen muss, die aber leider nicht mehr besetzt ist.

Zweifel als DNA der Innovatoren

Aber was macht einen First Mover, einen echten Innovator aus? Was muss dieser mitbringen, damit Routinen und Bestehendes aufgebrochen werden und echte Innovationen stattfinden?

Wir haben in den vorangegangenen Kapiteln gesehen, dass wir grundsätzlich eher am Neuen zweifeln, als am Bestehenden, weil aufgrund unseres Dranges nach Sicherheit das Bekannte stärker wiegt. Es gibt diese Kraft, die uns immer wieder in das gefühlte Feld der Sicherheit hineinzieht. Wer sich dagegen auf den Weg macht in eine neue Richtung, der geht immer Risiken ein. Innovatives Handeln erfordert also Mut.

Und damit sind wir bei dem zentralen Punkt, an dem sich Zweifel und Angst vor Misslingen, Mut und Entschlossenheit trotz Angst, zu einer kraftvollen Mischung vereinen, die Neues hervorbringen kann. Könnte es sogar sein, dass gerade aus der Unsicherheit die Energie entsteht, die Innovatoren vorantreibt? Dass produktiv eingesetzte Unsicherheit eine konstruktive Haltung fördert?

Gründungspersönlichkeiten müssen mutig sein, keine Frage. Denn sie tragen nicht zuletzt ein in vielen Fällen nicht unerhebliches Maß an Risiko. Doch **erst wenn zum Mut auch die Zweifel hinzukommen, ist die DNA der Innovatoren vollständig!**

Untersuchungen zeigen, dass 80 bis 90 Prozent aller Startups scheitern und ihre Ideen nicht bis zur Marktreife bringen oder sich am Markt nicht durchsetzen können. Das ist ein großes Argument für das Zweifeln als ausgleichendem Faktor zum Mut des Entrepreneurs: Die Fähigkeit, Risiken erkennen, reflektieren und einschätzen zu können, ist eine unternehmerische Kernkompetenz. Denn oft fehlt Gründern noch Wissen – vor allem über die Kunden, die ihnen ihre neuen Ideen abkaufen sollen. Viel zu oft werden Investitionsentscheidungen aufgrund von Fehlannahmen getätigt, die durch Zweifel vermeidbar wären. Gründungspersönlichkeiten tendieren auch dazu, mit dem Kopf durch die Wand und ihre Ideen gegen alle Widerstände durchsetzen zu wollen – auch wenn alle anderen längst erkannt haben, dass es (so) nicht funktionieren wird.

Erfolgreiche Startups sind vor allem die, die sich selbst infrage stellen. Erfolgreiche Entrepreneure suchen und testen konsequent so lange weiter, bis sie einen gangbaren Weg gefunden haben, anstatt sich mit der erstbesten Option zufrieden zu geben. Sie zweifeln im Detail so lange konstruktiv an ihrer Idee, bis sie sicher sind, dass sie funktioniert. Und sie streben hartnäckig danach, Vermutungen durch Wissen zu ersetzen.

Kurz: **Erfolgreiche Gründer sind vor allem erfolgreiche Zweifler.** Sie zweifeln weiter, bis ihre Idee tatsächlich funktioniert.

Das ist es noch nicht

Dabei ist wichtig zu verstehen, dass erfolgreiche »First Mover« nicht ständig zweifeln. Es ist nicht so, dass sie bei jeder Tätigkeit die Sinnhaftigkeit überprüfen oder sich infrage stellen. Das würde zum Stillstand führen.

Vielmehr bewegen sie sich zwischen zwei Zuständen:

- Zustand eins: »Vertrauen in das, was man tut.«
- Zustand zwei: »Zweifel daran, wie man es tut.«

Sie wechseln also aus einem Zustand des Vertrauens heraus in gewissen Abständen immer wieder gezielt in den Zweifler-Modus und überprüfen, ob sie noch auf dem richtigen Weg sind.

An der Dokumentation des *Wall Street Journal* mit dem Titel »Behind the Glasses« über die Entstehung des iPhones lässt sich hervorragend nachvollziehen, wie Steve Jobs diesen Wechsel zwischen zwei Zuständen verkörperte. Das zentrale Problem bei der Entwicklung war die Bedienung: Ein Wählrad wie beim iPod konnte für Aufgaben wie Emails und Surfen nicht die richtige Lösung sein. Man brauchte neue Ideen, neue Ansätze. Und das Apple-Team hatte viele Ideen dazu.

Jedes Mal, wenn sich eine Idee als vielversprechend herauskristallisierte und den Entwicklern als brauchbar erschien, kam

Steve Jobs als großer Zweifler dazu. Er sagte dann Sätze wie: »Nein, das ist es noch nicht. Wir brauchen etwas, das wirklich gut und anders ist. Ich gebe euch noch zwei Wochen. Wenn ihr dann nichts habt, dann gebe ich die Aufgabenstellung einem anderen Team.«

Diese Schleife wiederholte sich unzählige Male. Nicht nur durch Steve Jobs; auch innerhalb der Teams wurde heftig gezweifelt und damit die Innovationsleistung hoch gehalten. Irgendwann war dann die Idee mit dem Vollformat-Display geboren. Das iPhone sollte das erste Smartphone ohne physische Tastatur werden, das auch ohne Eingabestift bedienbar ist.

Der Rest ist Geschichte: Nach jahrelangem Intensiv-Zweifeln wurde das iPhone zu einem der erfolgreichsten Produkte der jüngeren Geschichte. Hätte es nicht von Anfang an aufgrund schärfster operationalisierter Zweifel so gut funktioniert, wie es das tat – wer weiß, ob Apple heute denselben legendären Status als First Mover hätte, auf dem sein Ruf als wertvollstes Unternehmen der Welt gründet.

Kopfloses Weitermachen ist der Regelfall

Ich halte dieses Durchbrechen der Routine, das Überprüfen des eingeschlagenen Weges und das Reflektieren des eigenen Vorgehens für unfassbar wichtig: mittels konstruktiven Zweifelns die Ausgangslage zu verbessern und somit unter Umständen sogar fatale Situationen zu vermeiden.

Und dennoch tun wir uns schwer damit, einen eingeschlagenen Weg noch in Zweifel zu ziehen, wenn wir einmal losgelaufen sind.

In einer Studie der Hertie School of Governance aus dem Jahr 2015 wurden 170 deutsche Infrastruktur-Großprojekte auf Ausmaß, Muster und Ursachen von Kostensteigerungen untersucht. Ergebnis: Für die untersuchten Projekte, die zum Abschluss gekommen sind, beträgt die durchschnittliche Kostensteigerung pro Projekt satte 73 Prozent. Im Durchschnitt kamen auf die kalkulierten Kosten noch einmal drei Viertel der Aufwände obendrauf. Im Fall des LKW-Maut-Systems Toll Collect betrug die Kostensteigerung sogar unglaubliche 1150 Prozent. Die Studie zeigt ebenso, dass in bestimmten Schlüsselsektoren vor allem dann Risiken in Projekten auftreten, wenn technologisches Neuland betreten wird. Und dass vor allem ungetestete Technologien und unvorhersehbare Hindernisse bei Pionierprojekten zu erheblichen Zeit- und Kostensteigerungen führen können.

Das ist im Prinzip keine neue Erkenntnis. Als Diplom-Informatiker weiß ich, dass die Aufwands-Abschätzungen bei IT-Projekten zu den anspruchsvollsten und schwierigsten Aufgaben überhaupt zählen. Wenn man sich allerdings die Volumina der untersuchten Großprojekte anschaut, dann kann einem bei solchen massiven Abweichungen schon schwindelig werden – vor allem, wenn man sich die damit verbundenen Geldsummen vor Augen führt. Ich bin mir sehr sicher, dass zum Beispiel das Desaster des Hauptstadtflughafens BER sehr viel früher hätte sichtbar werden können, wenn man Systemkritikern, also Zweiflern früher eine Chance gegeben hätte.

Erfolgsgeschichten wie die von Tabaluga zeigen den Unterschied zwischen kalkuliertem Wagnis und kopflosem Weitermachen: **Zweifeln trennt Mut von Blödheit.**

Wir werden Unklarheiten und Unsicherheiten nicht ganz ausräumen können – schon gar nicht in komplexen Projekten. Aber wir können innehalten und uns überlegen, ob wir noch auf dem richtigen Kurs sind. Das klingt einfach und selbstverständlich, ist es aber nicht – denn Menschen handeln sehr oft irrational.

In dem Artikel »The Psychology of Sunk Cost« analysieren Hal R. Arkes und Catherine Blumer die Tendenz von Menschen, ein Vorhaben fortzusetzen, sobald eine Investition von Geld, Aufwand oder Zeit getätigt wurde. Mittels Tests und Befragungen von Studenten an den Colleges von Ohio und Oregon stellten sie dabei fest, dass diejenigen, die sogenannte »versunkene Kosten« verursacht hatten, Erfolgsaussichten eines Projekts viel höher einschätzen als diejenigen, die keine versunkenen Kosten verursacht hatten. Die Autoren führten dieses Verhalten darauf zurück, dass die psychologische Rechtfertigung dafür auf dem Wunsch beruht, nicht verschwenderisch zu wirken. Sprich, die Menschen tendieren dazu, gutes Geld schlechtem Geld hinterherzuwerfen. Man rechnet die bisher eingesetzten Mittel in die Entscheidungsfindung mit ein. Somit wird es immer schwieriger, ein Projekt zu stoppen, je mehr Aufwände bereits hineingeflossen sind.

Vor solchen psychologischen Effekten sind wir alle nicht gefeit. Denn dann müsste man sich ja die Verantwortung dafür eingestehen, dass sehr viel Geld und andere Aufwände förmlich »in den Kies gepumpt« wurden, sprich auf Nimmerwiedersehen versickert und damit verloren sind. Doch dieses Eingeständnis zu vermeiden, ist nichts anderes als kopflos: Es hat keinen Sinn. Aufgeklärt werden können solche Fehler nur durch Zweifel – denn sie schließen die Bereitschaft ein, Fehler rechtzeitig aufzudecken und zu korrigieren.

Aus diesem Grund sind diese abwechselnden Zustände wichtig: Einerseits der Vorwärtsdrang des Machers, andererseits das Korrektiv des Zweiflers an den richtigen Stellen und zum richtigen Zeitpunkt. Und dann wieder zurück ins Handeln – und so weiter, und so fort.

Am besten: Testen!

Wie man Zweifel gewinnbringend in die eigene Arbeit einbringen kann, ist mir vor einigen Jahren während einer Freizeitaktivität klar geworden. Ich sitze mit meinem Freund Lars in dem wirklich schönen Gewölbekeller der Festung Mark in Magdeburg. Eine urige Eventlocation, deren Mauerwerk in diesem farbigen, warmen Licht besonders gut zur Geltung kommt. Einst waren hier entlang der alten Stadtmauer preußische Soldaten untergebracht. Heute wird hier anderes Pulver verschossen: Lars und ich freuen uns auf die Comedy Lounge, bei der heute vier Comedians auftreten werden, die uns bis dato alle unbekannt sind. Acht Euro Eintrittsgeld, das ist doch fair. Wir sind gespannt, was uns erwartet.

Auf die Bühne kommt ein Deutscher türkischer Abstammung. Faisal Kawusi eröffnet sein Programm: »Das ist übrigens mein Bauch und kein Bombengürtel.« Das Publikum ist sich noch nicht sicher, ob es lachen soll. Mit seiner Islam-Comedy dringt Kawusi in Bereiche vor, die nicht unbedingt politisch korrekt sind und als Tabuthema gelten. Die eine Hälfte des Saals lacht, die andere stellt sich offenkundig die Frage: »Darf man das so sagen?«

Lars erklärt mir, dass viele von den Künstlern, die er in diesem Format bereits gesehen hat und die eher unbekannt waren, dann später auch im Fernsehen zu sehen waren. Und dass er den Eindruck hat, dass sie sich hier ausprobieren. Sie testen ihr Programm in kleinem Rahmen, bevor es auf die große Bühne geht.

Im Fall des »pummeligen Türken«, wie Kawusi sich selbst bezeichnet, hat sich das ebenfalls so entwickelt. Heute ist von dem etwas nervösen Auftritt damals in Magdeburg nichts mehr zu spüren, wenn der Komödiant souverän die gängigen Fernsehformate bedient.

Ich weiß noch, wie mich an diesem Abend eine unglaubliche Beruhigung durchströmte – war ich doch gerade selbst mit der Entwicklung eines eigenen Bühnenformates beschäftigt. Deshalb konnte ich an jenem Abend besonders gut nachfühlen, dass das, was auf der Bühne so leicht aussieht, in Wahrheit hart erarbeitet ist und in einem langen Prozess des Ausprobierens und Zweifelns entsteht.

Viele meiner Vortragszuhörer stellen sich das auch ganz anders vor: Vortragsredner sitzen doch bestimmt entspannt am Schreibtisch, ersinnen in Ruhe einen neuen Vortrag, und danach gehen sie los und rocken die Bühnen der Welt. Das ist reines Wunschdenken. Manchmal ist man felsenfest davon überzeugt, eine knackige Geschichte gefunden zu haben, die garantiert zu einem Lacher beim Publikum führt. Und dann ist man überrascht von den tatsächlichen Reaktionen, wenn das Publikum so gar nicht versteht, warum der Referent sich gerade selbst lustig findet. Und an anderen Tagen schreibt man fast beiläufig eine Textpassage auf, die man vielleicht gar nicht für besonders gut hält, und genau die entpuppt sich als Brüller. Mit der Selbstwahrnehmung ist es eben so eine Sache.

Deshalb braucht es die institutionalisierte Form des Zweifelns: den Test.

Auch die musikalischen Köpfe von Abba haben getestet. Björn Ulvaeus und Benny Andersson führten bereits seit dem Jahr 1977 am Ende jedes Abba-Konzerts eine Art Mini-Musical auf. Es hieß »The Girl with the Golden Hair« und hatte eine Dauer von 25 Minuten. Es waren die ersten Versuche der musikalischen Inszenierung einer Geschichte – lange bevor die beiden das Erfolgsmusical Chess in seiner heutigen Form ersannen, das sich daraus entwickelte – und lange vor dem Ultra-Erfolgsmusical Mama Mia.

Die erfolgreichsten Menschen sind oft gerade deshalb scheinbar über Nacht mit einer neuen Idee erfolgreich, weil sie diese Idee im Kleinen über lange Zeiträume intensiv und ausdauernd testen, bevor sie sie offiziell über die Startlinie schieben. Und jede Form des Testens ist nichts anderes als ein Ausdruck von erfolgreichem Zweifeln.

Wer testet, zweifelt richtig.

Wenn Sie also gerade etwas Neues beginnen – zweifeln Sie! Und zwar mit geradem Rücken. Hinterfragen Sie. Probieren Sie aus. Verwerfen Sie. Machen Sie Fehler. Oft liegt genau in diesem Prozess erst der Schlüssel zum späteren Durchbruch.

Eine Lektion, die ich selbst erst lernen musste.

Kein Businessplan überlebt den ersten Kundenkontakt

Zu Beginn meiner Unternehmertätigkeit sind mich fehlende Zweifel mehr als einmal teuer zu stehen gekommen. Hätte ich damals doch bloß unsere Annahmen überprüft und besser getestet!

Ich erinnere mich noch gut an eine besonders große Enttäuschung: Wochenlang hatten wir mit einem sechsköpfigen Team an einem neuen Softwaresystem getüftelt, welches wir an Einzelhändler verkaufen wollten. Wir waren fasziniert von unseren eigenen Ideen und den Möglichkeiten des Internets. Ergebnis:

Wir bauten die eierlegende Wollmilchsau. Die Software war vollgepackt mit tollen Features, die wir als Entwicklung großartig fanden. Was man mit dieser einen Software alles anstellen konnte – sagenhaft!

Dabei übersahen wir nur leider, dass die Kunden, die all den Firlefanz am Ende nutzen sollten, noch gar nicht so weit waren. Für 90 Prozent der Kunden, nämlich Einzelhändler, die wir als Zielgruppe im Auge hatten, hätten 10 Prozent der Funktionalität ausgereicht. Und weil wir das nicht erkannten und uns sicher waren, dass die Kunden all die Features benötigten, nahm das Projekt sehr viel Zeit in Anspruch – zu viel Zeit. Zeit, die ein Wettbewerber nutzte, um an uns vorbeizuziehen.

Fassungslos mussten wir mit ansehen, wie er uns einen Kunden nach dem anderen vor der Nase wegschnappte. »Und das mit diesem rudimentären Mist!« – so die neidische Sichtweise bei uns im Entwicklerteam.

Unter dem Strich mussten wir anerkennen, dass er schlauer gewesen war als wir: Die wesentlich einfachere Software mit den nötigsten Funktionen war für den Kunden natürlich übersichtlicher und einfacher zu bedienen – mal ganz abgesehen davon, dass er deshalb schneller mit der Entwicklung war. Wir waren uns zu sicher gewesen zu wissen, was die Kunden brauchen und wie lange sie zu warten bereit waren.

Falsche Überzeugungen können sehr teuer sein!

Planen – aber richtig

Wie kann man das besser machen? In meinem Beispielprojekt, aber auch bei Großprojekten?

Fangen wir damit an, was in unserem Beispiel falsch lief: Wir machten Pläne und hielten uns daran.

Das klingt vielleicht erst einmal ein bisschen schräg: Macht man nicht genau deshalb Pläne, damit man sich daran halten kann? Und dennoch ist das der Grund, warum so viele Startups und Gründer scheitern. Einen Plan zu machen, ist erst einmal sinnvoll. Eine gute Planungsphase ist oft das halbe Projekt.

Aber Planung darf nicht nur am Anfang eines Projektes stattfinden! Denn ein Plan ist eben nur ein Plan, sprich ein Modell. Nicht die Realität. Wir übersehen, dass solche Pläne – unsere eigenen Pläne – in der Regel Fehlannahmen enthalten. So war es in meinem Fall die Überzeugung, dass die Kunden all die Funktionalität benötigen, die wir uns ausgedacht hatten.

Winston Churchill sagte: »Planung ist alles – Pläne sind nichts.« Ich interpretiere seine Aussage so: Ein Plan ist nur so gut wie seine regelmäßige Aktualisierung. Und vor der Aktualisierung steht das Zweifeln, das Infragestellen, das Neuplanen. Mit neuen, aktuellen Erkenntnissen. Es ist eine Illusion, dass moderne Projekte nach folgendem Schema ablaufen:

1. Planen
2. Umsetzen
3. In Betrieb nehmen

Oder, auch eine verbreitete Formulierung der Stufen:

1. Anforderungsdefinition
2. Spezifikation
3. Implementierung

Solche Vorgehensweisen werden in der Praxis auch »Wasserfall-Modelle« genannt. Dabei werden Projekte in klaren, linearen, sprich aufeinander aufbauenden Phasen geplant. Wie bei einem Wasserfall läuft das Wasser durch diese Phasen und kommt dann irgendwann am Zielort an. Diese Vorgehensweise galt viele Jahre als Idealtyp und wird heute immer noch gern und viel zu häufig praktiziert. Und das ist genau das Problem. Denn eine in diesem Schema vorn, also während der Planung oder Anforderungsdefinition getätigte Fehlannahme wird in die hinteren Projektphasen »durchgereicht« und führt möglicherweise zu völlig unbrauchbaren Ergebnissen.

Insbesondere bei komplexen Projekten – und ein Startup ist immer ein komplexes Projekt – ist dieses Modell jedoch völlig unbrauchbar. Im Standardwerk »The Startup Owner's Manual« skizzieren die Autoren Steve Blank und Bob Dorf recht deutlich, dass ein lineares Projektvorgehen der häufigste Grund für das Scheitern von Gründern ist. Auf Basis zahlreicher Projekte haben sie diverse »Todsünden« identifiziert, die bei Nutzung des Wasserfall-Vorgehens zielsicher ins Verderben führen. Hier die gefährlichsten Planungssünden:

- Die Annahme »Ich weiß, was der Kunde will«: Ein Gründer sollte verstehen, dass am Tag eins sein Projekt eine rein auf Glauben basierende Initiative ist, der erst einmal nur Annahmen zugrunde liegen.

- Der »Ich weiß, welche Features wir brauchen«-Fehler: Übersehen wird oft die Tatsache, dass in den meisten Fällen das Wissen fehlt, welche Funktionen beim Kunden Anklang finden.
- Die Fokussierung auf ein Abgabedatum: Zu oft wird von der Vermutung ausgegangen, dass man nur ein Produkt benötigt, damit die Kunden kommen.
- Der Fokus liegt auf der Ausführung des Businessplans, statt auf Hypothesen, Tests, Lernen und Iteration.
- Das Vorgehen wird entlang traditioneller Pläne und der Denkweise organisiert, die dahintersteht. Traditionelle Pläne lassen keinen Raum für das Ausprobieren oder für Fehler.

Um diese Fehler nicht zu begehen, geben die Autoren schon in der Einleitung des Standardwerkes einen ungewöhnlichen Rat: »Schlagen Sie einen neuen Weg ein, begleitet von Unsicherheit, Angst und Zweifeln.« Daraufhin machen sie deutlich, dass »Gewinner erkennen, dass ihr Startup eine Folge ungetesteter Hypothesen ist«. Vor allem plädieren sie dafür, den involvierten Personen genau das zu verdeutlichen und sich rückhaltlos auf diese Haltung einzulassen.

In ihrem Buch empfehlen sie einen praktikablen Verifikationsprozess, mit dem getroffene Hypothesen in systematischer Form geprüft werden. Und zwar so lange, bis alle Annahmen getestet sind. Hypothese ist übrigens ein anderes Wort für »raten«. Es ist fundamental wichtig, genau das zu verstehen. Dass viele Dinge im Vorfeld nur geraten werden können. Und deshalb sollten alle teuren Folgeschritte, wie das Einstellen von Personal bzw. größere Investitionen zum Skalieren, idealerweise in Phasen verlegt werden, in denen gesicherte Erkenntnisse vorliegen. Es ist vor allem wichtig, dass Teams ein Gefühl dafür bekommen, dass sie falsch liegen können und dass getestet werden muss. Am besten, bevor es so richtig teuer wird. Bevor man wirklich weiß, dass das, was man sich ausgedacht hat, draußen auch funktioniert.

Zweifelphasen von vornherein in Projekte einzubauen, ist also eine gute Idee. Letztlich ist es nur professionell: Menschen sind fehlbar. Ebenso wird dabei berücksichtigt, dass sich mit jedem Schritt, den wir in einem Projekt tun, neue Erkenntnisse ergeben können. Das ist natürlich anstrengend, und man muss dafür auch erst einmal eine Kultur etablieren, die regelmäßiges Zweifeln ermöglicht.

Was dabei auch zu berücksichtigen ist und oft übersehen wird: Alle guten Einwände und Gedanken sind meist schon in den Köpfen von Mitarbeitern formuliert – sie werden nur oftmals nicht ausgesprochen. Die Kultur des Zweifelns, die wir in Unternehmen und besonders in neuen Projekten brauchen, muss nicht etwa dafür sorgen, dass die Menschen mehr Bedenken, mehr Zweifel haben. Es gibt in den meisten Fällen bereits genügend gute Zweifel. Vielmehr besteht die Aufgabe darin, eine Kultur zu schaffen, die diese Zweifel zulässt und das Zweifeln zum Teil der Kommunikationskultur macht.

Wir müssen nicht mehr Zweifeln, sondern mehr Zweifel zulassen!

Die folgende Übung zeigt, wie wichtig es sein kann, sich diese wertvolle Ressource zu erschließen.

Die Projektbeerdigung

»Es ist alles schiefgegangen. Ihr Vorhaben ist tot – aus die Maus. Ich möchte, dass Sie sich jetzt alle mal mit dieser Vorstellung anfreunden.«

Mit diesen Worten beginne ich oft meine Arbeit in Teams, die ich über einen längeren Zeitraum bei einem Veränderungsprozess begleite. Im ersten Moment kann das auf die Beteiligten extrem verstörend wirken. Es ist aber ein erprobtes Vorgehen, um an Vorbehalte, Bedenken und möglicherweise berechtigte Zweifel im Vorfeld heranzukommen. Man erlaubt sie sich einfach mal. Ganz explizit. Denn in den meisten Fällen ist das vorher im Lauf des Prozesses kein einziges Mal geschehen.

»Stellen Sie sich vor: Wir sind fünf Jahre weiter. Alles ist im Eimer. Die Frage nun an Sie: Was ist passiert?«

»Das wissen wir doch gar nicht!«

»Richtig. Aber Ihr Projekt ist ja auch nur theoretisch tot. Lassen Sie Ihrer Fantasie freien Lauf. Also, was ist passiert?«

Man kennt das doch: Ein Projekt läuft nicht gut, und hinterher haben es alle schon die ganze Zeit besser gewusst. Bedenken gibt es immer. Sie werden in der Regel aber nur im sogenannten Flurfunk oder beim Feierabendbier unter Kollegen diskutiert, und nicht im Rahmen der offiziellen Projektarbeit. Zu schnell gilt man als Nörgler und Bremser. Dem Chef muss man schließlich den Eindruck vermitteln, dass man alles im Griff hat! Aber hinter verschlossenen Türen oder abends an der Bar klingt das alles ganz anders.

Bei der Projektbeerdigung sammelt man diese verdeckten Stimmen nicht heimlich und nicht erst hinterher ein, wenn alles zu spät ist, sondern gleich zu Beginn und schon während der Planungsphase – noch bevor das Projekt überhaupt gestartet ist.

Für die Projektbeteiligten ist das manchmal zugegebenermaßen irritierend:

»Meine Damen und Herren, bitte stellen Sie sich jetzt alle einmal ihre Entlassung vor. Gerade haben Sie den Schreibtisch geräumt, Ihren Schlüssel, das Handy und den Laptop abgegeben.«

»Oje, ich stell mir gerade vor, wie ich das meiner Familie mitteilen muss ...«

»Guter Punkt – Sie sind auf dem richtigen Weg!«

Ich möchte die Menschen damit keineswegs quälen. Die Emotionen, die sich dabei ergeben, führen jedoch dazu, dass auch unbequeme Wahrheiten, Vorbehalte oder Befürchtungen thematisiert werden, die sonst oft in der Schublade bleiben. Denn gerade die sind oft sehr hilfreich und werden nicht offen angesprochen.

Sie können sich diese Vorgehensweise übrigens auch im Privaten zunutze machen. Möglicherweise ist Ihr Partner zunächst erstaunt, wenn Sie gemeinsam das lang ersehnte Eigenheim in Angriff nehmen wollen und statt der Visualisierung des Wohnzimmer-Interieurs mittels 3D-Planungssoftware nun im Kopf ein Bild vom Bagger entsteht, der den ganzen Bau wieder zusammenschiebt. Doch es hilft ungemein dabei, Risiken zu erkennen und sich für Unwägbarkeiten zu wappnen.

Wir Menschen sind wunderbar kreativ im negativen Denken.

Tatsächlich habe ich die Erfahrung gemacht, dass wir darin viel besser sind als im positiven Denken. Genau diesen Effekt können wir uns bei der Projektbeerdigung zunutze machen. Alles ist bei dieser Übung erlaubt. Das Skurrile, das Unwahrscheinliche, das Mögliche, alles kommt auf den Tisch bzw. mit Karten an die Pinnwand. Das Schöne ist, dass man sich durch das weit entfernte, abstrakte Szenario in einen geschützten Raum begibt – ist ja alles nur theoretisch. Und dann fangen die Ideen an zu sprudeln.

Viele Teams haben richtig Spaß daran, sich alle möglichen Projektkiller auszudenken – von der Firmenpleite bis hin zum Kometeneinschlag. Und fast unbemerkt kommen in dem Strom zerstörerischer Gedanken auch Szenarien ans Licht wie: »Der völlig überlastete Max kippt endgültig um« oder »Unsere Server crashen, und alle Daten sind weg.« Und plötzlich ist die abstrakte Spielerei sehr konkret – und die vorgetragenen Zweifel sind für den weiteren Projektverlauf ungeheuer wertvoll. Denn Daten kann man sichern – und auf Max in seiner Schlüsselrolle kann man aufpassen und die Arbeitslast besser verteilen.

Im nächsten Schritt kann man die Zweifel nämlich leicht in die entgegengesetzte Richtung drehen und die Frage stellen, was zu tun ist, um genau diese Szenarien zu vermeiden: »Die Abhängigkeit von der IT haben wir noch nie so bewusst wahrgenommen. Wir brauchen definitiv tägliche Backups. Unsere monatliche Sicherung reicht bei Weitem nicht aus.«

Im Prinzip kann man jedes Negativargument nehmen und eine Gegenmaßnahme dazu diskutieren. Es entsteht eine manchmal magische Landkarte an äußert wichtigen Punkten, die für den Projekterfolg entscheidend sein können. Und damit haben die Zweifel einen perfekten Raum bekommen. Sie wirken positiv und konstruktiv.

Das Wichtigste an der Projektbeerdigung ist, sie am Anfang durchzuführen, wenn noch alles läuft, wenn alles noch gut ist. An diesem Punkt ist es einfach, das »Unbekannte« zu thematisieren und mögliche Schritte zur Problembehebung festzuhalten, bevor sie mit Verlustängsten einhergehen, weil man schon so viel Arbeit ins Projekt gesteckt hat.

Die Projektbeerdigung macht diffuse Risiken konkret. Mit ihrer Hilfe kann man Sorgen in Wahrscheinlichkeiten übersetzen und vorhandene, zielführende Zweifel nutzen – und zwar zum richtigen Zeitpunkt, nämlich während der Planung.

Zweifel gehören zur Planung dazu. **Wer noch nicht gezweifelt hat, hat noch nicht wirklich geplant!**

5.
Die Unsicherheit umarmen

Mit Zweifeln zu mehr Veränderungs-Kompetenz

Wer unsicher ist, der ist hier falsch!

»Na, was halten Sie von der Truppe? Wenn Sie mich fragen: Fast alles Totalausfälle. Wenn ich mir unsere Zahlen anschaue, dann weiß ich wirklich nicht, was mit den Leuten los ist. Das hier ist eine Verkaufsgesellschaft. Kerngeschäft: Verkaufen! Und Sie, Herr Koch, machen die jetzt fit, hab' ich gehört. Na, da bin ich aber gespannt. Den meisten, ganz ehrlich, kann man im Gehen die Schuhe besohlen!«

Mein Gegenüber lehnt sich mit Schwung und ausladender Geste in den großen Chefsessel. Selbstsicher, mit überzeugter Stimme. Gerade komme ich aus einem Meeting mit einem seiner Teams. In der Tat hat der Bereichsleiter mich engagiert, um zu schauen, wie man seinen Leuten helfen kann. Sie sollen näher an die Planzahlen herankommen, die sie ständig unterschreiten.

Und nun will sein Chef wissen, ob der Berater Emanuel Koch denn auch sein Geld wert ist. Er ist schon ganz gespannt, wie der Kickoff-Termin gelaufen ist, und möchte Informationen aus erster Hand von mir. Obwohl seine Meinung zumindest über seine eigenen Leute ja scheinbar schon festzustehen scheint ...

Ich antworte erst einmal vorsichtig und diplomatisch: »Gut, das ist jetzt der erste Termin gewesen. Mein Eindruck ist, dass in diesem Team alle einen guten Job machen wollen. Hier und da gibt es sicherlich aber auch einige Unsicherheiten.«

»Wer hier unsicher ist, der ist im falschen Job«, erwidert der Chef.

Wie bitte? Diese sportliche Aussage kann ich nicht einfach abnicken – und das sieht er mir offenbar an.

»Schauen Sie mal, Herr Koch. Wir wissen hier schon sehr genau, was wir tun. Wir haben gute Produkte und einen immer größer werdenden Markt. Jetzt geht es darum, rauszugehen und konsequent beim Kunden zu sein. Wir haben uns Großes vorgenommen. Wir werden die Nummer Eins. Ich habe diesen verdammten Platz zwei am Markt satt, den wir schon seit Jahren haben. Da kann ich keine unsicheren Leute gebrauchen!«

»Und was ist, wenn sich herausstellt, dass Sie unsichere Leute haben?«

»Dann nennen Sie mir Ross und Reiter – den Rest erledige ich.«

Da kann er lange warten.

Zugegebenermaßen ist das ein besonders krasses Beispiel aus meiner Beratungspraxis. Der Beratungsauftrag wurde sehr schnell »in beiderseitigem Einvernehmen« beendet. Dem Team gilt mein volles Mitgefühl. In so einem Umfeld zu arbeiten, ist nicht leicht: Wer Unsicherheiten zeigt, der fliegt. Was tut man also: Man behält sie natürlich für sich.

Und damit tut dieser Chef sich und seinem Unternehmen ganz und gar keinen Gefallen.

Meiner Beobachtung nach ist die grundsätzliche Haltung zum Thema Unsicherheiten in vielen anderen Unternehmen genauso. Nicht immer wird es so offen ausgesprochen, doch das geschulte Auge erkennt die verbreitete Unsicherheit schnell.

Lob der Unsicherheit

Zur Erinnerung: Wir kommen nicht ohne Unsicherheit aus, denn Unsicherheit ist die emotionale Seite des Zweifelns.

Aber warum tun wir uns dann so schwer mit der Unsicherheit? Und was macht sie so wertvoll, dass wir diesen Komplex überwinden sollten?

Das Feld der Unsicherheiten ist sehr weit. Und viele Begriffe fliegen in dem Feld herum, die artverwandt sind. Wer zweifelt, der ist unsicher – das haben wir im Duden bereits nachgeschlagen: »Zweifel = schwankende Ungewissheit«. Unsicher ist aber auch jemand, der zu wenig Selbstvertrauen, Sorgen oder Ängste hat.

Eines lässt sich also schon mal festhalten: Unsicherheit ist ein sehr emotionales Geschäft. Und diese Emotionen sind in den meisten Fällen nicht angenehm. Vor allem aber fehlt es uns an Erfahrung im Umgang damit.

Wir haben nie gelernt, unsicher zu sein. Oder besser: Unsicher sein zu dürfen. Noch besser: mit Unsicherheit umzugehen.

Kennen Sie Stereogramme? Das sind diese bunten, computergenerierten Drucke, die dreidimensional wirken, wenn man sie in bestimmter Weise betrachtet. Zuerst sieht man nur ein wirres Muster. Ich weiß noch, wie ungeduldig ich mein erstes Stereogramm betrachtet habe und nur bunte Farbflecken erkennen konnte. Nach 15 Minuten orientierungslosem Suchen wurden dann langsam meine Augen müde. Dadurch verlagerte sich mein Fokus – und plötzlich war er da, der 3D-Effekt! Ein Heureka-Moment. Ich habe es aber nur bis dahin gebracht, indem ich die Unsicherheit ausgehalten, meine Ungeduld ertragen habe.

So wie mit den Stereogrammen ist es mit vielen Dingen im

Leben, mit denen man zum ersten Mal konfrontiert ist: Vieles versteht man nicht auf Anhieb. Man weiß auch nicht, ob man es jemals verstehen wird. Schon gar nicht ahnt man, worauf es hinauslaufen wird.

Das Verweilen in dieser unsicheren Phase strengt uns an. Wir versuchen, es meist schnellstmöglich zu beenden. Doch der Trick liegt darin, geduldig darin zu verharren und die Unsicherheit zu nutzen.

Lernen heißt: Unsicherheit zulassen

Prof. Dr. Maike Vollstedt vom Institut für Mathematik der Universität Bremen hat sich intensiv mit der Mathematik-Ausbildung von Kindern in Deutschland sowie in Asien auseinandergesetzt und darüber promoviert. In einem Interview in der *Schwäbischen Tageszeitung* begründete sie den unter anderem in der Pisa-Studie sichtbaren deutlichen Vorsprung etwa der chinesischen Kinder vor allem mit der Kultur. In China herrscht die Sichtweise: »Wenn man nicht gut ist, dann setzt man sich so lange hin, bis man besser wird.«

Diese Vorgehensweise ließe sich in Deutschland nicht einfach kopieren, davon ist Vollstedt überzeugt. Zu groß seien die kulturellen Unterschiede. Man dürfe auch nicht verschweigen, dass chinesische Kinder unter hohem Druck stehen, da das Ziel ist, sich selbst weiterzuentwickeln und zu perfektionieren, um sich und der Familie Ehre zu verschaffen. Interessant ist dennoch: Die chinesischen Kinder bleiben am Stoff länger dran, was im Endeffekt den entscheidenden Lernvorteil bringt.

Dass Lernen intensives Dranbleiben erfordert und man solche unsicheren Zeiträume des Noch-nicht-Verstehens aushalten sollte, hat mir in meiner Schulzeit niemand erklärt. Eine meiner Professorinnen in Oldenburg gab uns jedoch eine wichtige Lektion mit auf den Weg: »Schauen Sie«, sagte sie in einer Vorlesung für lineare Algebra, »der Stoff, den wir hier durchnehmen, ist über 300 bis 350 Jahre entstanden. Viele schlaue Denker der Mathematik haben Ideen dazu beigesteuert. Und Sie bilden sich ein, das in 20 Minuten verstehen zu können. Da braucht es schon etwas mehr Geduld.«

Wie vielen Schülern und Studenten könnte man helfen, indem man ihnen verdeutlicht, dass sie nicht die Einzigen sind, die beim Lernen Unsicherheit empfinden?

Menschen auf zu erwartende Unsicherheiten vorzubereiten ist ein immens wichtiges Thema. Menschen darauf hinzuweisen, dass sie normal sind, wenn sie zweifeln und unsicher sind, ist in meinen Augen sogar ein Lehrauftrag. Ich lehre an der Hochschule für angewandte Wissenschaft und Kunst in Hildesheim und gebe mir große Mühe, genau das in meinen Seminaren für Gründerinnen und Gründer zu tun. Denn gerade Menschen, die etwas Neues beginnen, sollten schnell lernen, wie man mit unsicheren Situationen umgehen kann – in der Regel hat es ihnen nämlich noch niemand beigebracht. Unsere Kultur versucht, Unsicherheiten nicht zu kultivieren und zu nutzen, sondern auszuradieren.

Doch ein neues Unternehmen zu gründen ist immer unsicher. Wird man es schaffen, aus seiner Idee ein taugliches Produkt zu machen? Wird es dafür Kunden geben? Wird das Geld reichen? Fragen über Fragen, Zweifel über Zweifel – ein Feld der massiven Unsicherheit. Und diese nehmen frühestens dann ab, wenn die ersten Produkte verkauft und die ersten Kunden gewonnen sind. Und dann warten schon die nächsten Unsicherheiten.

Es ist faszinierend mit anzusehen, dass sich in der Gruppe der

Studierenden jedes Mal eine unglaubliche Erleichterung einstellt, wenn sie merken, dass sie mit ihren Unsicherheiten und Emotionen nicht allein sind. Es besteht diesbezüglich ein enormer Bedarf – in Schulen und Universitäten, aber auch im Beruf.

Denn lebenslang Lernende sind wir heute alle. Und **wer lebenslang lernt, muss auch lebenslang mit Unsicherheiten umgehen.**

Kreativität durch Instabilität

Einer der renommiertesten Experten für Veränderung in Unternehmen war zu seinen Lebzeiten Professor Peter Kruse. Er vergleicht die Vorgänge in Unternehmen oft mit denen im menschlichen Gehirn. Beide Systeme sind hochkomplex und sich bezüglich ihrer Reaktion auf Veränderungen sehr ähnlich.

Komplexe Systeme streben nach stabilen Zuständen. In ihnen wirken enorme Kräfte, die darauf ausgerichtet sind, das Bestehende beizubehalten. Veränderungen, die tatsächlich durchgeführt werden, beschränken sich deshalb oft darauf, das Bekannte zu optimieren und zu verbessern. Die meisten Managementmethoden zielen auf den Bereich der Funktionsoptimierung. Darin, so Kruse, sei klassisches Management inzwischen sehr gut.

Möchte man jedoch ein solches System, eine Organisation neu aufstellen, restrukturieren und an völlig neue Ausgangssituationen und Umgebungen anpassen, dann reicht diese Art der Veränderung über Funktionsoptimierungen nicht aus. Irgendwann sind die benötigten Leistungssteigerungen und Anpassungen nicht mehr realisierbar. Es bedarf eines grundlegenden Prozessmusterwechsels.

Als Beispiel führt Kruse den Hochsprung an. Früher sind die

Sportler mit der sogenannten »Straddle-Technik« vorwärts über die Stange gesprungen. Über Jahrzehnte wurde dieses grundlegende Muster benutzt. Ab einem bestimmten Punkt war mit der Funktionsoptimierung, also mit der Verbesserung der Technik beim Vorwärtssprung, keine signifikante Leistungssteigerung mehr möglich. Das bestehende Prozessmuster war ausgereizt. Unterschiede im Millimeterbereich entschieden über den Erhalt einer olympischen Medaille.

Dann geschah das Unerwartete: Der amerikanische Sportler Richard Douglas Fosbury verwendete eine bis dato noch nie gesehene Technik, mit der er die Latte rücklings übersprang. Mit diesem nach ihm getauften »Fosbury-Flop« war ein völlig neues Prozessmuster geboren, mit dem er die bisherige Weltrekord-Höhe bei Weitem übertraf.

Und genau an diesem Punkt wird es sehr interessant für Veränderungsprozesse im Allgemeinen.

Der Fosbury-Flop ist in der Hochsprung-Community nämlich nicht, wie man vermuten würde, sofort mit Freuden adaptiert worden. Stattdessen hagelte es Kritik der »alten Welt«, ob man so etwas dürfe, also ob das regelkonform sei. Über lange Zeit versuchten Sportler noch weiterhin, mit der alten Straddle-Technik mitzuhalten. Es entstand eine massive Unsicherheit in den Mannschaften und in der gesamten Leichtathletik-Welt: Was ist nun zu tun? Die Beharrungstendenzen waren groß. Die neue Technik wurde zunächst belächelt, und man ging aus purer Verzweiflung davon aus, dass diese nicht dauerhaft erfolgreich sein würde. Irrtum: Schon bald zeigte sich, dass die alte Straddle-Technik gegenüber dem Fosbury-Flop nicht mehr konkurrenzfähig war.

Die Welt des Hochsprungs änderte sich jedoch erst nachhaltig, als junge, neue Sportler diese neue Technik wie selbstverständlich bereits in ihrer Ausbildung verwendeten – und zwar als einzige Technik. Sie mussten im Gegensatz zur Vorgänger-Generation also nicht das alte Prozessmuster »entlernen«, sondern konnten sich gleich auf die Anwendung des neuen Prozessmusters konzentrieren.

Kruse zeigt, dass man dieses Beispiel ohne Weiteres auf Unternehmen übertragen kann. Zum einen ist die Bestrebung, das Bestehende beizubehalten und das Bekannte zu optimieren, dort überall sichtbar. Das ist bis zu einem gewissen Grad auch sehr gut so. Es ist eine Illusion, dass eine Organisation sich permanent grundlegend anpasst. Bestenfalls optimiert sie sich und ihre bestehenden Handlungsmuster. Ein Unternehmen, das sich permanent in seinen Grundsätzen, also in seinen Prozessmustern wandelt, wäre schlichtweg nicht handlungsfähig.

Eine gut funktionierende Organisation braucht Stabilität in den Abläufen. Außerdem streben Menschen und damit die Organisation als solche naturgemäß nach Stabilität.

Doch was tun, wenn ich eine grundlegende Veränderung brauche? Und machen wir uns nichts vor: Angesichts etwa der Digitalisierung, der Automatisierung und der Herausforderungen durch die Künstliche Intelligenz brauchen die meisten unserer Unternehmen in irgendeiner Weise eine grundlegende Veränderung.

Und hier kommt der für uns entscheidende Punkt in Kruses Argumentation: Damit eine solche Veränderung funktionieren kann, muss das System vorher instabil werden. Bei allen komplexeren Systemen könne man deutlich sehen, dass sie eben nicht von einem stabilen Zustand zum anderen übergehen, so der Forscher. Es entsteht immer ein Zwischenschritt, in dem das System ungeordnet, chaotisch, unsicher ist. Nur daraus würde ein Raum für kreative Kräfte entstehen. Instabilität ist die Voraussetzung um kreative, neue Lösungen zu finden.

Der Preis dafür ist, dass die Instabilität zwischenzeitlich die Handlungsfähigkeit reduziert. Instabilität kostet intern Kraft. Aber sie bringt Innovationen hervor. **Wir brauchen die Instabilität, um kreativ zu sein**, während Stabilität uns handlungsfähiger macht. Und der ideale Weg, um eine solche konstruktive Instabilität zu erzeugen, sind positive Zweifel.

Zweifel als Schlüssel zur Veränderung

Der Schlüssel zur Kreativität und zu erfolgreichen Veränderungen sind gezielte, geplante, rechtzeitige und regelmäßige Phasen des Zweifelns, wie ich sie im letzten Kapitel vertreten habe. Denn solche Phasen, die das Tabu des Zweifelns innerhalb einer Organisation brechen, sind die Voraussetzung dafür, die Unsicherheit zu umarmen, die uns heute umgibt – bis sie uns vertraut und gewohnt wird.

Nun könnten Sie einwenden, dass Zweifeln für sich genommen ja noch keine Handlung ist, die zwingend zu greifbaren Ergebnissen führt.

Paul Watzlawick prägte den berühmten Satz: »Man kann nicht nicht kommunizieren.« Er meinte damit, dass die Entscheidung, nicht zu kommunizieren, bereits eine Art ist zu kommunizieren. Ähnlich ist es mit dem Zweifeln: Auch bewusstes Nicht-Handeln ist Handeln, denn es beruht bereits auf einer Entscheidung.

Wir haben im vorherigen Kapitel gesehen, dass erfolgreiche Innovatoren beides können: Gas geben und bremsen. Es ist wichtig zu verstehen, dass aktives Zweifeln eine Handlung ist, obwohl man nicht handelt. Wer sich aktiv zum Nicht-Handeln entscheidet, der handelt bereits. Wer also Zweifler grundsätzlich als

Blockierer abstempelt, macht es sich zu einfach – und unterliegt auch einem Denkfehler.

Genauso wichtig ist in Veränderungsprozessen aber das Handeln mit Zweifeln. Denn wir müssen aus den Phasen der Instabilität ja auch wieder herauskommen. Wenn wir neue Prozessmuster gefunden haben, neue Ansätze und Wege entstanden sind, müssen wir als nächstes den Weg in eine stabile Phase finden. Das ist nicht unbedingt leichter, denn in dieser Übergangsphase, bis sich neue Routinen etabliert haben, müssen wir trotz Unsicherheit handeln.

Was also bringt uns zum Handeln – auch mit Zweifeln?

Die drei Eintrittskarten

Irgendwann ist in jedem Projekt, in jedem Veränderungsprozess und in jeder Lebensphase der Punkt erreicht, wo das reine Nachdenken an seine Grenzen stößt. Wir werden nie alle Fragen vorab theoretisch klären können. Wir werden nie alle bestehenden Unsicherheiten im Vorfeld auflösen können. An einem bestimmten Punkt müssen wir ins Handeln kommen – und zwar mit den Risiken und Unschärfen, die noch bestehen.

Leicht ist der Schritt vom Denken ins Handeln selten – vor allem, wenn man vorher lange in festgefahrenen Prozessmustern unterwegs war.

Stellen Sie sich vor, Sie arbeiten seit über zehn Jahren in einem Unternehmen. Und Sie spüren, dass irgendetwas nicht mehr passt. Vielleicht ist es das Arbeitsklima. Vielleicht ist es die Tätigkeit an sich, die Sie nicht mehr ausfüllt. Was auch immer es ist: Die logischen Zweifel ermöglichen Ihnen, den Status quo infrage zu stellen. Wenn Sie den Entschluss gefasst haben, dass sich etwas ändern muss, dann sind Sie auf einem guten Weg, Ihre Gewohnheiten und Ihre Gewöhnung an diesen Job infrage zu stellen.

Sie hebeln Ihre Routinen aus. Sie fangen an, kreativ zu denken. Sie bewerben sich, kündigen vielleicht schon und bekommen einen Termin für ein Vorstellungsgespräch. Aus eigener Kraft haben Sie Bestehendes destabilisiert und Raum für Neues geschaffen.

Ist es dennoch schwierig, nach so langer Zeit wieder in eine Bewerbungssituation zu gehen und sich danach als Neuling in einem neuen Arbeitsumfeld zurechtzufinden? Natürlich ist es das.

Mein Modell der drei Eintrittskarten kann Ihnen dabei helfen. Denn es veranschaulicht, was bei Menschen passiert, die sich an neue, noch unbekannte Dinge wagen müssen – und wie Sie damit umgehen können.

Hierbei gehen wir davon aus, dass das Was (zu tun ist) geklärt ist. Ebenso sollen Ressourcen wie Zeit und Geld keine Rolle spielen. Optimale Bedingungen also. Auch die Örtlichkeit ist geklärt. Als Beispiel: Sie wissen, dass sie Fallschirmspringen wollen, haben das Geld und die Zeit dazu.

1. Wissen

Welcher drei Eintrittskarten bedarf es, um das Was umzusetzen?

Diese Frage stelle ich gern in Teams. In solchen Runden wird die erste Eintrittskarte meist schnell genannt: Ich muss wissen, wie es geht. Im Fall des Fallschirmsprunges besorgt das der Ausbilder oder der Tandem-Sprungpartner, der Ihnen alles erklärt. Lehrer, Bücher, Seminare, Tutorials, Internet – das Wissen ist global und für jeden verfügbar. Zuerst brauchen wir Wissen. Doch diese erste Eintrittskarte bekommen wir heutzutage sehr leicht.

2. Sinn

Die Suche nach der zweiten Eintrittskarte wird schon etwas schwieriger. Die Frage, ob ich Fallschirmspringen kann, ist für mich persönlich übrigens leicht zu beantworten. Ich habe auch keinerlei Angst davor. Warum? Weil es mich nicht interessiert. Weil ich persönlich für mich keinen Sinn darin sehe. Aber es gibt andere Menschen, die das unbedingt wollen und einen großen Sinn darin sehen.

Und genau das ist die zweite Eintrittskarte: Sinn. Wie sagt der englische Volksmund schon: »The bigger the why, the easier the how« – »Je größer das Warum, desto leichter das Wie«. Ein guter Denkansatz auch für Unternehmen: Wenn etwas nicht funktioniert oder es an der Motivation mangelt, dann oft deshalb, weil den Menschen der Sinn dahinter nicht klar ist. Sobald dieser plausibel vermittelt wird, lösen sich oft auch schon die Blockaden in der Umsetzung. Nichts ist so stark wie eine große Vision, mit der sich Menschen identifizieren können.

3. Überzeugung

Bei der dritten Eintrittskarte wird es dann kribbelig. Bleiben wir in unserem Beispiel: Sie sehen einen Sinn im Fallschirmspringen, wollen das also tun. Sie haben die Zeit und das Geld dafür. Der Kurs ist gebucht. Der Lehrer hat ihnen alles erklärt, und sie haben bei YouTube reichlich anderen Menschen dabei zugesehen, wie sie aus Flugzeugen springen. Sie sind also perfekt vorbereitet. Gibt es dennoch etwas, das sie vom Springen abhalten könnte?

Es sind diese kribbeligen Beine. Das komische Gefühl im Bauch. Die Nervosität, das Lampenfieber, die Angst. Welche Eintrittskarte kann diese Hemmklötze aus dem Weg räumen?

Die dritte Eintrittskarte ist die Überzeugung – das Selbstvertrauen, das nötig ist, um etwas tun zu können.

Fassen wir die drei Eintrittskarten noch einmal zusammen: Das Wie lösen wir durch Wissen (erste Eintrittskarte). Das Warum erschließen wir uns durch den Sinn des Vorhabens (zweite Eintrittskarte). Aber die dritte Eintrittskarte, das Selbstvertrauen – woher nehmen wir die?

Die Antwort ist Überwindung: **Wir bekommen Selbstvertrauen nur durch das Tun selbst.** Erst wenn wir den Fallschirmsprung gewagt haben, wissen wir auch, wie sich das Fallschirmspringen anfühlt. Wenn wir es getan haben, dann und nur dann, wissen wir, dass wir es auch können.

Handeln trotz Unsicherheit

Vielleicht kennen Sie das: Eigentlich hat man sich gut auf eine bevorstehende Aufgabe vorbereitet. Trotzdem fühlt man sich unsicher. Man ist nervös. Hat Lampenfieber, Ängste kommen auf. Das möchte man auf keinen Fall. Diese unangenehmen Gefühle sollen aufhören.

Und genau das ist der falsche Ansatz.

Wir Menschen haben uns in anderen Lebensbereichen verschiedene Arten von Lösungsstrategien angeeignet: Wenn das Auto nicht mehr fährt, dann suchen wir die Ursache. Ist die defekte Lichtmaschine erst gefunden, dann tauschen wir sie aus. »Ein erkannter Fehler ist eigentlich schon keiner mehr«, wie mein Opa zu sagen pflegte. Für ihn war klar: Das Schwierige bei einer Störung ist es, den Fehler zu finden. Wenn klar ist, woran es liegt, dann kann man diesen ja beheben. Wenn Sie sich verletzen, dann ist die Ursache klar. Sie holen ein Pflaster und kleben dieses auf die Wunde. So weit, so logisch.

Bei emotionalen Angelegenheiten verhält es sich etwas anders. Komische Gefühle wie Nervosität, Unsicherheit, Angst oder auch emotionale Zweifel gehen nicht einfach weg. Man kann sie auch nicht einfach abschalten. Die Psychologie kennt zwar inzwischen gute Methoden, schwierige Gefühle und deren Auslöser zu behandeln, doch die haben wir im Alltag nicht mal eben zur Hand, wenn wir handeln müssen. Und gelernt haben wir den Umgang mit Unsicherheit in der Regel erst recht nicht, wie wir bereits festgestellt haben.

Deshalb bleiben die Menschen bei dieser Wenn-dann-Vorstellung von Dingen, die sie tun wollen, aber noch nicht getan haben:

»Wenn ich selbstsicherer bin, dann gehe ich auf die Bühne.«

»Wenn ich nicht mehr so viel Respekt vor einem neuen Job habe, dann kündige ich und suche mir was Neues.«

Nur ist das »Wenn« ein »emotionales Wenn« mit schwer zu kontrollierenden Emotionen.

Viele Menschen verharren in diesem »Wenn-dann-Denken« und warten, dass sich eine Verbesserung der emotionalen Lage ergeben wird. Andere warten nicht, sondern suchen aktiv nach Auswegen.

Ein typisches Reaktionsmuster auf Herausforderungen ist die »Ich muss erst noch mehr Wissen«-Strategie. Man ist unsicher, stellt die erste Eintrittskarte infrage und sucht die Sicherheit darin, dass man noch mehr lernt und sich noch mehr Wissen aneignet. Aber wir haben ja schon gezweifelt und noch mal nachgedacht. Und wir wissen, dass wir nicht alle Fragen klären können. Der Ansatz über »mehr Wissen« kann dazu führen, dass man etwas trittsicherer ist als zuvor. Meist löst das zusätzliche Wissen aber die emotionale Unsicherheit nicht auf. Im besten Fall wird sie etwas reduziert.

Auch die zweite Eintrittskarte können wir infrage stellen, um dem unangenehmen Schritt ins Tun zu entfliehen. Man kann den

Sinn anzweifeln: »Vielleicht ist mein Vorhaben doch unsinnig.« Das ist grundsätzlich gut, denn eine solche Zweifel-Schleife lässt uns überdenken, ob wir denn wirklich das Richtige vorhaben. Aber an diesem Punkt, wenn der Schritt vom Denken ins Handeln ansteht, ist der falsche Zeitpunkt für Zweifel. Denn das wären keine positiven Zweifel – dieser Korridor ist gerade geschlossen – sondern negative Zweifel. Oft sind es an diesem Punkt destruktive Selbstzweifel, um die es in Kapitel 6 geht.

Vor allem bei der dritten Eintrittskarte (»Überzeugung: Schaffe ich das?«) sind Zweifel deplatziert, denn hier handelt es sich höchstwahrscheinlich um Selbstzweifel.

Ab einem bestimmten Punkt in einem Prozess – für den es leider keine Faustregel gibt – sind Zweifel nicht mehr sinnvoll. Das ist der Punkt, wo der Sinn doppelt und dreifach geprüft und ausreichend Wissen vorhanden ist. Man kann noch so viel drüber nachdenken: An den Tatsachen wird sich nichts mehr ändern. Und so sehr wir uns auch einreden, dass wir dringend noch besser vorbereitet sein müssen: Wir spüren diesen Punkt. Wenn wir uns über diesen Moment hinaus noch mit Bedenken herausreden, dann sind das keine positiven Zweifel mehr, sondern entweder Ausreden oder tatsächlich lähmende Selbstzweifel.

Die wichtigste Erkenntnis auf dem Weg zum Handeln ist, dass wir uns in einer unsicheren Phase befinden – und dass es völlig normal ist, an diesem Punkt zu zögern. Unsere Zweifel haben dafür gesorgt, dass wir die Ausgangslage verbessert haben. Aber es werden Unsicherheiten bleiben. Es wird ein Risiko bleiben. Und damit müssen wir leben – indem wir es akzeptieren und thematisieren.

Der Trick ist, mit den Unsicherheiten zu handeln und sie auszuhalten. Psychologen nennen das »Ambiguitätstoleranz«:

Die Fähigkeit, Vieldeutigkeit und Unsicherheit zur Kenntnis zu nehmen und ertragen zu können.

Das ist eine Kompetenz, die auch in Unternehmen viel mehr geschult werden sollte. Es ist wichtig zu wissen, dass man an einem bestimmten Punkt in einem Projekt nicht noch mehr wissen muss, um ins Handeln zu gehen. Es ist wichtig zu wissen, dass wir gern den Sinn infrage stellen, wenn es unbequem wird. Es ist wichtig zu wissen, wie Menschen reagieren, die vor Herausforderungen stehen. Die ihren Zweifelkorridor genutzt haben und jetzt handeln müssen.

Wir müssen den Umgang mit Unsicherheit lernen.

Wenn wir das nicht tun, dann kosten uns diese Emotionen Millionen. Weil Dinge sich nicht gut anfühlen und die Menschen in der Zweifel-Falle steckenbleiben. Sie haben dann die positive Kraft der Zweifel vielleicht genutzt – doch der Effekt verpufft, wenn diese Energie am Ende nicht in Handlungen umgesetzt wird.

Für alles im Leben, für jede Chance und jede Veränderung privat wie auch geschäftlich, gibt es ein Fenster, das sich öffnet und auch wieder schließt. Mit konstruktivem Zweifeln rüsten wir uns optimal für den Moment, wenn dieses Fenster sich öffnet. Wenn wir jedoch zu viel Nachdenken und das positive Zweifeln in destruktive Verweigerung kippt, dann verpassen wir die Gelegenheit zu handeln.

Der Zweifel-Zyklus der Innovatoren

Wenn wir Bestehendes verändern wollen, dann brauchen wir Instabilität, die uns das Tor zur Kreativität öffnet. Dieses Tor gilt es dann auch wieder zu schließen, um in die Umsetzung zu kommen. Bis zur nächsten Veränderung. Damit wird das Ganze zu einer Art Spiel mit Gas und Bremse. Wie beim Autofahren geht dieses Wechselspiel auch bei Veränderungsprozessen mit der Zeit in Fleisch und Blut über.

Dieselbe Selbstverständlichkeit können wir auch dem inneren Zweifler zugestehen: Der steht auch nicht prinzipiell auf der Bremse, sondern nur, wenn es nötig ist.

Das bringt uns zu einem Zyklus, bei dem in allen Phasen die Zweifel bestmöglich genutzt werden. Ich habe ihn als eine Art Blaupause entwickelt, mit der eine kontinuierliche Anpassung an eine sich verändernde Welt mithilfe von Zweifeln erst möglich wird. Es ist ein Muster für den gezielten Wechsel zwischen Stabilität und Instabilität, das uns ermöglicht, Veränderung in unser Leben zu integrieren.

ZWEIFEL-ZYKLUS

- Status quo mit sicheren Gewohnheiten
- Instabiler, kreativer Raum der Unsicherheit
- Entscheidung für eine Handlungsoption
- Umsetzung dieser Option
- Hinterfragen der Wirksamkeit und der Annahmen, Tests der Umsetzung
- Routinen entwickeln
- Neuer Status quo

Lassen Sie uns den Zweifel-Zyklus anhand eines Beispiels analysieren. Stellen wir uns ein mittelständisches Unternehmen vor, das zu zweifeln beginnt und schließlich den gesamten Zweifel-

Zyklus durchläuft. Da dies noch viel zu selten geschieht, ist dieses Beispiel dringend zur Nachahmung gedacht und empfohlen.

Das Unternehmen hat wie viele mittelständische Unternehmen einen Außendienst, der regelmäßig flächendeckend zu seinen deutschen Kunden fährt. Diesen Außendienst betrachten wir in unserem Beispiel als Testgruppe. Ich habe bei jedem Schritt vermerkt, wie sich die empfundene Unsicherheit während des Veränderungsprozesses in der Belegschaft entwickeln könnte.

Status quo – Unsicherheit 0 %

Das Geschäft funktioniert. Und man weiß, wie das Geschäft funktioniert. Die Mitarbeiter haben Routine, denn das Unternehmen gibt es seit 75 Jahren. Ein sicherer Job. Allerdings verliert das Unternehmen immer mehr Aufträge an einen neuen Wettbewerber. Wie genau der so schnell in den Markt kommen und Kunden gewinnen konnte, kann man sich nicht so recht erklären. Erst springen einzelne Kunden ab, dann werden es immer mehr. Nicht nur günstiger sei der Wettbewerber, berichten sie auf Nachfrage, sondern auch noch schneller.

Schneller? Wie machen die das nur? Wir sind doch die mit der Erfahrung – sind unsere Prozesse nicht die effizientesten?

Nun hat das Unternehmen zum Glück eine Chefin, die offen ist für Zweifel. Sie nimmt die Situation zum Anlass, den gesamten aktuellen Status quo infrage zu stellen: »Wir haben es zwar immer auf diese Weise gemacht, aber möglicherweise müssen wir etwas ändern. Vielleicht ist es nicht mehr zeitgemäß, jeden Kunden direkt mit dem Auto anzufahren. Wir verballern so viele Kilometer für so wenig Kaffee. Vielleicht sollten wir einmal über Möglichkeiten der Digitalisierung nachdenken. Das ist doch jetzt in aller Munde, auch wenn wir bisher ja gut ohne ausgekommen sind und hier auch keiner Lust dazu hat.«

Die Chefin hat erkannt, dass Zweifel am Bisherigen sinnvoll sind, und lässt sich auch durch die Unlust in Bezug auf alles Digitale nicht davon abbringen. Dennoch wird es für sie schwierig. Denn was sie zu verändern gedenkt, ist jetzt schon unangenehm für die Leute im Außendienst – der bloße Gedanke lässt sie erschauern.

Instabiler, kreativer Raum – Unsicherheit 100 %
Für die Außendienstler beginnt eine Reise voller Unsicherheit und Angst. Sie merken, es ändert sich etwas: Digitalisieren will die Chefin. Muss ich jetzt nur noch digitale Formulare ausfüllen und vor meinem Laptop hocken, anstatt auf der Straße und im Kundenkontakt zu sein, was ich doch an meiner Arbeit gerade liebe? Übernimmt jetzt der Computer unser Geschäft? Werde ich bald überflüssig?

»Unser Vorgehen hat sich bewährt« und »Verkauf kann man doch nicht digitalisieren – Geschäft wird unter Menschen gemacht.« Solche Sätze sagen diese Mitarbeiter in den Teamsitzungen und verschränken die Arme, wenn die Chefin schon wieder von der nervigen Digitalisierung anfängt. Es entstehen enorme Kräfte, die den alten Status quo wiederhaben wollen. Kräfte, die sich gegen die Veränderung stemmen.

Doch die Chefin bleibt dran: »Wie kann es anders als bisher gehen? Wir müssen uns verändern, sonst sind wir bald weg vom Markt«, wiederholt sie immer wieder. Gut so! Sie nervt damit zwar alle, und es kostet sie selbst und die anderen viel Energie. Woche um Woche, Monat um Monat findet ein zähes Ringen statt, und manchmal geht es hoch her.

Doch dann haben drei junge Mitarbeiter beim Feierabendbier eine Idee: »Vielleicht könnten wir einen Teil der Tätigkeiten virtuell machen. Ein Bekannter in einer anderen Branche setzt im Verkauf Web-Meetings ein. Sein Unternehmen stellt auf seiner Internetseite außerdem sehr gute Videos bereit, die einen Teil des Erklärungsbedarfs abfangen.«

Der Rest der Belegschaft reagiert trotzig und voller Angst: »Wir müssen vor Ort sein! Das geht nicht so einfach, wie ihr euch das vorstellt – die Kunden bauen auf uns!«

Horrorszenarien geistern in den Köpfen herum. Die Angst vor dem Unbekannten ist groß. Aber die Leute mit den neuen Ideen bleiben dran, ermutigt durch die standhafte Chefin: »Wenn wir iPads nehmen, dann könnte in der Zentrale sofort mit der Auftragsbearbeitung begonnen werden, wenn der Außendienst beim Kunden war und die Daten schon losschickt, bevor er beim Kunden vom Parkplatz fährt. Wir hätten zwei Digitalisierungsfliegen mit einer Klappe geschlagen: Wir würden um Meilen schneller werden. Und wir könnten die Kunden noch am selben Tag mit den allerersten Auftragsresultaten oder zumindest einer ersten Einführung in die folgenden Schritte per Video überraschen. Außerdem würde die Fehleranfälligkeit sinken, weil niemand mehr die unleserlichen Auftragsformulare entziffern und abtippen müsste.«

Eine Idee führt zur nächsten. Nach und nach realisieren neben der Chefin auch immer mehr Mitarbeiter: Das Unternehmen muss die Unsicherheit wohl eine Zeit lang aushalten, denn die Ergebnisse können sich sehen lassen. Zögerlich kommen die ersten guten Ideen ins Spiel.

Entscheidung – 70 % Unsicherheit

Zufrieden ist trotzdem niemand so richtig. Klingt ja alles ganz nett, aber ob das so funktionieren wird? Die Chefin trifft eine Entscheidung. Sie möchte zunächst die Idee mit den Web-Meetings angehen und danach ein Projekt für die Einführung von iPads im Vertrieb starten.

Sie bittet ihr Team, einen Plan auszuarbeiten. Die Mitarbeiter sind weiterhin unsicher. Keiner kann sich vorstellen, wie das funktionieren soll und wie sich das auf ihre Arbeit in Zukunft auswirken wird.

Aber alles ist nicht mehr so schlimm wie zu Beginn. Die Chefin merkt, sie muss nun entscheiden. So unsicher die Situation noch ist und so unreif die Idee in ihren Details noch sein mag: Wenigstens wissen an diesem Punkt alle, was als Nächstes zu tun ist.

Umsetzung – Unsicherheit 30 %

Eine Abordnung der Mitarbeiter schaut sich an, wie Web-Meetings technisch funktionieren, und vergleicht verschiedene Anbieter miteinander. Mehrere Mitarbeiter testen Technik und Szenarien von zu Hause aus – ist ja doch nicht so schwierig und fehleranfällig!

Im Marketing wird parallel überlegt, wie eine virtuelle Präsentation für die Kunden aussehen kann. Einige fangen dabei richtig Feuer. In Nullkommanichts stehen die ersten kreativen Entwürfe.

Immer mehr Mitarbeiter freunden sich mit den neuen Abläufen an. Gleichzeitig verstehen nach und nach auch die größten Skeptiker, dass ihr Job nicht gefährdet ist – denn die Chefin hat dafür gesorgt, dass sie in den Erneuerungsprozess aktiv eingebunden werden und ihnen tragende Rollen gegeben. Sie verstehen, dass die Chefin gar keine Mitarbeiter entlassen will.

Nachdem diese Denkblockade ausgeräumt ist, erschließt sich ihnen auch die Logik: Wenn man durch Web-Meetings vorher mit den Kunden klären kann, ob sich ein Vor-Ort-Termin lohnt, können die Kunden, die wirklich interessiert sind, besser und intensiver betreut werden.

Hinterfragen der Annahmen, Tests – Unsicherheit steigt auf 50 %

Zwei Mitarbeiter allerdings zweifeln an den Details und überzeugen die Chefin mit ihren Argumenten, das auch zu tun. Denn noch hat niemand wirklich überprüft, ob die Kunden das neue Vorgehen annehmen und ob die vielen an diesem Punkt bereits getätigten Annahmen zutreffen.

Das Team beschließt deshalb, das Ganze an realen Kunden zu testen. So lange der neue Weg noch nicht mindestens in 20 Fällen überprüft wurde, wollen alle wachsam bleiben und gegebenenfalls während der Tests auch bei der weiteren Planung im großen Maßstab nachsteuern.

Wenn es gar nicht funktioniert, dann geht es eben nicht. Da bleibt nur ein »Weg mit Schaden«. Im Meeting, in dem diese Phase des Hinterfragens angekündigt wird, macht die Chefin deutlich: Wir haben kein Problem, wir gehen einen wichtigen Schritt nach vorn. Manchmal muss man daran zweifeln, ob das Weitermachen Sinn hat. Jetzt ist der richtige Zeitpunkt für positive Zweifel.

Routine entwickeln – Unsicherheit 10 %

Die Testphase unter Einbeziehung der Kunden zeigt: Sie spielen mit, und die Idee funktioniert. Besonders gutes Feedback gibt es von vielen Kunden dafür, dass sie für die Web-Meetings nicht zwingend in ihren Büros sein müssen. Man kann sich überall »treffen«, wo es Internet gibt.

Die positiven Reaktionen geben allen Mitarbeitern die Sicherheit, dass sich die bisherigen Bemühungen gelohnt haben. Alle wissen nun, wie es funktioniert. Das System wird flächendeckend eingeführt und als Standard genutzt.

Das neue Vorgehen mit den Web-Meetings ist seit zwei Jahren etabliert. Die Zahl der Neukunden ist gestiegen. Der Siegeszug des neuen Konkurrenten konnte zumindest gebremst werden. Die Web-Meetings haben den Vertrieb schneller gemacht, und aufgrund der Kosteneinsparungen konnten auch die Preise gesenkt werden.

Solange es funktioniert, kann das Unternehmen nun mit diesem System weitermachen, bis sie das sichere Verfahren und die neuen Gewohnheiten, die damit zusammenhängen, wieder neu anzweifeln müssen. Denn eins haben alle verstanden: Die nächste Veränderung kommt bestimmt. Dann geht der Zweifel-Zyklus von vorn los. Und weil es einmal funktioniert hat, haben alle im Unternehmen jetzt viel weniger Angst davor.

Ganz nebenbei hat sich auch das Klima und die Kommunikationskultur im Unternehmen verändert: Zweifel sind zu einem festen Bestandteil der Prozesse geworden und werden nicht mehr zurückgehalten. Die offene, wertschätzende Kultur der Einbeziehung, die von der Führung ausging, hat sich ausgezahlt: Statt an der Motivation zu nagen, tragen die Zweifel der Mitarbeiter nun zur Entwicklung bei.

Wo Unsicherheit herrscht, gedeiht das Vertrauen

In einer Fernsehdokumentation über Kreativität, die ich vor einigen Jahren gesehen habe, wurde ein schönes Bild verwendet, das sich mir eingeprägt hat: Kreativität sei vorstellbar wie eine Ameise, die einen Baum hochklettert und das Ziel hat, den Baum nach ganz oben zu besteigen. Sie beginnt am Stamm und klettert nach oben – ohne zu wissen, auf welchem Blatt sie final landen wird. Bei jeder Verästelung ist eine Entscheidung zu treffen. Auf ihrem Weg nach oben sind es insgesamt Tausende von Entscheidungen. Bis zum Schluss weiß sie nicht, auf welchem Blatt sie landen wird: Das System Baum hat einfach zu viele Abzweigungen.

So ist das in unsicheren Räumen aller Art auch, bei Veränderungen in Unternehmen genauso wie auf unserem privaten Lebensweg. Wir kennen das Ziel nicht, müssen uns aber auf die Reise machen. Trotz der Unsicherheiten, die bestehen. In der Hoffnung, dass am Ende ein gutes Ergebnis dabei herauskommt. Ein Ergebnis, das wir zum jetzigen Zeitpunkt noch nicht kennen.

Jedoch: Ist das finale Blatt erst einmal erreicht, ist es relativ einfach für die Außenwelt, den Weg nachzuvollziehen, den wir gegangen sind. Er ergibt sich schlichtweg aus dem Ergebnis. Und auch die Ameise findet leicht ihren Rückweg zum Fuß des Baumes – retrospektiv.

Bei einer Reise, die in die Zukunft gerichtet ist, geht genau das eben nicht.

Das Beispiel mit der Ameise zeigt eindrücklich, dass sich Zweifel immer auf die Dinge beziehen, die vor uns liegen.

Zweifel sind immer in die Zukunft gerichtet.

Ich kann am Freitag daran zweifeln, ob ich die richtigen Lottozahlen gewählt habe. Sie vielleicht noch korrigieren. Am Montag brauche ich das dann nicht mehr zu tun. Die Zweifel sind zu 100 % ausgeräumt, denn die Ziehung ist gelaufen.

Das Nachdenken darüber, ob Sie in der Vergangenheit hätten anders entscheiden sollen, hat nichts mit Zweifeln zu tun. Sie können mir zum Beispiel erzählen, dass Sie daran zweifeln, ob Sie vor einigen Jahren den richtigen Beruf gewählt haben – oder den richtigen Partner. Und ich würde Ihnen widersprechen: Das ist kein Zweifeln, sondern Bedauern oder Bereuen alter Entscheidungen. Was Sie eigentlich spüren, ist, dass heute, im Hier und Jetzt etwas nicht stimmt. Wenn Sie die Kraft der positiven Zweifel darauf richten, anstatt Zurückliegendes zu bedauern, können Sie die negative Emotion für sich nutzbar machen und in Veränderung umwandeln.

Sie können das Bedauern des Gestern nutzen, um heute zu zweifeln und das Morgen zu gestalten.

Eines jedoch ist dafür unabdingbar: Sie müssen darauf vertrauen, dass sich diese Entscheidung in der Zukunft als wichtiger, sinnvoller Punkt auf Ihrem Lebensweg herausstellen wird. Solange wir zweifeln, haben wir keine andere Wahl als zu vertrauen. Denn wo es keine Sicherheit gibt, bleibt uns als Fixpunkt nur das Vertrauen. Deshalb ist es so sinnvoll, Veränderungen immer als Team anzugehen, im Job genauso wie privat: Gemeinsam vertraut es sich leichter.

Erfolgreich zweifeln können heißt vertrauen können.

6.
Spiegel oder Zerrspiegel?

Die ambivalente Kraft der Selbstzweifel

Was der eine zu viel hat, hat der andere zu wenig

Kennen Sie das merkwürdige desorientierende Gefühl, wenn andere Menschen Sie gut finden – Sie sich selbst aber gerade nicht so? Es hat lange gedauert, bis ich dieser seltsamen Mechanik auf die Spur gekommen bin. Und fast genauso lange habe ich gebraucht, um zu merken, dass ich nicht der einzige Dussel bin, dem es so geht.

In den vorangegangenen Kapiteln haben wir bereits viele Situationen im Alltag identifiziert, in denen das Zweifeln von großem Wert ist. Aber wie verhält es sich mit den Zweifeln an uns selbst? Zweifel an der eigenen Person sind etwas anderes als inhaltliche Zweifel an einer Sache, einem Projekt, einem Vorhaben. Letztere haben in der Regel einen konkreten Bezug. Selbstzweifeln hingegen sind fiese Biester: Sie kommen gern von hinten durch die Brust ins Auge und sind manchmal vor allem für einen schwer zu erklären: uns selbst.

Was sie noch hinterhältiger macht: **Selbstzweifel sind für andere oft unsichtbar** oder zumindest unerklärlich.

Bei Selbstzweifeln geht es oft nicht um rationale Gründe; es geht um das Ich. Und da kommen wir in emotional ungleich schwierigeres Fahrwasser.

Doch auch Selbstzweifel sind nicht per se immer schlecht. Auch sie haben zwei Seiten: Manche von uns haben eindeutig zu viel davon – während andere etwas mehr davon gut gebrauchen könnten.

Gesund oder giftig?

Selbstzweifel können sehr nützlich sein. Frei nach Theodor Fontane: Wenn man so manchem Hahn begegnet, der meint, die Sonne würde nur seinetwegen aufgehen, würde man ihm wünschen, dass er auch mal an sich selbst zweifelt.

Selbstzweifel schützen vor Arroganz und Größenwahn, vor mangelnder Empathie und Selbstgerechtigkeit. Selbstzweifel helfen, im Kontakt mit seinen Schwächen zu bleiben. Sie schützen auch davor, sich zu verrennen, wie wir in den vorherigen Kapiteln schon gesehen haben.

Selbstkritische Menschen können gerade dadurch erfolgreich werden, dass sie für die kritischen Fragen offen bleiben, die rechtzeitig zum Umdenken und Überdenken führen können. Sie bleiben nahbar, weil sie besser im Kontakt mit anderen sind. Wenn wir immer wieder runterkommen auf den Boden, nicht abheben und in den selbstsicheren zweifelsfreien Raum davonschweben, sind wir in besserem Kontakt mit der Realität, können uns besser auf Veränderungen einstellen und bleiben Mensch unter Menschen.

In normalem Maß zweifelnde Menschen sehen das Leben und sich selbst realistisch: Alles Mögliche kann schiefgehen. Alles Mögliche kann man falsch machen. Alles Mögliche misslingt, weil wir nicht unfehlbar sind – und deshalb sind wir noch längst nicht an allem schuld, was nicht klappt. Eine gesunde, weil realistische Haltung ist: **Wer in Maßen zweifelt,** und zwar auch an sich selbst und seinem Beitrag zur Welt, **steht mitten im Leben.**

Leider können Selbstzweifel jedoch sehr leicht ins Destruktive kippen. Wie bei allen Zweifeln macht auch bei den Selbstzweifeln die Dosis den Unterschied zwischen Heilmittel und Gift.

Die Kehrseite der Selbstzweifel ist die Selbstabwertung. Sie ist eine Folge maßlosen Zweifelns und kann bis in die Depression führen. Selbstabwertung ist destruktiv. Und das Schlimmste ist: Der Übergang von gesunden Selbstzweifeln zur dunklen Seite ist fließend.

Die meisten von uns haben Selbstzweifel schon erlebt. Manch einer mag sogar genau deshalb zu diesem Buch gegriffen haben, weil er die nagenden Selbstzweifel satthat – es ist einer von vielen guten Gründen, sich mit dem Thema Zweifel zu beschäftigen.

Die meisten von uns werden irgendwann im Lauf ihres Lebens von Selbstzweifeln geplagt – zumindest in gewissen Lebensphasen. Es gibt diese Zeiten, wo Murphys Gesetz greift und scheinbar alles schief geht, was schiefgehen kann. Die meisten führen das mindestens anteilig auf sich selbst zurück – auch wenn sie einfach nur Pech haben. Es gibt viele mögliche Auslöser für Selbstzweifel: Bei großen Lebensveränderungen, bei Schicksalsschlägen, bei Verlusten, bei einer Kündigung, bei einer Trennung ... Angesichts solcher Ereignisse sind Selbstzweifel nicht automatisch falsch. Doch es ist in diesen Phasen besonders leicht, sich versehentlich eine Überdosis zu verpassen.

Ich werde in den folgenden Abschnitten zu einem radikalen Vorgehen greifen, um zwei Dinge für Sie zu verdeutlichen: Zum einen werde ich sehr offen von meinen eigenen Selbstzweifeln erzählen – quasi eine Zweifelbiografie in Ausschnitten. Das tue ich nicht, weil ich so gern über meine schlechteren Tage rede, sondern um Ihnen zu zeigen, dass Sie mit Ihren eigenen Selbstzweifeln und vielleicht sogar Abgründen nicht allein sind.

Selbstzweifel sind ganz normal! Bis zu einem gewissen Grad jedenfalls.

Außerdem möchte ich mit meiner Geschichte das Schweigen über die Selbstzweifel brechen und möglichst viele Menschen zur Nachahmung animieren: Lassen Sie uns endlich offen über unsere Zweifel sprechen! Wie wir in den vorherigen Kapiteln bereits gesehen haben, können sie ungeheure positive Kräfte entfalten. Doch gerade **im Business-Kontext** und vielen anderen gesellschaftlichen Zusammenhängen, zum Beispiel auch unter Männern, **sind Selbstzweifel immer noch ein Tabu.** Die meisten bleiben damit allein – und verstärken die quälende Wirkung damit noch.

Doch ein Tabu ist nur so lange ein Tabu, bis wir darüber sprechen. Los geht's.

Bekenntnisse eines Zweiflers

Ich habe mich selbst nie als besonders talentiert empfunden. Nie den Eindruck gehabt, besonders gut in etwas zu sein. Nein, ich habe mich immer selbst auf der Reise gesehen, mit noch viel Weg, der vor mir liegt.

Ich könnte es auch so beschreiben: Bei vielen Dingen, die ich tue, fühle ich mich noch am Anfang. Was in vielen Fällen objektiv gesehen ganz einfach nicht mehr stimmt – mein Eindruck von mir selbst ist subjektiv verzerrt.

Deshalb bin ich auch oft überrascht, wenn ich von außen ganz andere Eindrücke gespiegelt bekomme. Die Menschen in meinem Umfeld – Familie, Freunde, Kollegen, Kunden – schätzen mich aus unterschiedlichen Gründen: für meine Kompetenzen, meinen Charakter und meine Art, im Kontakt mit anderen, zum Beispiel.

Das Gefühl, »noch am Anfang zu sein«, beschleicht mich dennoch immer wieder, wenn ich allein mit mir bin.

Hinzu kommt, dass ich – egal was ich mache – es auf wundersame Weise immer mit Menschen zu tun bekomme, die im gleichen Bereich, in dem ich gerade besser werden will, schon sehr gut sind. Sie wissen schon: Solche Menschen, die einen mit ihrer schieren Kompetenz einen Heidenrespekt einflößen, einen innerlich strammstehen lassen und einem zeigen, wo der Hammer hängt.

Das zieht sich durch mein Leben wie ein roter Faden. Mein Abi habe ich zwar alles in allem mit einem »Gut« abgeschlossen. Die Note verschleiert jedoch, wie groß der Anteil des »Durchwurschtelns« dabei war – und so einige Portionen an guter Fügung. In meiner eigenen Wahrnehmung schmälert das die Note. Zumal es Mitschüler gab, die ihre Einsen quasi hüpfend auf einem Bein beiläufig eingesammelt haben, scheinbar mühelos. Frustrierend! Erst recht, weil meine Interessen in Bereichen lagen, die in der Schule kaum eine Rolle spielten.

Pech für mich. Pech, das in dieser prägenden Lebensphase ganz sicher kräftig mit auf die Schalter meiner Selbstzweifel gedrückt hat. Aufgegangen ist mir das natürlich erst viel später in der Retrospektive. Damals führte es zu quälenden Fragen: Was stimmt nicht mit mir? Warum fällt mir manches schwerer als denen? Die gesellschaftliche – in dem Fall schulische – Sicht auf Kompetenzen hat natürlich einen Einfluss darauf, wie wir uns wahrnehmen. Wer mit seinen Talenten und Interessen stromlinienförmig durch den Lehrplan gleitet, kann sich natürlich mühelos kompetenter und »besser« fühlen als jemand, der seine

Kompetenzen so wie ich eher in randständigen Fächern entwickelt. Und dieses Phänomen ist natürlich nicht auf die Schulzeit begrenzt – es verfolgt uns, je nachdem, wie wir unseren Weg wählen, möglicherweise ein Leben lang.

Computer und Musik: Das waren meine Themen. Damals in den 8oer-Jahren waren das nicht gerade zentrale Lernfächer – noch weniger als heute. Und obwohl ich in der Schule über beides nicht allzu viel dazu lernte, hatte ich nach dem Abi das Gefühl, in diesen Feldern ein gutes Grundwissen zu haben. Mit der Vorstellung, bei Computerthemen »ganz gut« zu sein, begann ich nach der Schule voller Elan mein Informatikstudium.

Die Ernüchterung kam schon am ersten Tag: Bereits nach der Auftaktveranstaltung merkte ich, was da für Cracks neben mir auf der Hörsaal-Bank saßen. Bei uns zu Hause im beschaulichen Osnabrücker Land war es leicht gewesen, in meinem Bekanntenkreis einen Expertenstatus zu erreichen, denn damals kannten sich nur wenige mit Computern aus. Aber an der Oldenburger Universität war das Bild ein ganz anderes: Da häuften sich die wenigen Computerinteressierten der Region und sogar des Landes und bildeten ein Experten-Cluster, dessen herausragende Vertreter echte Überflieger waren.

Und ich? War erst mal überwältigt. Ja, ich konnte programmieren und hatte ein ganz gutes Händchen für Computer und alles, was dazugehört. Aber was manche meiner Kommilitonen da aus dem Hut zauberten – sagenhaft. Wenn ich ihnen beim Programmieren über die Schulter sah, spürte ich einen himmelweiten Unterschied zwischen ihnen und mir.

Schnell entwickelte ich den Eindruck, dass ich noch sehr, sehr viel zu tun hatte. Und damit einher ging das unterschwellige Gefühl, dass ich irgendwas noch nicht verstanden hatte – jedenfalls nicht so, wie diese Jungs.

Der Vergleich tat mir nicht gut: **Der Blick auf die Besseren feuerte nicht mich an, sondern vor allem meine Selbstzweifel.**

Ich habe bereits erwähnt, dass mir das Notenlesen lange den Zugang zur Musik verstellt hat. Ich habe es trotzdem irgendwann geschafft, meinen eigenen Weg zu finden, und habe in all den Jahren bis heute – ohne Noten – sehr viel Musik gemacht. Ich habe das Glück, mit vielen unglaublich talentierten Menschen im Probenraum und auf der Bühne gestanden zu haben. Darunter waren – wie ich heute weiß – auch einige, die sich mit dem Notenlesen ebenfalls bis heute schwertun und als Musiker dennoch hohes Ansehen genießen.

Von einigen habe ich das erst zehn, zwanzig Jahre später erfahren. Und kaum wusste ich es, fand ich einen neuen Weg, mich negativ zu vergleichen: Dafür waren sie mir in Sachen Harmonielehre haushoch überlegen oder auf ihren Instrumenten absolute Virtuosen. Irgendwie fand ich einen Weg, mich schlechter einzustufen. Wie man das, als routinierter Selbstzweifler, so macht.

Und dann wäre da noch ein weiterer Bereich: das Bücherschreiben. Denken Sie auch, dass Autoren so etwas wie eine besonders begabte Spezies sind, die sich einfach inspiriert hinsetzen und ein Werk nach dem anderen mühelos »runterschreiben«? So dachte ich früher auch – bevor ich selbst mein erstes Buch schrieb.

Was man als Leser nicht sieht, ist all die Unsicherheit, die zwischen den Zeilen eines fertigen Buches steckt. Allein schon dieses sehr persönliche Kapitel: eine Achterbahn der emotionalen Unsicherheiten. Wie viele Stunden an Überlegungen, Probieren, Rohtexten, Umstellen, Verwerfen vor dieser Fassung lagen, sehen Sie nicht.

Allein die ganz normale Unsicherheit des Unfertigen ist für mich als Autor schon eine enorme Herausforderung – zugleich aber ein gutes Forschungsfeld für das Thema dieses Buches. Es gab Zeiträume der völligen Orientierungslosigkeit und des Frustes. Und es gab Phasen, in denen ich mich mit Gedanken wie »Ich bin kein guter Autor« herumschlagen musste.

Auch hier spielt das Vergleichen eine Rolle: Ich habe ja nicht nur die Gedanken im Kopf, die ich in das Kapitel einbringen will, sondern auch die vielen Vorbilder in Form anderer Autoren, deren Bücher ich schon gelesen habe und die mich begeistert und bereichert haben. All das begleitet mich beim Schreiben. Und manchmal heißt das: Es hemmt mich beim Schreiben.

Um diese kurze Biografie meiner Zweifel abzuschließen, möchte ich nicht unerwähnt lassen, dass mich auch in der Rolle des dreifachen Vaters immer wieder einmal Selbstzweifel heimgesucht haben. Vor allem beim Blick auf andere Väter, die mehr Zeit haben und mehr mit ihren Kindern unternehmen können, fühle ich mich manchmal inadäquat – ein Gefühl, das wohl die meisten Väter kennen, die beruflich stark eingespannt sind.

Mich beschäftigt auch die Frage, ob ich mich im richtigen Maß in ihre schulische Entwicklung einschalte oder ob ich das zu locker sehe. Ich bin mir nicht sicher, ob ich sie ausreichend unterstütze, dass sie nicht solche Kopfknoten entwickeln, wie ich sie in der Schule erlebt habe und manchmal noch heute erlebe.

Das ist der Weg meiner Zweifel – da komme ich her. Und doch bekomme ich immer wieder zu hören: »Du und Zweifeln? Das kann ich mir nicht vorstellen. Nein, Emanuel, du doch nicht.« Immer wieder ernte ich fassungslose Reaktionen, wenn ich Menschen erzähle, dass ich einen ausgeprägten Hang zum Zweifeln habe. Meine Ausstrahlung scheint eine andere Sprache zu sprechen.

Und auch hier ist die Wahrscheinlichkeit groß, dass Sie als mindestens für Zweifel aufgeschlossener Mensch sehr gut wissen, wovon ich rede: Die eigenen Zweifel hinter einer selbstbewussten Maskerade zu verbergen, ist sehr verbreitet. Wir haben schon festgehalten, warum: Niemand outet sich gern als Zweifler, denn Zweifel haben keine starke Lobby.

Ein Grund mehr, den Selbstzweifeln und den Selbstzweiflern einmal näher auf den Zahn zu fühlen, finden Sie nicht?

Von Selbstzweifeln zur Selbstabwertung

Der Duden definiert Selbstzweifel als »Zweifel, die auf sich selbst und sein eigenes Denken und Tun gerichtet sind«.

Diese nach innen gerichteten Zweifel sind in der Regel unerwünscht und werden oft als Schwäche interpretiert. Doch solange sie nicht zum quälenden Dauerzustand werden oder gar zum Stillstand führen, sondern positive Veränderungen bewirken, können sie auch sehr sinnvoll sein.

Selbstzweifel manifestieren sich in Fragen wie:

- Kann (auch) ich das schaffen?
- Genüge ich den Ansprüchen?
- Was brauche ich, um gut genug zu werden?
- Wie viel Zeit benötige ich dafür?
- Werden andere gut finden, was ich tue?

Selbstzweifel treten vor allem dann auf, wenn wir etwas erreichen wollen. Wir wünschen uns bestimmte Fähigkeiten, ein bestimmtes Aussehen, wären gern so kompetent oder so perfekt trainiert wie andere. Vielleicht wollen wir ebenso bewundert werden wie unsere Vorbilder, oder mindestens genauso erfolgreich sein. Wir wollen für das, was wir können, anerkannt sein. Denn wir haben beobachtet: Menschen mit besonderen Qualitäten bekommen auch besonders viel Aufmerksamkeit. Und da packt uns Menschen nun mal der Ehrgeiz: Da wollen wir auch mitspielen.

Aber wir wissen nicht, ob wir das können! Selbst wenn wir uns etwas generell zutrauen, wissen wir nicht, ob das, was wir jetzt schon können, ausreicht oder nicht. Vielleicht sind wir mutig genug, einen ersten Versuch zu wagen, und stellen fest: Hoppla, das wird nicht einfach. Um dahin zu kommen, wo die schon sind, muss ich erst mal richtig ackern. Warum sieht das bei denen so leicht aus? Fehlt mir nur die Übung – oder habe ich womöglich einfach nicht das Zeug dazu?

Wir werden unsicher und verfallen in Selbstzweifel. Wir zweifeln an unserem Potenzial, an unserer Besonderheit und vielleicht sogar daran, eine Bereicherung für die Welt im Großen und Ganzen zu sein.

Und wissen Sie was? Hin und wieder, wenn wir etwas Neues beginnen und den Zeh ins kalte Wasser einer neuen Herausforderung halten, ist das völlig okay. Diese Art von Selbstzweifeln sind total in Ordnung und helfen uns sogar, Veränderungen oder Aufgaben ernst zu nehmen. Selbstzweifel geben uns die Möglichkeit, unseren Status quo zu reflektieren und zu definieren, was zu tun ist. Am Beginn eines neuen Abschnitts ist Unsicherheit okay. Bei jeder Veränderung ist ein gewisses Maß an Unsicherheit okay.

Problematisch werden Selbstzweifel deshalb, weil es so schwierig ist, sie rechtzeitig wieder einzufangen. Es ist sehr leicht, den Korridor der positiven Zweifel zu verlassen und noch einen Schritt weiterzugehen.

Wenn der Vergleich mit anderen dazu führt, dass wir uns als Person abwerten und unsere Existenz als solche als ungenügend betrachten, hört der Spaß auf. Dann betreten wir ein Minenfeld, auf dem wir nichts zu suchen haben und das mit Sprengfallen nur so gespickt ist.

Wo positive Selbstzweifel eine Entwicklungschance beinhalten, haben negative Selbstzweifel eine Falltür ins dunkle Nichts – bis hin zur Depression. Nichts ist gut an der Selbstabwertung – nie, für niemanden.

Der Mythos von den perfekten Menschen

Oft verfallen wir deshalb in selbstabwertende Gedanken, weil wir auf ein Idealbild hereinfallen, das die Gesellschaft uns aufdrängt. In ihrem Buch »Innerlich frei – Was wir gewinnen, wenn wir unsere ungeliebten Seiten annehmen« beschreibt die Psychologin und Bestsellerautorin Ulrike Scheuermann, dass viele Menschen getrieben sind von äußeren »Verlockungen«, nach denen sie unbewusst oder sogar ganz bewusst streben. Je nach individuellen Vorlieben wollen wir Schönheit, Reichtum, Macht oder einfach Dauerglück erreichen.

Allein dadurch kommen wir bereits in eine Defizithaltung. Denn von all diesen Dingen gibt es nie genug: Es gibt immer jemanden, der schöner, reicher, mächtiger oder glücklicher ist – mindestens scheinbar. Wir streben nach Glück und stabilem Selbstwert und machen unser Selbstwertgefühl dabei von äußeren Dingen abhängig. Psychologen sprechen dabei von kontingentem Selbstwertgefühl. Das heißt, der Selbstwert ist an äußere Bedingungen geknüpft:

»Ich bin erst wertvoll, wenn ich …

- komplett ausgebucht bin,
- einen siebenstelligen Umsatz habe,
- von allen und immer nur positiv bewertet werde«

und so weiter.

Treten diese Ereignisse nicht ein, kommt es zum »Selbstwert-kater«, wie Ulrike Scheuermann das gefühlte Defizit treffend beschreibt: Der Selbstwert rauscht in den Keller, wir fühlen uns mies und werten uns selbst noch mehr ab. Und das kann extrem ungesunde Formen annehmen.

Viele Menschen leiden unter der Idee, als Mensch, mit den eigenen Fähigkeiten oder mit ihren Ideen »nicht zu genügen«. Manche steigern sich derart in ihre Selbstzweifel hinein, dass es auf ihr Umfeld geradezu absurd wirkt.

Die selbsternannten Hochstapler

Kürzlich war ich mit einer Freundin zum Kaffee verabredet. Petra ist eine sehr schlaue, attraktive und ausgesprochen erfolgreiche Dame. Sie arbeitet bei einem mittelständischen Unternehmen im Marketing und macht dort einen hervorragenden Job. Vor allem für Social Media hat sie ein Händchen und hat sich damit praktisch unersetzlich gemacht.

»Was ist mit dir denn los?«, frage ich, als ich sie im Café begrüße. Sie hat rote Flecken am Hals und wirkt total unzufrieden und gestresst. »Setz dich – ich hole erst einmal die Getränke.«

Als ich mich mit unserem Kaffee zu ihr setze, blickt sie mir panisch in die Augen:

»Emanuel, bald kommt es raus. Das kann nicht mehr lange gutgehen.«

»Petra, du bist ja ganz aufgelöst. Was meinst du denn?«

»Bald finden alle raus, dass ich die totale Niete bin. Dass ich eigentlich nichts kann. Dass ich mein Geld nicht wert bin. Bald finden die es raus.«

»Aha«, gebe ich irritiert zurück. »Wie kommst du denn darauf?«

»Ich habe das Marketing-Konzept abgegeben, von dem ich dir beim letzten Mal erzählt habe. Ich sage dir: totaler Schrott!«

»Was haben denn die dazu gesagt, über die du dir Sorgen machst?«

»Das Team findet das Konzept toll.«

»Vielleicht hat das Team ja einfach Recht, Petra.«

Schweigen. Minutenlang.

Impostor-Syndrom oder Hochstapler-Syndrom wird dieses Phänomen genannt. »Impostor« bedeutet auf Deutsch so viel wie »Betrüger«. Der Fachbegriff beschreibt Menschen, die ihren eigenen Erfolg nicht sich selbst, sondern externen Faktoren wie Glück oder Zufall zuschreiben.

Die Psychologin Prof. Dr. Birgit Spinath hat an der Universität Heidelberg viele Untersuchungen über das Impostor-Syndrom durchgeführt. Das begann so: Bei einer Befragung von erfolgreichen, berufstätigen Frauen fiel der Forscherin auf, dass diese oft der Meinung waren, ihre Fähigkeiten würden von anderen überschätzt. In der Folge standen sie, genau wie Petra, permanent unter starkem Druck. Aus Angst, dass diese vermeintliche Unzulänglichkeit irgendwann aufgedeckt wird, arbeiten sie noch mehr und versuchen, noch bessere Leistungen zu bringen. Bis zur totalen Erschöpfung.

Heute wissen wir: Diese defizitäre Wahrnehmung der eigenen

Fähigkeiten betrifft Männer genauso wie Frauen. Das Impostor-Syndrom ist ausgerechnet unter erfolgreichen Menschen, die für ihre Kompetenzen von anderen sehr geschätzt werden, besonders verbreitet. Nicht mein Lieblingsindiz dafür, dass Zweifel ein Erfolgsfaktor sein können – aber doch ein weiterer Hinweis.

Gesünder wäre es für uns bekennende Zweifler natürlich, wenn wir unsere Selbstzweifel produktiv nutzen könnten, bevor es zur Selbstabwertung kommt. Denn am Ende kann die übermäßige Anstrengung uns sogar krank machen, die wir nur deshalb aufbringen, weil wir uns nie gut genug fühlen. Die vielen Idealbilder, die uns von den Medien, von Vorgesetzten und im Internet gezeichnet werden, bringen uns regelmäßig auf die falsche Fährte.

Dabei werden uns jedoch zwei Faktoren konsequent verschwiegen:

1. Fast immer gibt es andere, die uns gut finden – nur wir selbst meistens noch nicht.
2. Jeder von uns ist jeden Tag und schon immer besonders – nicht erst durch irgendeine Leistung oder Benchmark.

Doch das Vergleichen ist eine verflixte Falle: Es gibt so vieles, das zwischen uns und einem gesunden Selbstwertgefühl stehen kann.

Der verflixte Vergleich mit den anderen

Ein Freund von mir ist Koch. Ein guter Koch. Und in seinem Restaurant kommt es öfter vor, dass Gäste ihn nach dem Essen an den Tisch bitten. Nicht um sich zu beschweren, sondern um ein explizites Lob auszusprechen. Er fühlt sich dabei nicht wohl, lässt sich aber natürlich darauf ein, denn sonst würde er ja die Gäste verprellen. Er hat mir einmal verraten, was in diesen Momenten typischerweise in seinem Kopf vorgeht, wenn ein Gast zum Beispiel sagt: »Ich muss Ihnen ein Kompliment machen – das war ein außerordentlich leckeres Essen. Die Steaks perfekt. Das Gemüse unfassbar lecker, frisch und auf den Punkt. Und die Idee mit dieser Dessert-Kombination! Sensationell ...«

Mein Freund steht neben dem Tisch und hört sich das alles an und lächelt verlegen. Und insgeheim denkt er sich: »Ist ja nett von dir, aber von gutem Essen verstehst du doch gar nichts.«

Und das meint er nicht etwa abwertend gegenüber dem Gast, sondern in Bezug auf sich selbst. Ein Kollege, den er respektiert oder sogar ein berühmter Sterne-Koch könnten ihm das Kompliment machen, und er würde es irgendwie hinkriegen, auch denen zu unterstellen, dass sie sich irren: »Der hat doch die Zunge taub, der will doch nur nett sein, da habe ich doch nur Glück gehabt.«

Dass er so denkt, heißt nichts anderes, als dass er seine Leistung selbst als nicht gut einstuft. Er weiß schließlich, dass es noch besser geht, viel besser sogar. Das zeigen ihm seine Vorbilder, die Drei-Sterne-Köche, in Perfektion. Gemessen an denen ist bei ihm noch viel Luft nach oben – das ist sein Maßstab. Ob der gesund ist, ist dabei erst mal nebensächlich.

Das Internet und vor allem die sozialen Medien haben es uns noch viel leichter gemacht, uns negativ zu vergleichen. Ständig werden wir mit echten und selbsternannten Vorbildern konfrontiert. Nicht nur mit den Leistungen von Nelson Mandela, Barack und Michelle Obama, Sheryl Sandberg, Richard Branson und wie sie alle heißen, an die und deren Erfolge wir wohl nie heranreichen werden, sondern auch von den Kollegen und Bekannten. **Online zeigen sich alle von ihrer besten Seite – und lassen**

alle anderen Seiten weg. Kein Wunder, dass wir das Gefühl haben, dass wir nur noch von Überfliegern und Erfolgreichen umgeben sind!

Doch selbst, wenn wir den geschickten Inszenierungen nicht auf den Leim gehen, müssen wir damit leben, dass es diese verrückten Genies gibt, vor denen wir am liebsten im Boden versinken würden.

Wenn Sie zufällig Gitarre spielen, ist Ihnen der Name Zack Kim vielleicht ein Begriff. Er ist einer von vielen unglaublich talentierten Gitarren-Freaks, von denen wir früher vielleicht nie erfahren hätten, die es dank YouTube nun aber plötzlich zu geben scheint wie Sand am Meer.

Zack Kim ist ein völlig uneitel im Bild stehender, junger Koreaner. Vor sich hat er stets eine Konstruktion, auf der zwei E-Gitarren fest übereinander montiert sind. Er steht dahinter und spielt beide Instrumente gleichzeitig. Er gilt als Erfinder des »Two Hand Tappings«, bei dem man die Gitarrensaiten nicht anschlägt, sondern direkt auf dem Griffbrett antippt. Diese Technik wird unter anderem im Heavy Metal angewendet, weil damit enorme Spielgeschwindigkeiten und verblüffende Effekte zu realisieren sind. Viele Gitarristen machen etwas Ähnliches – nur eben nicht auf zwei Gitarren gleichzeitig. Sehr abgefahren.

So einen Zack Kim gibt es immer – auf jedem Gebiet. Wir bewundern diese Menschen und lassen uns von ihnen inspirieren. Sie zeigen uns, was möglich ist, was wir selbst vielleicht auch erreichen können.

So weit, so gut. Vorbilder können eine wunderbare Orientierung für die eigene Entwicklung sein. Doch sie können uns auch hemmen – wenn wir uns an den falschen Maßstäben messen.

Vorbilder drücken auf die Seele

Die Sache mit den Vorbildern hat einen gewaltigen Haken. Sie sind eben nicht nur Ansporn und ermutigen uns zum Handeln. Oftmals ist ihr Können so ausgeprägt, dass sie einem perfekt zeigen, was man selbst gerade nicht kann – zumindest noch nicht. Es ist eine Frage der Wahrnehmung: Ein Vorbild kann uns zeigen, was möglich ist – oder für uns im Hier und Jetzt eben noch nicht möglich ist. Wenn wir diese Entscheidung nicht bewusst treffen, können Vorbilder die gegenteilige Wirkung haben: Statt den Unterschied zwischen ihnen und uns zum Anlass konkreter, positiver Zweifel zu machen (Wie lange werde ich brauchen, um das zu schaffen?), nehmen wir sie zum Anlass, um uns selbst abzuwerten (Das schaffe ich sowieso nie!).

In diesem Sinne können Vorbilder extrem demotivierend wirken. Das Internet macht den Schritt von der Bewunderung zur Demotivation zudem sehr einfach: Es gibt bei YouTube leider nicht nur Zack Kim, sondern gefühlte Legionen von außerirdisch begabten Musikern, die Unvorstellbares mit ihren Instrumenten anstellen. Und damit habe ich zum Beispiel unendlich viele Möglichkeiten, mich als Musiker negativ zu vergleichen. Gewiss ist das Feld Musik bei YouTube besonders üppig besetzt, doch **irgendwo im Internet findet jeder seine Nemesis** – seinen ultimativen Endgegner.

Das Problem mit dem negativen Vergleichen besteht nicht darin, dass wir uns an anderen messen – das liegt ganz einfach in unserer Natur. Das Problem liegt auch nicht darin, dass wir rational eingestehen, dass jemand in einer bestimmten Kompetenz besser ist als wir, jedenfalls im Hier und Jetzt. Das Problem liegt in der emotionalen kurzgeschlossenen Abwertung, die wir dann vornehmen: Im Zuge solcher negativer Vergleiche werten wir uns oftmals gleich als ganze Person ab. Dieser destruktive Mechanismus führt zu den absurdesten Rückschlüssen:

- »Andere Köche kochen besser als ich. Ich bin eben ein schlechter Koch.«
- »Ich verstehe die Matheaufgaben nicht. Andere verstehen sie. Ich bin eben zu dumm.«
- »Der Hardy spielt so gut vom Blatt. Ich kann nicht vom Blatt spielen. Ich bin eben ein schlechter Musiker.«
- »Ich habe einen Pickel im Gesicht. Paula hat total reine Haut. Ich bin hässlich.«
- »Ich habe zugenommen. Die anderen im Büro sind alle schlank. Ich bin unattraktiv.«
- »Ich habe ein für den Anlass unpassendes Hemd an. Andere sind besser gekleidet. Ich bin fehl am Platz.«

Die Beobachtungen mögen alle stimmen, der kritische Punkt ist die Schlussfolgerung. Man könnte auch eine realistischere Variante wählen: »Ich habe Mathe noch nicht verstanden. Andere schon. Vielleicht sollte ich es mal mit Nachhilfe versuchen.« Wir bleiben bei den Rückschlüssen nicht sachlich, sondern weiten sie aus, indem wir von einer Information auf den Wert der gesamten Person schließen: Statt einem konstruktiven Schluss folgt eine destruktive Selbstabwertung. In dem Moment, in dem wir zur Vermutung oder schlimmer zu der Erkenntnis gelangen »Ich bin ein schlechter Schüler« oder »Ich bin zu dumm«, werten wir uns selbst als Ganzes ab. Wir gelangen vom förderlichen Selbstzweifel in die destruktive Selbstabwertung: Zu überlegen, ob man vielleicht Unterstützung in Form von Nachhilfe gebrauchen könnte, weil Mathe offenbar nicht zu den eigenen Stärken gehört – das wären konstruktive Selbstzweifel. Daraus zu schließen, dass man schlicht dumm sei – das ist destruktive Selbstabwertung.

Wenn wir so auf Vorbilder oder auch einfach auf Menschen in unserem Umfeld blicken, die uns scheinbar etwas voraushaben, ist das vielleicht nur menschlich. Doch wir vergessen dabei etwas. Und zwar etwas, das extrem hilfreich sein könnte, um uns von der destruktiven Selbstabwertung fernzuhalten und unsere Maßstäbe wieder gerade zu rücken.

Einmal umdrehen bitte

Vor einigen Jahren habe ich in der britischen Fernsehsendung »Britain's Got Talent« einen jungen Mann gesehen, der in weniger als drei Minuten ein Bild zeichnen sollte. Wie ein gedopter Specht stach er mit dem Pinsel förmlich auf das Bild ein und tänzelte dabei scheinbar wirr vor der Leinwand hin und her. Der typische Fall, bei dem man als Fernsehzuschauer denkt: »Hat der denn keine Freunde? Warum haben die ihm nicht gesagt, dass er sich blamieren wird?« Die Uhr zeigt 2 Minuten und 55 Sekunden, die Zeit ist praktisch abgelaufen. Der Maestro präsentiert mit einer ausladenden Geste der Jury sein Werk, doch die kichert nur amüsiert vor sich hin. Was für ein Schrott: nur Flecken auf Papier. Abstrakte Kunst. Unverständlich. Lächerlich. Durchgefallen.

Und dann dreht der junge Mann das Bild auf den Kopf, und man sieht im ganzen Saal die Kinnladen nach unten klappen. Es erscheint ein Portrait eines Mitglieds aus der Jury. Absolut faszinierend: Der Moment, als aus einem wirren Idioten plötzlich ein Genie wird. Die Idioten waren vielmehr wir Zuschauer: Weil wir die ganze Zeit nicht gesehen haben, dass da etwas viel Größeres passiert als das, was wir selbst wahrgenommen haben. Der Maler hatte sein Bild klar vor Augen und hat es auf dem Kopf stehend gezeichnet. Allen Betrachtern fehlte diese wichtige Information. Die kam erst durch den Perspektivwechsel, als er das Bild drehte – auf dass auch wir Deppen die Kunst als das erkennen können, was sie war.

Das Bild brachte mich auf eine Idee: Steht unsere Wahrnehmung bei unseren eigenen Fähigkeiten nicht manchmal genauso Kopf wie in diesem Fall?

Wenn wir uns negativ mit anderen vergleichen, schauen wir konsequent nur in eine Richtung: in die unserer Vorbilder beziehungsweise der Menschen, die etwas besser können, die erfolgreicher sind, die besser aussehen und so weiter. Wir schauen nur in diese eine Richtung der Straße. Nicht nach links, nicht nach rechts – und schon gar nicht nach hinten.

Das ist der größte Fehler, den wir beim Vergleichen machen können: Wir vergessen, uns umzudrehen.

Wir vergessen, in die Richtung zu schauen, wo sich Menschen befinden, die mit unseren Fähigkeiten etwas anfangen können. Oder besser gesagt: Die mit unserer ganz individuellen Zusammenstellung von Fähigkeiten, mit unserem Können, mit uns als Gesamtperson etwas anfangen können. Diese Menschen gibt es, immer. Oder in Business-Deutsch formuliert: **Jeder Mensch hat mit seinen Fähigkeiten eine Zielgruppe.** Immer!

Wie erwähnt, habe ich lange mit mir als Musiker gehadert. Jahrelang habe ich mich konsequent als »zu schlecht« eingestuft. Aber ich habe unterschätzt, dass Menschen mit meinen Songs etwas anfangen können, sie sogar genießen. Nicht alle Menschen natürlich – aber einige Menschen.

Um das entdecken zu können, musste ich mich umdrehen. Ich musste mich der Zielgruppe zuwenden und mich mit meiner Musik präsentieren – genau das, was ich in den Jahren der Selbstzweifel als Musiker nicht getan hatte. Und unabhängig davon, wie gut oder schlecht ich selbst meine Kompositionen im Einzelfall finde und wie viel Luft nach oben ich dabei noch sehe: Es gibt Menschen, die das, was ich jetzt mache, bereits gut finden. Das spricht ja nicht dagegen, dass ich als Musiker noch vieles verbessern kann. Es spricht allerdings vieles dagegen, mich als Musiker oder – schlimmer noch – als Mensch zu verstecken, nur weil es Menschen gibt, die besser Klavier spielen als ich.

Den Raum für Zweifel konstruktiv nutzen

Die Frage ist: Wie bleibt man in dem förderlichen und gesunden Bereich der Selbstzweifel – im Korridor der positiven Zweifel – und verhindert das Abrutschen in die Selbstabwertung?

So, wie wir im vorigen Kapitel auch den Zweifeln in Projekten begegnet sind: Indem wir sie bewusst zulassen, thematisieren und aushalten.

Mit Vermeidung würden wir das Gegenteil erreichen: Im Moment der Schwäche würden die Selbstzweifel uns überrennen, unser Reflexionsvermögen wäre überfordert, wir würden die Dosierung verkorksen und direkt in die Selbstabwertung rutschen.

Mit den Zweifeln ist es wie mit vielen anderen potenten Phänomenen: **Alles, was wir bekämpfen, gewinnt an Stärke.** Alles, was wir annehmen, verliert an Kraft, und wir können es kontrolliert integrieren. Auch das hat Ulrike Scheuermann in ihrem Buch »Innerlich frei« ausführlich analysiert: Wenn wir uns öffnen für die Seiten unserer selbst, die sonst oft im Schatten verborgen sind, dann werden wir vollständiger, authentischer und kraftvoller. Sonst bleiben wir gefangen in der Vorstellung, wir müssten perfekt sein, alles müsse immer glatt gehen und die

Welt um uns herum müsse immer »richtig« sein. Natürlich: Dann ist da kein Platz für Zweifel. Aber eben auch nicht fürs Leben und für alles, was uns ausmacht.

Wenn wir Selbstzweifel konstruktiv und kontrolliert nutzen, können sie auch eine enorme Triebfeder sein. Die Voraussetzung dafür ist einmal mehr, dass wir unsere Unsicherheit erkennen, zulassen und auch anderen gegenüber selbstbewusst vertreten. Sobald wir die Selbstzweifel nicht mehr ablehnen, sondern als Antrieb integrieren, der uns hilft, besser zu werden, können wir auch Sicherheit und Souveränität ausstrahlen, *obwohl* wir unsicher sind.

Und damit schaffen wir gleichzeitig einen der Hauptgründe für den schlechten Ruf der Zweifel aus der Welt: dass wir auf andere schwach wirken könnten. **Wer zu seinen Zweifeln steht** und seine Unsicherheit nicht versteckt, der **wirkt nicht schwach – sondern souverän.**

Die Voraussetzung dafür ist, dass wir unsere eigenen Zweifel zunächst einmal selbst annehmen.

So bin ich inzwischen auch in einem meiner persönlichen Zweifelthemen einen entscheidenden Schritt weiter: in meinen Qualitäten als Vater. Natürlich bin ich – wie wohl die meisten Eltern – zwischendurch immer wieder emotional unsicher. Aber ich kann das besser zulassen, weil ich auch gelernt habe zu sehen, was ich richtig mache. Manchmal haben meine drei Kinder und ich sehr schöne Zeiten. Ich weiß, dass sie gern bei mir sind – aber als Teenager natürlich nicht immer! Ich kann die wunderbaren Tage genießen, die wir miteinander verbringen – und gleichzeitig bedauern, dass ich manchmal zu wenig Zeit habe, wenn sie gern bei mir wären.

Inzwischen kann ich das eine sehen, ohne deshalb das andere zu übersehen. Ich kann meine Rolle als Vater genießen und trotzdem daran zweifeln, ob ich alles richtig mache. Ich bin einen Schritt weiter, weil ich die Unsicherheit und die Selbstzweifel annehme und akzeptiere, dass sie immer da sein werden. Weil ich weiß, dass man nicht immer alles richtig machen und schon gar nicht immer Gewissheit haben kann.

Und trotzdem ist mir nichts davon gleichgültig und wird es auch niemals sein: Die Zweifel halten mich wach! Die logischen und die emotionalen Zweifel sorgen dafür, dass ich mich weiterentwickle. Sorgen dafür, dass ich darüber nachdenke, wie ich ein besserer Vater werden kann und was meine Kids brauchen. Sie sorgen dafür, dass ich mit ihnen in den Dialog gehe. Die Zweifel geben mir die Chance, darüber nachzudenken, wie ich mir eine gute Beziehung zu meinen Kindern vorstelle. Sie helfen mir dabei, sie zu unterstützen.

Der Zweifel darüber, ob ich ein guter Vater bin, gibt mir überhaupt erst die Chance, ein guter Vater zu sein – und wahrnehmen zu können, wenn ich es bin.

Zweifel helfen uns reflektieren, und Zweifel helfen uns spüren.

Zweifeln macht sympathisch

Die Fähigkeit, konstruktiv an sich selbst zu zweifeln, hat über die Bedeutung für die persönliche Entwicklung hinaus aber noch einen weiteren Vorteil: **Gesunde Selbstzweifel können durchaus sympathisch sein.**

Ich selbst bin inzwischen sehr skeptisch, wenn Menschen dauerhaft Selbstsicherheit ausstrahlen oder gar behaupten, nie an sich zu zweifeln. Schließlich möchte ich keine Egomanen um mich haben, sondern Menschen, die sich selbst reflektieren und auch mal einräumen können, wenn sie auf dem falschen Dampfer sind. Ich fühle mich wohler mit Menschen, die sich nicht zu sicher sind, sich selbst und anderen Raum zur Veränderung einräumen und nicht zuletzt deshalb auch offen für Kritik und andere Meinungen sind.

Wer nie zweifelt, lässt auch nicht an sich zweifeln!

Zum Abschluss möchte ich vor dem Zustand warnen, wenn Selbstzweifel ein Eigenleben entwickeln. Wenn Menschen sich permanent selbst abwerten, sich gar kein Verbesserungspotenzial mehr zugestehen und durch ihre Selbstzweifel völlig in ihrem Handeln blockiert sind, wird es gefährlich – denn die Grenze zur Depression ist fließend. Wer dauerhaft und chronisch unzufrieden mit sich selbst ist, an seinem Wert als Mensch zweifelt und kein Entwicklungspotenzial mehr in sich sieht, braucht mehr als einen Perspektivenwechsel – nämlich professionelle, therapeutische Hilfe. Die ist, genauso wenig wie das Zweifeln, eine Schande. Die Depression ist eine der häufigsten mentalen Krankheiten und kann lebensbedrohliche Ausmaße annehmen. Sie ist allerdings auch gut behandelbar und oft sogar heilbar, wenn sie erkannt und therapiert wird. Im Zweifel deshalb: Hilfe suchen!

Menschen, für die Selbstzweifel etwas ganz Normales sind, können sich oft gar nicht vorstellen, dass es so etwas geben kann wie ein Zweifel-Vakuum. Doch wenn wir uns umsehen, stellen wir fest, dass es in unserer Gesellschaft tatsächlich Dinge gibt, an denen niemand zweifelt: zweifelsfreie Räume.

7.
Zweifelsfreie Räume

Woran wir heute noch glauben können

Cogito ergo sum

Ist das Leben einfacher ohne Zweifel? Mag sein: Wenn Zweifel fehlen, wird das Handeln einfacher. Es gibt nichts zu diskutieren, nichts abzuwägen, nichts zu berücksichtigen. Wenn man diesen Zustand bewusst herbeiführt, mag er in manchen Situationen sinnvoll sein. Ist man unbewusst frei von Zweifeln, kann es aber auch gefährlich werden.

Was geschieht mit uns in zweifelsfreien Räumen – und sind sie erstrebenswert? Finden wir es heraus.

Positives Zweifeln ist oft ein Spiel mit »Gas und Bremse«: Mal zweifeln wir zu viel, mal zu wenig. Es ist wie ein Auto an einem rutschigen Hang mit der richtigen Balance aus Gas und Kupplung anzufahren: Zu viel Gas, und die Räder drehen durch, und man kommt nicht von der Stelle. Solange man nicht von der Kupplung geht und zu wenig Gas gibt, erst recht nicht. Erst die ausgewogene Dosierung sorgt für Traktion. Schön langsam kommen lassen – aber nicht zu langsam.

Doch gibt es auch Situationen, wo wir beruhigt auf die Zweifel verzichten und sie weglassen können? Was braucht wirklich niemand anzuzweifeln? Wann besteht keine Notwendigkeit zu reflektieren?

Der französische Philosoph und Wissenschaftler René Descartes hat sich intensiv mit dem Zweifeln beschäftigt und diese Fragen klar beantwortet. Aufgrund der Tatsache, dass er sich selbst immer wieder täuschte und seine Ansichten überdenken musste, kam er – womöglich als erster – auf die Idee, Zweifel methodisch zu nutzen. Sein Ansatz: alles hinterfragen, um schlussendlich zu einem fundamentalen Schluss zu kommen, der nicht mehr anzweifelbar ist.

Als Gedankenexperiment stellte Descartes sich vor, dass es eine Art Dämon gäbe, der sich einen Spaß daraus macht, ihn in die Irre zu führen und zu täuschen. Vor allem bei seinen Sinneswahrnehmungen bot sich dem Dämon ein breites Angriffsfeld. Ist das, was wir mit unseren Sinnen wahrnehmen, Realität? Was ist überhaupt Realität?

Um es kurz zu machen: Descartes kam zu dem Schluss, dass er im Prinzip keiner Sinneswahrnehmung und keinem Gedanken trauen konnte. Auf der Suche nach einer fundamentalen, nicht mehr anzweifelbaren Aussage schuf er den berühmten Satz: »Cogito ergo sum.« – »Ich denke, also bin ich.«

Als denkende Wesen müssen wir zwingend existieren – das ist alles, was man Descartes zufolge mit Sicherheit über den Menschen und die Welt sagen kann. Alles andere sei anzweifelbar. Descartes gilt mit dieser These als Begründer des sogenannten Skeptizismus.

Alles ist eine Lüge – oder?

Da haben wir den Salat: Wir können unseren Sinneseindrücken nicht trauen. Nicht nur, dass wir wie beim Sehen über »Blinde Flecken« verfügen und wichtige Informationen teilweise nicht zu uns durchdringen, weil unser Gehirn andere Prioritäten hat. Auch unsere Wahrnehmung ist massiv verzerrt. Wir nehmen das wahr, was unsere Aufmerksamkeitsmuster diktieren – und vieles andere nicht. Etwas objektiv zu beurteilen ist uns damit eigentlich nicht möglich – denn **unser Gehirn lässt uns nicht so ausgewogen denken, wie wir das gern hätten.**

Vielleicht kennen Sie das berühmte Experiment des Psychologen Daniel Simons von der Harvard-Universität. Er zeigte Zuschauern einen Film, in dem zwei Basketball-Mannschaften parallel einen Ball dribbeln und sich innerhalb des eigenen Teams zupassen. Der Zuschauer bekommt die Aufgabe, die Anzahl der Ballpässe des Teams mit den weißen Trikots zu zählen. Über 90 Prozent der Zuschauer sind dann so mit ihrer Aufgabe beschäftigt, sind so fokussiert auf die Ballpässe, dass sie einen Gorilla, der währenddessen quer durch das Bild läuft, nicht sehen. Und ich denke, wir können uns darauf einigen, dass ein Gorilla auf einem Basketball-Platz etwas ist, das uns auffallen sollte. Wir nehmen also extrem selektiv wahr, je nachdem worauf wir unsere Aufmerksamkeit lenken – oder lenken lassen.

Jede vermeintlich sichere Erkenntnis kann also angezweifelt werden: Auf diesen Denkansatz hat es bis heute immer wieder unterschiedlich intensive Reaktionen aus verschiedenen Schulen des Denkens gegeben – von der Philosophie über die Religion bis hin zum weiten Feld der Verschwörungstheorien.

Können wir unseren Sinnen trauen? Oder ist unser Leben eher so, wie es im Film »Truman Show« mit Jim Carrey dargestellt wird: von vorn bis hinten fremdgesteuert und inszeniert? Vielleicht sind wir alle wie die Hauptfigur Truman Burbank, der nicht ahnt, dass sein Lebensraum in Wirklichkeit ein überdimensionales TV-Studio ist. Vielleicht träumen wir auch alles nur und laufen gar nicht wirklich durch die Welt, sondern liegen irgendwo angestöpselt an ein Datenkabel herum wie im Film »Matrix«. Die Welt – eine Simulation, in der den Menschen bestimmte Sinneseindrücke künstlich zugeführt werden?

Ich kann das leider weder bestätigen noch ausschließen. Wir können uns nur in der Sphäre bewegen, die uns vertraut ist. Und in dieser Sphäre, im Hier und Jetzt unseres Wahrnehmungsraums, müssen wir uns auf grundsätzliche Positionen einigen, um unseren Alltag in den Griff zu bekommen. Wir brauchen Modelle und ein Weltbild, das wir als wahr akzeptieren und das uns lebensfähig und handlungsfähig macht.

Descartes hat uns gelehrt, dass alles anzweifelbar ist. Gleichzeitig ist alles anzuzweifeln jedoch nicht praktikabel. Es ist lebensfremd. Würden wir es tun, wären wir nicht mehr handlungsfähig. Das geht schon bei der Heimfahrt von der Arbeit los: Soll ich die Ausfahrt nach Hause jetzt nehmen oder nicht? Wenn jeder Autofahrer an jeder Ausfahrt sich diese Frage stellt, bricht das Chaos aus, und binnen Tagesfrist ist unser Land nur noch ein einziger Stau. Oder stellen Sie sich vor, Ihr Partner würde jeden Morgen, wenn Sie ihn am Frühstückstisch um das Brotmesser bitten, erst einmal eine Diskussion darüber anfangen, ob das Brotmesser real existiert oder nicht. Der Alltag würde zum Stillstand kommen.

Nein, mit einem Übermaß an Zweifeln zu leben, funktioniert schon mal nicht. Aber so ganz ohne? Was können wir als zweifelsfrei gegeben hinnehmen?

Die Erde ist flach: Schräge Überzeugungen

Man sagt diesen Satz so leicht und lapidar daher, wenn jemand anderer Meinung ist: Das sind doch die Fakten. Was gibt es da zu diskutieren? Ist doch alles klar. Tatsächlich gibt es in vielen Themen einen breiten Konsens, auf den wir uns einfach verlassen: Wasser fließt in der Regel abwärts, Menschen wachsen ab einem gewissen Alter nur noch in die Breite und Große Koalitionen sind tendenziell suboptimal.

Aber wie einige politische und gesellschaftliche Veränderungen der letzten Jahre zweifelsfrei gezeigt haben, gibt es einige Menschen, die sich von Fakten noch lange nicht überzeugen lassen. Das kann den durchschnittlich begabten Bürger mit gesunder 5/8-Bildung ganz schön irritieren. Sie als lesender Mensch sind möglicherweise genauso erstaunt wie ich, dass es heute tatsächlich eine recht große Gruppe von Menschen gibt, die ernsthaft behaupten und vor allem glauben, dass die Erde eine Scheibe ist.

Im Jahr 1956 wurde die Organisation »Flat Earth Society« gegründet, deren »Arbeit« vor allem massiv in das Internet ausstrahlt und eine große Anhängerschaft mobilisiert. Die internationale Gemeinschaft der sogenannten »Flat Earther« verteidigt ihr Weltbild recht hartnäckig noch gegen die überzeugendste wissenschaftliche Widerlegung. Allen naturwissenschaftlichen Erkenntnissen zum Trotz liefern die Flat Earther auf diversen Internetseiten »unbestreitbare Beweise« für ihre absurde Überzeugung. Beispiel gefällig? Hier eine Auswahl der amüsantesten Behauptungen:

- Die Erde muss eine Scheibe sein, da der Horizont gerade ist – egal, aus welcher Höhe wir ihn betrachten. Jedwede Krümmung, die wir auf Fotos sehen, ist eine Folge der Verwendung von »Fischaugen-Kameralinsen« oder von gekrümmten Fenstern in Flugzeugen.
- Wenn die Erde rund wäre, müssten Flugzeuge ständig die »Nase« nach unten korrigieren, um die Krümmung der

Erde zu kompensieren. Im Übrigen könnte ein Flugzeug gar nicht landen, wenn die Erde sich drehen würde.

- Erdanziehung entsteht angeblich durch die Masse der Erde. Wenn die Erdanziehung so stark wäre, dass sie Gebäude, Menschen und die Ozeane am Boden hält, dann entsteht ein Widerspruch. Denn die Erdanziehung kann nicht gleichzeitig so schwach sein, dass sie Vögel oder Flugzeuge fliegen lässt.

Nein, ich habe mir das nicht ausgedacht. Diese Dinge werden auf realen Webseiten von realen Menschen behauptet – so schwer das zu schlucken ist.

Aus Sicht der Flat Earther sind alle Argumente, die dem Denkmodell der flachen Erde entgegenstehen, manipuliert oder von »hirnlosen Trollen« unreflektiert übernommen worden. Auf der deutschen Seite der Community beschimpft man den deutschen Astronauten Alexander Gerst, er solle aufhören, Kinder zu belügen. Seine Reise ins Weltall: eine große Inszenierung.

Wenn wir Descartes folgen würden, müssten wir den Flat Earthers eigentlich zugestehen: Im Zweifel für den Angeschlagenen. Vielleicht ist alles eine Illusion. Wir können nun einmal nur die Sensorik benutzen, die uns der Körper zur Verfügung stellt, was uns in gewisser Weise einschränkt. Ebenso können wir uns täuschen – unsere Wahrnehmung unterliegt einer ganzen Reihe von Phänomenen wie der selektiven Wahrnehmung. Wir sehen die Welt nie wirklich so, wie sie ist, sondern nur wie wir sie betrachten. Und ebenso könnten wir bewusst getäuscht werden, indem jemand die Tücken der Wahrnehmung ausnutzt.

Genau das behaupten die Flat Earther und all die anderen Verschwörungstheoretiker: Uns wird, was die Erkenntnisse über die Welt betrifft, bewusst die Unwahrheit erzählt.

Es ist nur so: Wir können den Bekloppten glauben und ab sofort jede wissenschaftliche Erkenntnis als zweifelhaft in den Wind schießen. Das Problem ist: Dann haben wir keinen kleinsten gemeinsamen Nenner mehr, an dem wir unser Leben ausrichten können. Unsere Existenz wäre vollkommen volatil, und wir könnten alle genauso gut sofort das Atmen einstellen.

Wir brauchen die zweifelsfreien Räume, um existieren und vor allem: um uns weiterentwickeln **zu können.** Und wir haben kein besseres Instrument als die Wissenschaft, um uns diese zweifelsfreien Räume zu erschließen. Die zweifelsfreien Räume sind die Sphäre der reinen Fakten.

Fakten sind das Gegenteil von Zweifeln

2018 hielt Barack Obama, als Präsident der Vereinigten Staaten von Amerika Amtsvorgänger von Donald Trump, eine vielbeachtete Rede im Rahmen der jährlich stattfindenden »Mandela Lecture« in Südafrika. Die Kernbotschaft: »You have to believe in facts« – »Wir müssen an Fakten glauben.«

Jeder im Saal weiß, dass es sich um eine Anspielung auf seinen omnipräsenten Amtsnachfolger handelt, denn die beiden Präsidenten könnten unterschiedlicher nicht sein. Während Obama sich immer wissenschaftlich argumentierend und faktentreu zeigte, polarisiert und provoziert Trump die politische und die wissenschaftliche Gemeinde mit seiner lockeren Auslegung der Fakten. Legendär ist die Aussage seiner Beraterin Kellyanne Conway, die nicht aussprechen wollte, dass die Trump-Regierung in einem Bericht die Unwahrheit gesagt hatte. Stattdessen hätte man »alternative Fakten« bereitgestellt.

Obama macht deutlich, warum es im gesellschaftlichen Miteinander Dinge gibt, die nicht infrage gestellt werden dürfen: »Ohne Fakten haben wir keine Basis, um miteinander zu kooperieren. Wenn ich sage, dies hier ist ein Podium, Sie aber sagen, das sei ein Elefant, dann haben wir wenig Raum, miteinander zu kooperieren. Ich kann mit jemandem debattieren, der sagt: ›Mir ist es wichtig, billige Energie für arme Länder zu liefern.‹ Ich kann meine Gründe darlegen, warum ich denke, dass saubere Energie wichtiger ist, besonders für arme Länder. Ich kann darüber debattieren. Aber: Ich kann keine gemeinsame Diskussionsbasis finden, wenn jemand sagt, dass es keinen Klimawandel gibt, während alle Wissenschaftler dieser Welt das Gegenteil zeigen.« Etwas später in der Rede führt er weiter aus: »Viele Politiker scheinen heute das Konzept der objektiven Wahrheit zu ignorieren. Sie denken sich irgendetwas aus.«

Über die Flat Earther amüsieren wir uns aus denselben Gründen, die Barack Obama hier anführt: Diese Menschen sind nicht in der Lage, an der Welt, in der wir leben, adäquat teilzunehmen, weil sie sich dem gesellschaftlichen Grundkonsens verweigern, der unsere gemeinsame Existenz regelt: Fakten.

Dennoch kann auch der größte Blödsinn uns zu einer validen Frage führen: Wie können wir objektive Fakten identifizieren und von Unwahrheiten unterscheiden? Woher wissen wir, was ein Fakt ist und was eine Lüge, Fehlinformation oder Fake News?

Bei der Antwort auf diese Frage spielen Zweifel eine wichtige Rolle. Denn nicht immer sind die Dinge so klar und der Konsens so überwältigend wie bei der Frage, ob die Erde rund ist.

Was passiert, wenn wir nicht mehr zweifeln?

Halten wir also fest: Damit unser Leben und unsere Gesellschaft funktionieren, brauchen wir einen Konsens darüber, was wir als unverrückbare Wahrheit akzeptieren. Wir brauchen eine Plattform, von der aus wir ohne Zweifel sicher agieren und uns in all die Herausforderungen des Lebens vorwagen können, die wir nur zweifelnd bestehen können.

Mag sein, dass eine solche Plattform – um Descartes zu folgen – strenggenommen reine Vereinbarungssache ist, da es außer der Existenz denkender Wesen keine unzweifelhaften Tatsachen gibt. Aber wir leben ja nun mal nicht in unseren Köpfen, sondern in einer Realität, in der wir klarkommen und miteinander auskommen müssen.

Wie kommen wir zu so einer Plattform des Unzweifelhaften? Welche Vereinbarungen treffen wir? Was sind objektive Fakten? Die Antwort und die Methoden finden wir in der Wissenschaft. Denn eine wissenschaftliche Arbeit ist vor allem durch Transparenz gekennzeichnet. Wissenschaftler legen ihre Vorgehensweise offen und arbeiten mit definierten Systemen und Begriffen – das ist ihr Teil der Vereinbarung. An ihn halten sie sich vor allem deswegen, weil sich aus fehlerhaften Messungen und logischen Fehlschlüssen falsche Erkenntnisse ableiten könnten. Durch das der Wissenschaft zugrundeliegende Prinzip der nachvollziehbaren, unabhängig reproduzierbaren Vorgehensweise wird gewährleistet, dass jeder Arbeitsschritt, jedes entstandene Ergebnis durch andere Menschen überprüft werden kann. Kommen diese anderen Menschen ebenfalls zu den gleichen Rückschlüssen und Ergebnissen, dann kann man von objektiven Wahrheiten sprechen. Und zwar so lange, bis diese ebenfalls mit wissenschaftlichen Prinzipien widerlegt oder weiterentwickelt werden.

Einstein zum Beispiel ist für seine Ideen und Theorien lange Zeit belächelt worden. Seine bahnbrechenden Ideen und Denkmodelle waren dermaßen abseits der gängigen Vorstellungen, dass er sehr viel Gegenwind aushalten musste. Bis unabhängige Wissenschaftler seine Thesen nicht nur rechnerisch, sondern auch experimentell bestätigten.

Hat Einstein gezweifelt? Da können wir sehr sicher sein. Warum? Weil jeder Wissenschaftler zweifelt. **Die Wissenschaft lebt von der positiven Kraft des Zweifelns:** Nichts wird geglaubt, solange es nicht doppelt und dreifach überprüft und reproduziert wurde. Ein Wissenschaftler zweifelt so lange an seinen eigenen Annahmen, bis er von anderen entweder eindeutig widerlegt oder eindeutig bestätigt wurde.

Bei den Verfechtern der »alternativen Fakten« verhält es sich genau andersherum. Sie setzen ihre Thesen mit der Wahrheit gleich und leben letztlich davon, dass niemand zweifelt. Zweifel sind nicht nur nicht erwünscht; der Versuch der Überprüfung wird mit allen Mitteln bekämpft. Kritiker werden, wie bei den Flat Earthers, einfach als fremdgesteuert und manipuliert diffamiert – ein einfacher Weg, sich der Beweislast für die eigenen Thesen zu entziehen. **Autoritarismus, Fanatismus und Populismus funktionieren nur so lange, wie niemand zweifelt.** Ein besseres Argument für das Zweifeln kann es nicht geben.

Um Fakten und Behauptungen voneinander zu unterscheiden, lohnt es sich, hinzusehen, wie offen der Absender einer Aussage mit Kritik umgeht und die eigenen Quellen und Vorgehensweisen offenlegt. Jeder glaubwürdige Absender macht seinen Weg der Erkenntnis transparent und lässt die Möglichkeit zu, von anderen widerlegt zu werden. Wer keine Zweifel zulässt, hat wahrscheinlich etwas zu verbergen.

Halten wir also fest: Fakten sind nicht deshalb die Basis für unser Zusammenleben, weil niemand an ihnen zweifelt – sondern gerade weil jemand gründlich an ihnen gezweifelt hat, bevor wir sie zu Fakten erklärt haben.

Glaube versetzt Berge – Zweifeln auch

Glaube ist die Abwesenheit von Zweifeln – könnte man meinen. Doch jeder Glaubensvertreter, der etwas auf sich hält, wird Ihnen vehement widersprechen, wenn Sie das behaupten. Denn der Zweifel gehört zum Glauben dazu. Selbst Priester bekennen sich zu ihren Zweifeln.

Dass in demokratischen Gesellschaften Glaubensfreiheit herrscht, bedeutet zwar grundsätzlich, dass Menschen ein Grundrecht auf zweifelsfreie Räume haben. Jeder kann bei uns seine Überzeugungen frei wählen, seinen Glauben frei praktizieren und allen Zweifeln anderer zum Trotz an eine höhere Macht glauben, die sich der Beweisbarkeit entzieht. Das gilt jedenfalls so lange, wie er damit anderen keinen Schaden zufügt.

In den letzten Jahren ist der religiöse Glaube jedoch genau aufgrund dieses letzten Punktes in Verruf geraten – und das beileibe nicht zum ersten Mal. Zu viele Gräueltaten wurden bereits aus vermeintlich religiösen Gründen verübt: von den Grausamkeiten im Namen des Christentums bei den Kreuzzügen im Mittelalter bis zu den Terroranschlägen im Namen des Islam in der jüngsten Vergangenheit. Haben wir nicht allen Grund, an der Berechtigung von Religion im Allgemeinen zu zweifeln?

Es ist spannend zu betrachten, wie die Begriffe Glauben und Zweifeln zusammenhängen. Sind Glaube und Zweifel wirklich Widersprüche – oder verwechseln wir da nicht möglicherweise den Glauben mit dem Fanatismus?

Fanatismus heißt: Wir verurteilen und eliminieren alle, die etwas anderes glauben als wir selbst.

Anders der persönliche Glaube, dem kein missionarischer Anspruch innewohnt, sondern der dem Einzelnen durch den Glauben an eine höhere Macht Kraft gibt. Der persönliche Glaube ist vielen sehr wichtig. Er kann Trost spenden, er kann mobilisieren, er kann Stütze sein. Tatsächlich gehört zu diesem Glauben, dass man nicht permanent und destruktiv zweifelt – denn wenn man die Existenz einer höheren Macht grundsätzlich nicht für möglich hält, entzieht man sich der Basis des Glaubens.

Glauben – als persönliche Überzeugung oder in einer Gemeinschaft von Gläubigen – braucht keine Wissenschaft. Glauben muss nicht überprüfbar sein und hat nichts mit Wissen, Gelehrtheit und Intelligenz zu tun. Glaube ist das Bekenntnis zu einer inneren Überzeugung, für die man keine Beweise braucht – die allerdings auch nicht widerlegbar ist. In diesem Sinne ist Religion der Verzicht auf Zweifel zugunsten der Hoffnung.

Und wer sind wir, anderen Menschen keine Hoffnung zuzugestehen?

> Von guten Mächten wunderbar geborgen,
> erwarten wir getrost, was kommen mag.
> Gott ist bei uns am Abend und am Morgen
> und ganz gewiss an jedem neuen Tag.

Dieses ist der letzte Vers des Gedichtes »Von guten Mächten treu und still umgeben« von Dietrich Bonhoeffer. Der evangelische Theologe war Teil des Widerstands gegen den Nationalsozialismus und schrieb dieses berühmte Gedicht in der Gestapo-Haft, wenige Monate vor seiner Hinrichtung im Konzentrationslager Flossenbürg.

Wenn ich dieses Gedicht auf mich wirken lasse, werde ich fast ehrfürchtig vor dem, was der Glaube bewirken kann. Am Beispiel meiner beiden sehr gläubigen Großmütter konnte ich erfahren, was der Glaube für Menschen tun kann. Es hat mich tief beeindruckt, welche Sicherheit er den beiden Frauen in den schwersten Zeiten ihres Lebens gegeben hatte: in Kriegszeiten, bei Krankheiten und auch im Angesicht ihres eigenen Todes.

Doch Glaube definiert sich nicht darüber, ob ein Mensch zweifelt oder nicht. **Glaube braucht keine Zweifel – doch er muss sie zulassen.** Ein Glaube, der keine Zweifel akzeptiert, wäre wie ein Vater, der seine Kinder nur liebt, wenn sie gute Noten nach Hause bringen. Jedwede Institution, die einen Glauben vertritt und sich an gläubige Menschen richtet, muss Zweifel und auch Kritik ertragen können – und die Tatsache, dass es auch einen anderen Glauben geben kann. Ein Glaube, der keinen anderen Glauben neben sich akzeptiert, wäre Tyrannei: Nur wer keine Zweifel kennt, könnte Andersgläubige richten.

Nicht Glaube, sondern **Fanatismus ist die Abwesenheit von Zweifeln.** Der Glaube lässt Zweifel zu – denn der Glaube ist für Menschen da.

Computer zweifeln nicht

Was könnte näher liegen, als von der Religion auf die Informatik zu schließen? Vielleicht muss man Informatiker sein wie ich, um diesen Satz überhaupt zu Papier zu bringen. Gleichzeitig fallen mir auf Anhieb Dutzende Informatiker-Kollegen und überzeugte Nerds ein, die mich für diese Aussage mit faulen Eiern bewerfen würden. Sie mögen mich ausreden lassen.

So abwegig, wie dieser Rückschluss auf den ersten Blick

klingt, ist er nämlich gar nicht – Stichwort: »Technik-Gläubig-keit«. Die Grundlage dieser ganz speziellen Glaubensrichtung ist nicht etwa, dass wir an der Technik nie zweifeln würden – son-dern die Tatsache, dass die Technik selbst nicht zweifelt, schon gar nicht an sich selbst. Deshalb glauben wir manchmal, wir könnten ihr blind vertrauen.

Eine Schnapsidee.

Keine Frage: Es ist höchst erstaunlich, welche Fortschritte die Computertechnik in den letzten Jahrzehnten gemacht hat. Die erste Mondmission der Amerikaner erfolgte mit Computertech-nik, die nicht viel mehr konnte als ein Commodore 64, liebevoll C64 genannt, aus dem Jahr 1982. Der hatte 64 Kilobyte Speicher. Heute hat ein durchschnittliches Smartphone in etwa so viel Speicherkapazität wie eine Million C64.

Ich bin nicht nur Informatiker, sondern auch im Jahr 1970 geboren. Deshalb habe ich die bisherige Reise der Personal Com-puter weitestgehend von Beginn an mitverfolgen können. Jedes Mal, wenn unser Homecomputer oder die Bürotechnik meines Vaters einen neuen Sprung machte, versetzte mich das in Stau-nen und in Euphorie: Wieder ging alles schneller, wieder ging viel mehr als vorher, wieder verschoben sich Grenzen.

Der Mitbegründer des Chipherstellers Intel, Gordon Moore, formulierte im Jahr 1965 das berühmte Moore'sche Gesetz: Er sagte voraus, dass sich die Computerleistung ab diesem Zeit-punkt alle zwölf Monate verdoppeln würde – und er sollte unge-fähr Recht behalten. Später ist dieser Wert auf etwa 18 Monate korrigiert worden, was aber immer noch eine schier unfassbare Geschwindigkeit in der Entwicklung bedeutet.

Ich selbst bin im Jahr 1980 in die Computertechnik eingestie-gen. Rechnet man mit den 18 Monaten, habe ich bis zum Zeit-punkt, zu dem ich dies schreibe, 26 Verdoppelungen der Leistung erlebt. Ein heutiger Homecomputer wäre demnach 2^{26}, also über 67 Millionen Mal schneller, als mein erster Apple II damals. Das sind Zahlen, die unsere Vorstellungskraft übersteigen.

Doch inzwischen geht die Entwicklung in eine Richtung, die uns eher vor philosophische als vor mathematische Fragen stellt: **Inwieweit sind wir bereit, uns von Maschinen ersetzen zu lassen?** In welchen Bereichen? Welche Entscheidungen trauen wir Algorithmen zu?

Mit anderen Worten: Was dürfen Computer – und an welchem Punkt setzen wir ihnen aufgrund berechtigter Zweifel Grenzen?

Wie viele durchaus existenzielle Entscheidungen und Handlungen wir der Technik heute schon erlauben, finde ich faszinierend und bedrohlich zugleich. Beispiel selbstfahrende Autos: Prinzipiell ist die Technik so weit, dass ein Computer den Job des Fahrers übernehmen kann, und auch die Marktreife steht unmittelbar bevor. Das ist die eine Seite.

Auf der anderen sind die Zweifel: Können Sie sich vorstellen, ein Auto ohne Lenkrad zu besitzen oder den Verkehr zu ignorieren, während Sie im Auto unterwegs sind? Eben: Autofahren ist ein Verhaltensmuster, das mit ganz klaren Prämissen einhergeht, und alle haben mit konkreten Handlungen seitens des fahrenden Menschen zu tun. Nicht mehr selbst zu fahren ist für die meisten Autofahrer mit massiven Zweifeln verbunden. Und doch wird es so kommen.

Der Faktor Sicherheit, der uns in erster Linie zweifeln lässt, wird auf lange Sicht vermutlich sogar das größte Argument dafür sein: Computer entscheiden rational und ziehen ihre Entscheidungen dann gnadenlos durch. Wenn die Programmierung der autonomen Fahrsysteme einmal soweit ist, dass sie fehlerfrei funktioniert, wird das den Straßenverkehr sicherer machen – gerade weil Computer in schwierigen Situationen nicht zweimal überlegen, sondern ohne zu zögern die statistisch richtige Entscheidung treffen. Eine Entscheidung, die wir aufgrund unserer Zweifel möglicherweise nicht – oder nicht rechtzeitig – treffen könnten.

Und genau dieser Vorteil der zweifelsfreien Maschinen ist auch ihr größter Nachteil: **Wo keine Zweifel sind, ist auch keine Ethik.**

Intelligenz und Zweifel gehören zusammen

Doch nicht in allen Bereichen ist es wünschenswert, dass Entscheidungen jenseits von Zweifeln getroffen werden. So faszinierend die Entwicklung der Computertechnik ist – eines ist sie aus meiner Sicht noch nicht: intelligent. Auch wenn die Künstliche Intelligenz das wahrscheinlich prägende Entwicklungsfeld der nächsten Jahre und vielleicht sogar Jahrzehnte ist, trifft das Etikett aus meiner Sicht nicht den Kern der Sache.

Denn Computer bringen eine fundamentale Voraussetzung für Intelligenz nicht mit: **Computer zweifeln nicht.**

Wie bereits erwähnt, bin ich gelernter Diplom-Informatiker. Ich gehöre also jener Fraktion an, die sich gut mit Einsen und Nullen auskennt. Unsere Nerd-Welt ist binär: Licht an, Licht aus.

Der Grund für diese streng zweiseitige Logik liegt darin, dass Speicherzellen, so wie wir sie heute kennen, im Prinzip wie ein Schalter funktionieren und damit eben nur diese beiden rudimentären Zustände kennen: an und aus, null und eins.

Sie glauben gar nicht, wie lustig ein Informatiker die Vorstellung findet, eine solche Speicherzelle könnte »ein bisschen an« sein, oder vielleicht auch »deutlich mehr aus als gestern«. Da klopfen wir Informatiker uns vor Lachen auf die Schenkel. Und nein, Sie müssen das nicht lustig finden. Nerd ist man oder eben nicht – an oder aus, binär, Sie wissen schon.

In der Welt der Speicherzellen, Computer, Maschinen und eben auch in der Welt der Künstlichen Intelligenz ist diese binäre Logik alternativlos: Zwischen An und Aus, Schwarz und Weiß gibt es keine Grautöne. Das garantiert nämlich, dass Maschinen auch das tun, wofür sie gebaut wurden.

Nun höre ich den einen oder anderen Leser protestieren: »Ja, das wäre schön, wenn mein Computer immer das täte, was ich will!« Aber lassen Sie sich gesagt sein: Computer tun immer *genau* das, was man ihnen beigebracht hat. Das Wort Software-Fehler ist eigentlich extrem irreführend. Es gibt keine Software-Fehler. Ungewolltes Verhalten ist immer die Ursache von Programmierfehlern, also menschlichen Fehlern.

Wenn wir über die Zukunft der Künstlichen Intelligenz (und damit wohl auch unseren Alltag in der Zukunft) nachdenken, dürfen wir das nicht durcheinanderbringen. Wenn, wie in den USA kürzlich passiert, ein selbstfahrendes Auto ungebremst in eine Betonbarriere prallt, dann liegt das nicht etwa daran, dass die Software im Auto eine falsche Entscheidung getroffen hätte. Wenn man so möchte, hat die Software das sogar absichtlich getan – weil sie gar keine andere Möglichkeit hatte. Das Fahrzeug arbeitet hinterlegte Programme unreflektiert ab, weil Computer Reflexion und Selbstkritik im eigentlichen Sinne nicht kennen. Und in diesem Fall passte das Programm unglücklicherweise nicht zur aktuellen Situation. Hätte man dem Fahrzeug für diese spezielle Situation einen Grund zum Anhalten gegeben, dann hätte das Auto das auch getan. Es war auf diese spezielle Situation nur schlichtweg nicht vorbereitet.

Und das ist heute und wird auch in Zukunft der Unterschied zwischen uns und der sogenannten Künstlichen Intelligenz sein:

Intelligente Wesen können ihr Vorgehen hinterfragen und an neue Situationen anpassen – zum Beispiel, wenn plötzlich eine Betonbarriere auf der Straße auftaucht. Computer dagegen können Entscheidungen höchstens auf Basis von Wahrscheinlichkeiten treffen.

Menschen können mehr als das: Sie können mit echter Unsicherheit umgehen. Sie treten auf die Bremse, ohne dass man ihnen vorher sagen müsste, dass die Betonwand gefährlich ist. Und ebenso können sie Entscheidungen herauszögern, zweifeln und intuitiv handeln.

Computer handeln so, wie wir uns die Welt, vor allem die Business-Welt manchmal wünschen: Logisch, berechenbar, frei von Zweifeln. Menschen reagieren darauf, wie die Welt ist: ständig im Wandel, unberechenbar, voller Zweifel.

In manchen Szenarien, zum Beispiel bei einer Rechenaufgabe oder einer einfachen binären Entscheidung ohne Entscheidungsspielräume, ist die Skrupellosigkeit des Computers extrem hilfreich. Er denkt nicht darüber nach, ob eine Berechnung falsch sein könnte. Er arbeitet einfach nur Programmcode und Rechenvorschriften ab. Und das recht zuverlässig.

Aber mehr eben auch nicht. Sogar selbstlernende Systeme dürfen wir nicht mit intelligenten Systemen verwechseln: Auch sie treffen nur logische Schlüsse, für die sie mit Daten gefüttert worden sind, auch wenn diese Daten fortlaufend gesammelt werden.

Die Grenzen zweifelsfreier Systeme

Als Computerexperte kann ich mich durchaus auch für die Entwicklungen in der Robotik begeistern. Sehr faszinierend finde ich zum Beispiel die Fortschritte, die die Firma Boston Dynamics in jüngster Zeit gemacht hat: Sie baut Roboter, die eine schier unfassbare Bewegungsgeschicklichkeit haben. Sie können über Eis laufen und stehen wieder auf, wenn man sie umschubst. Sie laufen souverän durch schwierige Gelände wie zum Beispiel Waldgebiete oder Treppen hinauf. Gibt man ihnen ein Ziel an, so werden sie in aller Regel dort ankommen. Sie erkennen Hindernisse und umlaufen sie, und sie werden dabei niemals ungeduldig. Ein Roboter macht einfach weiter, bis seine Akkus leer sind. Er gibt nicht auf. Er denkt nicht ans Scheitern. Denn er zweifelt weder an sich noch an seiner Mission.

Und damit fehlt ihm eine Kompetenz, die wir bereits als Erfolgsfaktor identifiziert haben: Die Fähigkeit, produktiv, an den richtigen Stellen und zum richtigen Zeitpunkt zu zweifeln.

Bei aller Faszination für Technik ist das genau der Grund, warum die Maschinen von Boston Dynamics, wie auch selbstfahrende Autos oder »intelligente« Drohnen auf uns eine bedrohliche Wirkung haben. Die Idee, einen solchen Roboter zu bewaffnen, liegt auf der Hand. Und damit hätten wir dann einen perfekt automatisierten und bewaffneten Fanatiker: einen Soldaten, der nicht zweifelt, sondern rücksichtslos jeden Befehl ausführt.

Die nicht zweifelnde Technologie wird dann zum Problem, wenn es kein Korrektiv mehr gibt, das im Zweifel eingreifen und von »an« auf »aus« schalten kann.

Nur durch dieses Korrektiv konnten in der Vergangenheit Kriege noch gerade so verhindert werden. Wenn Entscheidungen über Leben und Tod aber im zweifelsfreien Raum oder gar von nicht zweifelnden »Akteuren« getroffen werden – dann haben wir ein ernstes Problem.

Ohne Zweifel kreativ werden

Die Fähigkeit, kontrolliert zu zweifeln, geht auch mit der Fähigkeit einher, die Zweifel gezielt zu deaktivieren. Es gibt Situationen, in denen ein solcher künstlicher, zweifelsfreier Raum für einen konkreten Zweck und eine klar definierte Zeitspanne genau das richtige Maß an Anarchie ermöglicht, wo erst einmal alles erlaubt und jeder Regelbruch in Gedanken zulässig ist – nämlich immer dann, wenn Kreativität gefragt ist.

Gute Ideen benötigen Raum, um nicht zu früh »zerdacht« zu werden. Noch bevor sich gute Ideen überhaupt entfalten können, werden sie gerade im Business-Kontext viel zu oft kaputtgezweifelt. **Wenn es um Kreativität geht, ist es leicht, zu viel zu zweifeln.**

Lauschen wir doch einmal kurz in einen Konferenzraum hinein, in dem ein Team gerade nach Ansätzen sucht, um Reisekosten zu sparen:

Kollege A macht den Anfang: »Wir könnten alle eine Bahncard bekommen und mit dem Zug fahren.«

Kollege B erwidert: »Blöde Idee, wie willst du das mit den Prospekten machen? Willst du die alle mitschleppen?«

Kollege C wirft ein: »Die Bahn ist doch unpünktlich, da machen die Kunden nicht mit!«

Und Kollege D merkt an: »Wo meine Kunden sind, gibt es keine Gleise.«

Noch ein, zwei weitere solcher Einwände, spätestens dann ist dieses Brainstorming definitiv beendet: Tod durch »*Friendly Fire*«. In dieser Runde lernt man schnell, am besten gar keine Vorschläge zu machen, denn der Gegenwind ist erst einmal das einzige, was man erntet. Ebenso wird das Tor für Kreativität nicht offengehalten, sondern schon beim ersten Vorschlag mit Schwung zugeschlagen, auf dass der Vorschlagende sich beim Aufprall eine blutige Nase holt.

Kreativität verlangt, die Zweifel für einen vereinbarten Zeitraum abzuschalten und die Bewertung zu verschieben. Alle Ideen sind erst einmal gleichwertig und werden aufgezeichnet. Auf diese Weise werden Hemmungen abgebaut – eine notwendige Voraussetzung für Kreativität.

Der ganze kreative Prozess beruht darauf, Grenzen aufzulösen und Blockaden aufzuheben. Wenn jede gute Idee daran gescheitert wäre, was aus der damals aktuellen Sicht machbar oder einfach war, dann hätte es nie ein Auto, einen Computer oder ein iPhone gegeben. Im Moment des Brainstormings geht es nicht um Logik, Konventionen, Kritik – all diese berechtigten Ansatzpunkte für Zweifel haben ihren Platz in der Planung und in der Umsetzung. *Nicht* im Ideenstadium.

Sie erinnern sich an den Korridor des positiven Zweifelns? Kreativität ist vorher. Der kreative Schaffensmoment des Ideenstadiums sollte ein zweifelsfreier Raum sein.

Und dann beginnt ein Prozess des kreativen Arbeitens, indem Kreativität und Zweifeln eine Symbiose miteinander eingehen. Wer könnte das besser erklären als die Toningenieurin von Prince?

Entweder denken wir, oder wir sind kreativ!

Im Rahmen der jährlich stattfindenden internationalen Musikerkonferenz Loop konnte ich 2017 in Berlin ein sehr interessantes Interview mit Susan Rodgers mitverfolgen. Sie war in den 80er-Jahren die Toningenieurin von Prince und maßgeblich an seinen Produktionen beteiligt, unter anderem auch am legendären Album »Purple Rain«. Prince war Multi-Instrumentalist und spielte auf vielen seiner Alben die wesentlichen Instrumente wie Gitarre, Bass, Keyboards und Schlagzeug selbst ein.

Susan Rodgers berichtete davon, wie schwer es war, nach ihrer Zeit mit Prince mit anderen Musikern zusammenzuarbeiten, da im direkten Vergleich diese oftmals weniger talentiert und weniger diszipliniert waren als die Ikone Prince.

Der Moderator fragte sie, ob sie nach all ihrer langjährigen Zusammenarbeit mit ganz unterschiedlichen Künstlern eine Art Rezept erkennen könne, was einen erfolgreichen Künstler ausmacht.

Aus Ihrer Sicht ist der Erfolg als Künstler eine schöne Münze mit zwei ganz verschiedenen Seiten, erklärte Rodgers daraufhin: Auf der einen Seite müsse man schon sehr verrückt sein, um der Meinung zu verfallen, dass ausgerechnet die eigenen Ideen diejenigen wären, auf die die Menschheit gewartet hat. Kreativität brauche aber diese Unvernunft. Leider sei es nur so, führte die Toningenieurin weiter aus, dass viele sehr talentierte Menschen zwar genug von dieser Verrücktheit mitbringen, aber zu wenig von der anderen Seite der Medaille. Ihnen fehle ein Korrektiv, nämlich die Vernunft, um sich mit Bedacht auf Wagnisse einzulassen. Sie verfügten nicht über die Besonnenheit, sich durch eine nachhaltige Karriere als Künstler zu navigieren. Und am ganz anderen Ende des Spektrums seien die Menschen, die umgekehrt zu vorsichtig sind: Sie wollen kein Risiko eingehen, sie wollen die Zukunft sehen, bevor sie passiert ist, sie wollen jeden Schritt planen und nicht ins Handeln kommen – ihnen fehlt die Verrücktheit, dass die Welt im Hier und Jetzt für ihre Ideen bereit ist.

Es sei diese Mischung aus »sanity and insanity« – »Vernunft und Wahnsinn« – die man für einen Erfolg als Künstler brauche, so Rogers.

In gewisser Weise hat sie damit die Essenz des Zweifelns zusammengefasst. Denn Zweifel ermöglichen uns das Umschalten zwischen diesen beiden Extremen: Verrückt ist, etwas total Neues zu ersinnen und auszuprobieren – gegen die bestehenden Regeln und ohne Leitplanken. Die Zweifel müssen wir dafür gezielt ausschalten. Logisch ist, gezielt zu planen und umzusetzen und dabei immer wieder zu reflektieren und zu verbessern. Mutig ist, die Idee dann trotz Restrisiko umzusetzen – mit den Zweifeln.

Zweifelsfreie Räume können sehr nützlich sein – solange wir sie selbst schaffen und kontrollieren. Dann können wir mit unseren Zweifeln kreativ, mutig und innovativ sein.

8.

Die Kunst, nicht gesehen zu werden

Zweifeln im Team

Die Würde des Zweiflers ist unantastbar

»Komm rein. Ich muss eben noch abspeichern«, sagt Stefanie – eine Freundin, die ich noch aus der Schulzeit kenne. Sie war seinerzeit eins der wenigen Mädchen, die Mathe und Physik als Leistungskurs belegt hatten. Ich habe mich auf einen Kaffee mit ihr verabredet. Dass dabei ein Praxisbeispiel für die Macht der Zweifel herausspringen wird, damit rechne ich noch gar nicht.

Nachdem sie mir an ihrem High-Tech-Vollautomaten im Vorbeigehen einen wunderbar duftenden Kaffee gezapft hat, führt sie mich ins Wohnzimmer. Auf dem großen Tisch ist ihr Laptop aufgebaut, der von allerlei Akten umgeben ist.

»Setz dich, ich bin gleich soweit.«

»Woran arbeitest du?«, frage ich neugierig.

»Ich habe morgen eine Präsentation beim Vorstand. Die will ich heute noch fertig machen, dann muss ich das morgen nicht im Büro machen.«

Ich schaue neugierig auf den Bildschirm. In der rechten unteren Ecke zeigt PowerPoint die Seitenanzahl: Folie 16 von 74. Ich bin ein wenig schockiert. Zu oft sieht man solche Monster-Präsentationen in Meetings. Viel zu viele Folien, viel zu viel Text. Kaum konsumierbar. Vor allem dann, wenn man bei Folie 3 schon hart mit der eigenen Aufmerksamkeit kämpfen muss, weil man mit Content in Schriftgröße acht schier erschlagen wird. Auch die gerade sichtbare Folie ist völlig überladen.

Ich wundere mich. Eigentlich schätze ich Stefanie nämlich gerade für ihre Fähigkeit, klare Ansagen zu machen. Schon in der Schule war sie zudem sehr gut darin gewesen, komplexes Wissen anschaulich zu visualisieren. Davon ist in der PowerPoint-Präsentation auf ihrem Computer allerdings nichts zu sehen.

»Wie lang ist denn dein Meeting?«, frage ich vorsichtig.

»20 Minuten«, lautet die erstaunliche Antwort.

»Meinst du, die Folienanzahl ist dafür passend?«, taste ich mich behutsam vor. Irgendwie muss ich ihr sanft klarmachen, dass die Zuhörer mir jetzt schon leidtun. All dieser Text auf all diesen Folien in nur 20 Minuten – das wird die reinste Druckbetankung der Zuhörer.

»Ich denke, ich werde noch auf 85 bis 87 Folien kommen, dann passt es«, sagt sie mit einem süffisanten Lächeln.

Das »Ich weiß, was du denkst«-Lächeln auf ihrem Gesicht lässt mich stutzen. Ach so ist das: Stefanie will mich verschaukeln, testet nur meine Reaktion?

Die kann sie haben: »87 Folien in 20 Minuten, das geht nicht. Da kann niemand folgen.«

»Das ist genau mein Ansatz.« Ihr souveräner Gesichtsausdruck verrät mir, dass es ganz und gar kein Test ist, sondern ihr voller Ernst. Sie hat tatsächlich vor, diesen Informationsoverload morgen abzufeuern. Ich schaue sie fragend an.

»Weißt du, ich soll morgen einen Projektstatus präsentieren. Für ein Projekt, das gerade erst angefangen hat. Im Prinzip geht es nur darum, dass mein Chef seinem Chef zeigen muss, dass bei ihm alles läuft. Deshalb muss ich mit in das Meeting und diesen Vortrag halten. Wenn ich den wirklichen Projektstatus kommuniziere, so dass alle das verstehen, dann wird klar, dass noch nichts klar ist. Dass wir eigentlich noch gar nichts sagen können. Und dann gerät mein Chef unter Beschuss und in der Folge auch ich. Deshalb erschlage ich die Teilnehmer mit Quantität. Meine wichtigste Folie ist die auf Seite 52. Ich werde mich bis dahin durchblättern, pro Folie nur ein bis zwei Worte sagen, um dann auf Seite 52 das Timing und die Kosten aufzuzeigen. Das ist nämlich das einzige, was die interessiert. Mit den 51 Folien davor will ich suggerieren, dass es zwar viele Fragestellungen gibt, wir die aber alle auf dem Radar und das Projekt im Griff haben. Dann traut sich keiner zu fragen. Ich kenne die Leute da oben. Die sind so weit entfernt von der Basis, die wissen gar nicht mehr, was im Tagesgeschäft abgeht. Das will aber niemand von denen zugeben. Da will keiner als nichtwissender Depp dastehen und womöglich eine dumme Frage stellen, die in einer großen Konferenzrunde entlarvt, dass derjenige nicht weiß, was genau wir eigentlich machen. Und weil die Präsentationen bei uns grundsätzlich so schlimm aussehen, kann man mir auch keinen bösen Willen unterstellen.«

Mit einer eleganten Handbewegung schließt sie den Laptop und schiebt ihn beiseite. Ihre Katze kommt angelaufen und setzt sich mitten auf das noch warme Gerät, um zu zeigen, dass jetzt genug mit Arbeit ist und die Tasse Kaffee mit dem alten Schulfreund wartet.

Stefanie schaut mir tief in die Augen und setzt ihre beste, künstliche Dozier-Stimme auf: »Zweifel säen – Ruhe ernten.«

Ich bin einen ungewöhnlich langen Moment sprachlos. Erst einmal weiß ich gar nicht, ob ich dieses Vorgehen verwerflich oder genial finden soll. Das ist mal eine ganz abgefahrene Strategie: künstlich Zweifel bei anderen installieren, um selbst daraus einen Vorteil zu ziehen. Weil klar ist, dass Menschen eher zurückhaltend und still werden, wenn sie zweifeln? Weil das ein kalkulierbares menschliches Verhalten ist, mit dem man planen kann? Interessant.

In einem Unternehmen, in dem es eine Kultur für einen guten Umgang mit Zweifeln gibt, hätte Stefanie mit ihrem Vorgehen natürlich keine Chance. Die Gedanken und Einwände der Teilnehmer könnten offen angesprochen werden, und nach Folie 3 kämen garantiert die ersten Einwände. Jemand würde sagen: »Hören Sie mal, wir haben 20 Minuten und sind jetzt auf Folie 7 von 87. Bisher habe ich nicht verstanden, worum es bei dem Projekt überhaupt geht. Bin ich der einzige im Raum, dem es so geht?«

Wenn die Zweifel-Kultur fest verankert ist und auch von der Führung gelebt wird (das Thema des nächsten Kapitels), wäre auch folgende Reaktion denkbar: »Ich bin offensichtlich kein Experte für das, was Sie da im Projekt tun, denn ehrlich gesagt kann ich nicht folgen. Mir ist aber wichtig, ob wir mit den kalkulierten Kosten klarkommen. Und da wünsche ich mir eine persönliche Einschätzung von Ihnen. Gern auch ohne Laptop.«

Doch diese konstruktiv zweifelnden Stimmen werden während Stefanies Präsentation ausbleiben, wie sie mir erläutert. Sie kennt ihre Kollegen und die Firmenkultur. Vielleicht vermuten einzelne Zuhörer, dass den anderen Anwesenden ja alles klar ist, nur ihnen selbst nicht. Man will sich schließlich nicht dem Hohn und Spott aussetzen und meldet sich lieber nicht zu Wort. Andere wiederum wollen der Kollegin auch einfach nicht in den Rücken fallen, und es wird aus Kollegialität geschwiegen. Möglicherweise spüren einige Teilnehmer sogar, dass etwas mit der Präsentation oder dem Projekt an sich nicht stimmt, wissen aber gar nicht, wie sie eine Frage zu ihrem Bauchgefühl formulieren sollen.

Und so zweifeln alle im Stillen vor sich hin, anstatt ihre Zweifel zum Thema zu machen. Genau das, was Stefanie beabsichtigt.

Sie erläutert mir weiter, dass sie dieses Vorgehen als ihre Art der Notwehr versteht. In dem Unternehmen, in dem sie arbeitet, gibt es wenig Verständnis für den Umgang mit komplexen Projekten. Das fragliche Projekt ist sehr komplex und nur so gespickt mit Unklarheiten und offenen Fragen. Es befindet sich noch in der Anfangsphase, wo auch bei den Akteuren noch massive Unsicherheiten bestehen. Es ist zu früh für einen Status quo. Alle wissen das, oder: sollten es wissen. Und doch kann sie sich mit der Präsentation ein Bein stellen, wenn sie Angriffsflächen bietet – denn die Führenden haben vom Projektalltag keine Ahnung.

In einer idealen Welt müsste sie den Zustand der Unsicherheit natürlich gar nicht erst verstecken: Wir haben bereits festgestellt, dass er die ideale Basis für eine kreative Lösungsfindung bietet. Aber in den meisten Unternehmen wird man für die kleinste spürbare Unsicherheit an den Pranger gestellt und riskiert im schlimmsten Fall den eigenen Kopf. Sie erinnern sich: »Wer unsicher ist, ist hier falsch.«

Was meine Freundin verstanden hat, ist, dass sie diese Unsicherheiten nicht auflösen kann. Aber sie hat für sich ein Vorgehen entwickelt, bei dem sie in Ruhe arbeiten kann und nicht ständig mit Fragen belästigt wird, auf die es noch keine Antworten gibt. Sie nutzt die Zweifel im Sinne des Projekts und im Sinne ihres Teams, so gut die Umstände es eben erlauben. Denn sie hat verstanden, dass Zweifel und Unsicherheiten Menschen verstummen lassen.

So sieht die Realität im Umgang mit Zweifeln leider in vielen Teams aus: **Zweifelnde Menschen sind zu vielem bereit, um sich mit ihren Zweifeln nicht zu zeigen.**

Wie sich Zweifel auf die Gruppendynamik auswirken

Wir haben in diesem Buch bereits unterschiedliche Ursachen für Zweifel besprochen. Menschen haben verschiedene Gründe zu zweifeln. In Teams kommen diese Zweifeltypen dann zusammen: Da ist zum Beispiel ...

- der Chef des Unternehmens, der bei Entscheidungen sehr zögerlich ist.
- der Vertriebsleiter, der überhaupt nicht zweifelt und unreflektiert mit dem Kopf durch die Wand geht.
- die Marketing-Fachfrau, die gerade aus der Kinderpause zurückkommt und Selbstzweifel hat, ob sie wieder »reinfindet«.

Hier sind Unternehmen und Teams mit ihren Verästelungen und Verbindungen wie Eiskristalle: Keines ist wie das andere, jedes ist individuell. Menschen zweifeln unterschiedlich – und die Kollegen wissen in der Regel nicht, wann und wie ihre Teammitglieder unter Unsicherheiten leiden und wie sie damit umgehen. Da diese individuellen Herausforderungen nicht thematisiert werden, können die Zweifel in einem Team sich zu einem komplexen Geflecht von Unsicherheiten verdichten, die auf Dauer zum Stillstand führen – ohne dass irgendjemand konkret sagen könnte, woran es gelegen hat.

Solange wir Zweifel als Störung sehen, uns also auf die negative Kraft des Zweifelns fokussieren, wird sich daran auch nichts ändern. Denn genau deshalb entwickeln sie sich tatsächlich zu Blockaden, und ihre positive Kraft bleibt unerschlossen.

Die negative Sicht auf Zweifel in der Arbeitswelt **ist eine**

Prophezeiung, die sich selbst erfüllt: Statt in der Kunst des konstruktiven Zweifelns üben Teams sich in der Kunst, nicht gesehen zu werden. Die Tabuisierung führt zu einer kollektiven Hilflosigkeit.

Ein Beispiel: Thomas Lambert aus der Verkaufsabteilung hat gerade gekündigt. Eigentlich zählt er zu den beliebtesten und kompetentesten Kollegen, und niemand hätte damit gerechnet. In Wahrheit steht Thomas jedoch kurz vor dem Burn-out. Und das ist der Grund: Im Verkauf werden am Ende des Monats alle Zähler auf null gesetzt. Und damit hat Thomas, der nebenbei auch ein professioneller Selbstzweifler ist, so seine Schwierigkeiten.

Jeden Monatsanfang plagt ihn dasselbe Kopfkino: »Prima, Thomas: Du hast deine Monatsziele mit größten Anstrengungen gerade mal so geschafft. Gestern, am 31. des Monats, stand deine Leistungsbewertung bei 87 Prozent. Heute steht sie wieder bei null Prozent. Das Wettrennen ist wieder eröffnet. Alles beginnt von vorn. Gar nichts hast du geschafft, gar nichts!«

So geht das seit zwölf Jahren. Monat für Monat. Das Schlimmste für Thomas Lambert sind die internen Vergleichslisten. Seit Jahren ist er nicht mehr über Platz fünf hinausgekommen, meist rangiert er noch weiter hinten.

Thomas kann nicht mehr. So sehr er das Unternehmen, die Kollegen und auch seine Kunden eigentlich mag: Er sehnt sich nach einem Job mit weniger Druck. Denn Verkäufer in einem kompetitiven Umfeld ist kein Job für notorische Selbstzweifler.

Auch beim Aufeinandertreffen von jungen und alten Mitarbeitern, oder vielmehr: von neuen und langgedienten Mitarbeitern innerhalb eines Teams haben wir es mit oft massiven, aber selten ausgesprochenen Zweifeln zu tun.

So wie hier läuft es in vielen Teams, wenn ein neuer Mitarbeiter dazustößt: »Liebe Kollegen, das ist unser neuer Mitarbeiter

Tom Steinhaus. Finden Sie sich erst mal ein wenig ein, Herr Steinhaus. Ihr Ansprechpartner ist der Herr Heinen hier. Wenn Sie Fragen haben, dann wenden Sie sich an ihn. Alles Gute!«

Was noch niemand ahnt: Für Tom ist es das erste Unternehmen, in dem er arbeitet. Alles wirkt so groß und neu. Schon in den ersten Minuten fliegen ihm Wörter um die Ohren, die er noch nie gehört hat, und es wird über Dinge geredet, die er überhaupt nicht versteht. Schon nach ein paar Stunden im neuen Job denkt Tom: »Der Herr Heinen macht ja einen netten Eindruck. Aber ich musste ihn alle drei Minuten etwas fragen, da ich überhaupt keine Ahnung habe. Beim letzten Mal hat er auch schon so komisch geguckt – ich nerve den doch bloß. Ob ich dem Job wohl wirklich gewachsen bin, geschweige denn irgendwann wirklich dazugehöre?«

Und natürlich ist Tom nicht der einzige, der zweifelt. Dieter Heinen hat ganz eigene Gründe zu zweifeln: »Oje, jetzt rückt die nächste Generation nach. Voller Tatendrang im Vergleich zu mir altem Sack. Der neue, der Tom, der will es echt wissen. Wahnsinn, wie schnell der lernt. So ein Quatsch, dass die jungen Leute kein Engagement hätten: Ist doch toll, dass er ständig fragt, meinen Rat sucht und meine Tipps auch annimmt. Und alles am PC beherrscht er jetzt schon besser als ich. Hoffentlich fällt es nicht allzu sehr auf. Der wird das auch schnell merken, wie unbeweglich ich in der Hinsicht bin. Hoffentlich dreht er mir keinen Strick daraus. Wenn der mit seinem Elan erst mal genug Erfahrung hat, dann wackelt mir aber der Stuhl unterm Hintern.«

Und auch Thorsten, der Chef der Truppe, ist nicht frei von Zweifeln. Er grämt sich schon lange, weil er zu wenig Zeit für seine Mitarbeiter hat. Gerade jetzt hat wieder einer seiner langjährigen Verkäufer gekündigt, Thomas Lambert. »Der hat sich doch immer voll reingehängt, volle Leistung gebracht«, grübelt

Thorsten frustriert vor sich hin. »In seinem schwierigen Bereich hat er fast genauso viel Umsätze gebracht wie die, die mit ihren Kunden leichtes Spiel haben. Vor allem war er der Einzige, der die Kunden in diesem speziellen Sektor mit seiner Erfahrung wirklich gut beraten konnte. Wie soll ich das nur kompensieren?« Als Unternehmenslenker spürt Thorsten, dass die Stimmung bei seinen Leuten nicht gut ist. Er will ihnen helfen und bucht eine Schulung.

Was meinen Sie: Wie wäre in diesem Unternehmen die Stimmung, wenn alle Beteiligten sich öffnen würden?

Ich bin überzeugt: Wenn es in diesem Team eine offene Kultur des Zweifelns gäbe, müsste weder Thomas gehen, noch würde das Aufeinandertreffen von Jung und Alt bei Tom und Dieter zu Komplexen führen, noch müsste der Chef sich so viele Sorgen um das Fortbestehen seines Unternehmens machen.

Die Probleme in diesem und vielen anderen Teams entstehen, weil Zweifel tabu sind und niemand darüber redet.

In Deckung

In den allermeisten Unternehmen besteht überhaupt kein Verständnis dafür, dass Menschen zweifeln. Gerade im Business-Kontext wird tatsächlich angenommen, dass das Geschäftsleben logisch und rational ist und für Zweifel deshalb gar kein Anlass besteht.

Das Gegenteil ist der Fall.

Die Idee des *homo oeconomicus*, eines rein rational denkenden und agierenden Arbeitenden, der ausschließlich nach logischen Gesichtspunkten entscheidet und nach größtmöglichem wirtschaftlichen Nutzen strebt, ist ein Trugbild. Die Forschung ist sich längst einig darüber, dass menschliche Faktoren Entscheidungsprozesse massiv beeinflussen – egal, wie rational sie daherkommen. Das Absurde ist, dass wir keine Schwierigkeiten damit haben, unseren Kunden den Faktor Mensch zuzugestehen: Wir wissen, dass sie vorwiegend emotionale Kaufentscheidungen treffen.

Dass der Verkäufer genauso ein Mensch ist, das wollen wir dagegen nicht wahrhaben. Weder er, noch seine Kollegen aus Entwicklung, Marketing, Service. Ja, und sogar die Führungskräfte stellen, wie am Beispiel des strategisch vorbereiteten Meetings meiner PowerPoint-mächtigen Freundin ersichtlich, nicht die offensichtlichen, logischen Fragen – sondern schweigen aus menschlichen Gründen.

Doch diese destruktive Macht des Tabus ist nicht das einzige Problem. Mindestens genauso schwer wiegt, dass wir damit das konstruktive Potenzial in unseren Teams unterdrücken.

Ich stelle immer wieder fest, dass eigentlich alle Menschen und Ideen, die wir in unseren Unternehmen brauchen, bereits am Arbeitsplatz sitzen. Sie sind schon da. Viele Mitarbeiter haben den aufmerksamen, kritischen Blick. Sie hinterfragen. Sie haben Geistesblitze, sind kreativ. Sehen Chancen, sehen Risiken. Wissen, was falsch und richtig läuft. Es gibt nur ein einziges Problem: Sie trauen sich mit den wichtigen Informationen nicht aus der Deckung.

Warum ist das so? Es ist so, weil sie mit ihren Gedanken und Ideen noch nicht sicher sind. Sie wissen nicht, ob es gute Gedanken sind. Sie wissen nicht, ob sie sich lächerlich machen werden oder ob der Gedanke schon reif genug ist. Ob sie sich mit unberechtigten Zweifeln vielleicht selbst schaden werden. Und, nicht zu vergessen: ob sie ihrer Position in der Gruppe schaden werden. Denn das haben wir bereits festgestellt: Wenn es eines gibt, das unsere Zweifel radikal stummschalten kann, dann ist es unser Bedürfnis nach Zugehörigkeit.

Kurzum: Menschen in Teams zweifeln, so wie alle Menschen zweifeln. Nur am Arbeitsplatz meinen wir, dass das nicht normal wäre.

Vor einiger Zeit habe ich ein Unternehmen beraten, das Software für große Produzenten herstellt. International ist das Unternehmen damit sehr erfolgreich, nur im Heimatmarkt Deutschland kommt es nicht gegen seine beiden Hauptkonkurrenten an. Genau das wollte die Führung ändern, wozu jedoch einige Umstrukturierungen im Vertrieb nötig waren. Meine Aufgabe: Das deutsche Team bei dem Veränderungsprozess intensiv begleiten.

Zur besseren Einordnung eine Hintergrundinformation: Die Software-Systeme, die dieses Unternehmen an Kunden verkauft, sind extrem aufwendig und komplex. Über 30 Personenjahre an Entwicklungsleistung stecken in den Produkten. Die einfachste Variante der Software-Suite kostet bereits einen sechsstelligen Betrag. Nach oben gibt es fast keine Grenzen.

Die Einarbeitung fiel selbst mir nicht leicht. Ich musste erst einmal verstehen, was die Produkte überhaupt leisten und wie typische Kunden diese einsetzen. An meinem ersten Tag beim Kunden marschiere ich in die Entwicklungsabteilung und komme an einem Schreibtisch vorbei, auf dem ein Turm aus Bausteinen liegt. Gebaut ist er nicht aus den kleinen, filigranen Steinen für ältere Kinder, sondern aus den großen Elementen für Kleinkinder. An dem Schreibtisch sitzt ein schüchtern wirkender, ungefähr dreißigjähriger Mann.

»Toll, dass die Kinder von Informatikern heute noch mit dem guten, alten Duplo versorgt werden. In Zeiten von iPads und Smartphones nicht mehr selbstverständlich«, drücke ich im Vorbeigehen meine Freude aus und will eigentlich weitergehen. Doch anscheinend habe ich einen Knopf gedrückt.

»Ich habe keine Kinder«, gibt der junge Mann zurück. »Das ist beruflich. Ich muss das mal wegräumen. Fast jeder spricht mich darauf an, und die Kollegen lachen mich aus«, sagt er verlegen.

»Beruflich?«, frage ich neugierig. »Haben die Dinger jetzt auch schon einen USB-Anschluss?«, scherze ich. Er heißt Ralf, und wir kommen ins Gespräch.

»Ich bin darauf gekommen, als ich bei meiner Schwester war und mit ihrer kleinen Tochter gespielt habe. Mir ist aufgefallen, wie cool das ist, wenn man etwas in die Hand nehmen und zusammenbauen kann. Schauen Sie, wir sitzen doch alle den ganzen Tag vor Bildschirmen. Und am Ende des Tages kann man nichts von unserer Arbeit sehen. Heute wusste ich, dass ich unserem neuen Mitarbeiter in der Software-Entwicklung unsere Systeme erklären muss. Und die Prospekte dafür taugen alle nichts. Da habe ich mir ein paar Steine von meiner Nichte ausgeliehen und die dafür benutzt, ihm das System zu veranschaulichen.«

Andächtig stellt er den Turm auf, der bis eben auf der Seite lag. Jetzt ist zu sehen, dass jeder Stein eine Beschriftung trägt. Ralf erläutert, dass es im Prinzip drei Konfigurationen des Produkts gibt. Durch Umstecken der Steine kann er mir mit wenigen Handgriffen deutlich machen, was das heißt. Ich begreife sofort, was er meint – und fast beiläufig sind die Fragen, die ich noch zu den Produkten hatte, beantwortet.

Ich bin begeistert von dieser genialen Idee, ein komplexes Softwaresystem zu erklären. Doch im nächsten Moment erfahre ich, was der junge Mitarbeiter gerade meinte: Ein Kollege kommt vorbei und reißt einen Witz darüber, dass zwei erwachsene Männer im Büro mit Duplo spielen.

»So geht das schon den ganzen Tag«, erklärt Ralf mir genervt.

»Das nächste Mal nehme ich wieder die blöden Prospekte. Aber immerhin hat der neue Mitarbeiter es gleich verstanden.«

»Ich flehe Sie an, Ralf«, versuche ich, ihn zu bestärken, »hören Sie nie wieder auf damit. Weiß eigentlich der Vertrieb von dieser Idee? Sollte er nämlich.«

»Nein, das war ja auch nur eine schräge Eingebung, die ich gestern hatte. Ich bin ja kein Verkäufer. Man kann doch keine Bausteine mit zum Kunden nehmen.«

Und wie man das kann, lieber Ralf. Die Kunden wüssten die Bausteine nicht nur zu schätzen – sie würden euch dafür lieben.

Das Erlebnis bestätigte mir einmal mehr meine These: Alle Ideen sind schon im Unternehmen. Staunend konnte ich mich im weiteren Verlauf des Projekts davon überzeugen, wie in den Vertriebs- und Marketingabteilungen von Ralfs Unternehmen hohe Summen ausgegeben wurden, um den Kunden die Einsatzmöglichkeiten der Produkte besser und schneller zu vermitteln. Und einen Flur weiter sitzt ein junger Mann, der aus gutem Grund und persönlicher Erfahrung daran zweifelt, dass die teuren Prospekte dazu taugen. Er hat eine gute Idee, die erwiesenermaßen funktioniert.

Doch was tut das Team? Er wird dafür belächelt und verspottet.

Und was tut er? Er zweifelt daran, dass seine gute Idee eine gute Idee ist.

Manchmal braucht es einen unbefangenen Beobachter von außen, der nicht Teil der Gruppendynamik ist, um die richtigen Zweifel an der richtigen Stelle zur richtigen Zeit auf die Agenda zu setzen. Als externer Berater war ich in der günstigen Position, meine Zweifel und Ralfs gute Lösung einbringen zu können, ohne mir Sorgen darüber zu machen, ob ich mich dabei lächerlich mache – denn ich war ja nur zeitweise ein Teil des Teams.

Inzwischen hat das Marketing des Unternehmens die Idee übernommen. Sie haben ein Stecksystem fertigen lassen, das etwas professioneller aussieht als Duplo, aber Ralfs Idee aufgreift. Und er hat für seinen konstruktiven Beitrag eine Prämie bekommen.

Ein Happy End also? Nicht ganz. Denn in einem Team mit offener Zweifelkultur hätte es meinen externen Impuls nicht gebraucht, damit Ralfs Zweifel instrumentalisiert werden können.

Zweifel am Status quo werden leider oft nicht vorgebracht. Zu groß ist die Gefahr, sich der Kritik von anderen auszusetzen, oder unbeabsichtigt den Eindruck zu erwecken, dass man deren Arbeit damit kritisieren wolle. Und ebenso wird nicht offen geäußert, wenn Mitarbeiter Selbstzweifel haben. Ich kenne viele Mitarbeiter, die Angst vor schwierigen Kundengesprächen haben, sich Sorgen machen, dass sie die Vorgaben nicht einhalten können oder Bedenken haben, dass sie mit neuen Ideen für Unruhe sorgen könnten.

Mich erinnern die unsichtbaren Zweifel in Teams immer an einen Sketch der britischen Comedy-Truppe Monty Python aus den 70er-Jahren. Es handelt sich dabei um den fiktiven militärischen Aufklärungsfilm »Nr. 42: Wie man nicht gesehen wird«.

Am Beginn sieht der Zuschauer nur eine Naturszenerie, in der zunächst keine Menschen, sondern nur Bäume und Sträucher sichtbar sind. Dazu ist eine Stimme aus dem Off zu hören: »In diesem Bild befinden sich 47 Personen. Keine von ihnen kann gesehen werden. Dieser Film soll ihnen nun zeigen, wie man nicht gesehen wird.« Dann wird ein Mr. E. R. Bradshaw gebeten, aufzustehen, was Mr. Bradshaw dann auch tut. Er hatte sich vor den Bäumen im Gras versteckt und steht nun sichtbar im Bild. Im nächsten Moment wird er, für den Zuschauer völlig unerwartet, abgeknallt. Die Stimme aus dem Off doziert dazu: »Daran sehen

Sie, wie wichtig es ist, nicht gesehen zu werden.« Im weiteren Verlauf des Sketches wird alles und jeder, der auf Aufforderung seine schützende Tarnung aufgibt, sofort erschossen oder in die Luft gesprengt.

In unseren Unternehmen geht es zugegebenermaßen etwas subtiler zu: Die Geschütze sind sprachlicher oder nonverbaler Art. Doch die Situation ist oft genauso skurril – und wäre lustig, wenn sie nicht so ernst wäre. Denn die Angst, sich mit seinen Zweifeln zu zeigen, ist real und für viele Menschen eine tägliche Qual. Menschen zeigen sich im Business-Umfeld nicht mit ihren Unsicherheiten. Es ist ihnen zu gefährlich, denn in manchen Teams wird scharf geschossen. Wie destruktiv sich das auswirken kann, sehen wir an Ralfs Beispiel: Die guten Ideen bleiben ebenso verborgen wie die Zweifel. Und im schlimmsten Fall läuft es wie bei Thomas: **Die Tabuisierung der eigenen Zweifel kann Menschen in die Kündigung oder in den Burn-out treiben** – sogar völlig unnötig.

Selbstsicher gewinnt zu oft

Aber woran liegt es eigentlich, dass den (von sich) Überzeugten in der Arbeitswelt so viel mehr Gehör geschenkt wird als den Zweiflern? Warum bekommen sinnvolle Aussagen wie die folgenden so wenig Raum?

- »Ich habe das noch nicht verstanden.« – Diese Aussage könnte man als »schwere Auffassungsgabe« oder Dummheit interpretieren. Sie könnte aber auch ein guter Indikator sein, dass der zugrundeliegende Sinn auf wackligen Füßen steht.

- »Ich bin mir da noch unsicher.« – Diese Aussage könnte man als schwach werten. Sie kann aber auch dazu führen, dass man noch eine Schleife dreht, die Entscheidung absichert und dadurch Risiken vermeidet oder sogar erst entdeckt.
- »Erklär mir das bitte noch einmal!« – Diese Bitte kann ein Zeichen für Ahnungslosigkeit sein. Alternativ könnte sie allerdings auch rechtzeitig aufdecken, dass noch nicht alle im Team bereit für den nächsten Schritt sind, also nicht ausreichend abgeholt wurden oder nicht über genügend Informationen verfügen.

Um es deutlich zu sagen: Genau wie in jedem anderen Kontext ist es auch in Teams völlig normal, dass Zweifel existieren und dass wir damit nicht souverän umgehen. Auch in Teams besteht der Wunsch nach Sicherheit, den wir bereits thematisiert haben. Auch Teams sind manipulierbar. Auch in Teams gibt es Menschen, die Unsicherheiten auszunutzen wissen – und im beruflichen Kontext sind besonders schnell Machtfragen im Spiel. Aus all diesen allzu menschlichen Gründen werden Zweifel in Teams oft nicht gehört.

Sehr gut zu beobachten ist das zum Beispiel bei den Budgetplanungen in großen Unternehmen. Am Ende des laufenden Geschäftsjahres setzt man sich zusammen und überlegt, wie man das kommende Jahr gestalten möchte. Es ist klar, dass ein Wachstum von den Aktionären oder den Inhabern gefordert wird. Diese Forderung wird in die ausführenden Abteilungen durchgereicht. Im bestehenden Jahr hat man vielleicht die Planzahlen nicht erreicht, sondern ist nur auf 80 Prozent der geforderten Umsatzziele gekommen. Im nächsten Jahr sollen es jedoch 12 Prozent mehr sein. Das bedeutet, man muss 32 Prozentpunkte mehr liefern, als man zum Jahresende geschafft hat – fast ein Drittel an Umsatz.

In solchen Momenten ist in den Unternehmen ganz einfach zu oft kein Platz für Zweifel. Immer wieder habe ich erlebt, dass die selbstsicheren Stimmen, die am lautesten »Ich schaffe das in meiner Abteilung« rufen, die meiste Beachtung finden und fortan bei der Führung einen Stein im Brett haben. Denn genau das braucht man ja in einer solchen Situation: Leute, die die Herausforderungen annehmen und »zupacken«, anstatt zu mahnen und zu kritisieren.

Die Tatsache, dass im laufenden Jahr etwas gehörig falsch gelaufen ist und die Befürchtung, dass ohne ausreichende Analyse und Korrektur im nächsten Jahr die gleichen Schwierigkeiten auftreten können, wird von der Führung nicht gern gehört – zumal wenn an die Umsatzziele auch noch persönliche Boni und andere Vergünstigungen geknüpft sind. Und deswegen schweigen die, die es besser wissen.

Auch in einem solchen Fall sind die richtigen Zweifel vorhanden, doch niemand spricht sie aus. Schon gar nicht, wenn der Chef gleich direkt davor warnt, und das ist keine Seltenheit: »Ich will keine Bedenken hören, sondern Lösungen. Wer nur jammern will, kann nach Hause gehen.« Die geschönte Budgetplanung wird also verabschiedet, die Zweifler verlassen mit einem unguten Bauchgefühl den Raum, und das Unternehmen verliert eine wertvolle Gelegenheit, die drohende Krise endlich zu thematisieren und Maßnahmen zu ergreifen.

Zweifeln können Krisen verhindern – aber nur, wenn wir bereit sind, Krisen anzuerkennen.

Zweifel, die Leben retten

Einige Branchen sind im Umgang mit Unsicherheit viel weiter als andere. Ausgerechnet dort, wo es um Leben und Tod geht, sind Zweifel kein Tabu, sondern werden konsequent genutzt und sogar eingefordert.

Genauer gesagt gibt es eine Branche, von der jedes andere Unternehmen und jedes Team eine Menge lernen kann: die Luftfahrt. Was läuft dort anders?

In der professionellen Luftfahrt weiß man, dass Fehler Menschenleben kosten können – und **Zweifel können Menschenleben retten.** Deshalb werden diese nicht ignoriert, sondern sehr ernst genommen. Zweifel zur richtigen Zeit können den Unterschied machen, ob bei einem Unfall alle Passagiere überleben.

So war es im Fall der sensationellen Notlandung eines Passagierflugzeugs im Hudson River in New York – obwohl bedingt durch einen Vogelschwarm direkt nach dem Start beide Triebwerke ausgefallen waren.

In einem anderen Fall fiel dagegen nur ein Triebwerk aus. Die Maschine war somit noch voll flugfähig und hätte eigentlich sicher gelandet werden können. Der Copilot schaltete jedoch versehentlich nicht das defekte Triebwerk ab, wie es aufgrund der Brandgefahr Vorschrift ist, sondern das noch funktionierende. Die Maschine stürzte ab, und alle Insassen starben.

Diese Beispiele stammen von meinem Autoren- und Rednerkollegen Peter Brandl. Als ehemaliger Pilot hat er sich damit beschäftigt, wie unsicher menschliche Kommunikation ist. Er zeigt auf: Der Flugbetrieb ist schlichtweg nur dadurch so sicher, wie er heute ist, weil man davon ausgeht, dass Kommunikation voller Missverständnisse sein kann. Man nimmt das als gegeben an und sichert Kommunikationsprozesse entsprechend ab.

Hätte der Copilot im tragischen der beiden genannten Fälle die Bestätigung seines Kollegen abgewartet, bevor er das Triebwerk abschaltete, also alle Zweifel ausgeräumt, hätte das Unglück möglicherweise vermieden werden können.

Wir müssen, so Brandl, davon ausgehen, dass im menschlichen Miteinander vieles nicht sichtbar, unausgesprochen oder auch unaussprechlich ist. Er plädiert in diesem Zusammenhang für einen neuen Umgang mit Fehlern. Sein Vorschlag: **Nicht den Fehler sanktionieren, sondern das Nichtkommunizieren von Fehlern.**

Und ich finde, dass das direkt auf Zweifel übertragbar ist. Statt sie zu tabuisieren, sollten wir ihnen einen festen Platz in unseren Prozessen und in unserer Kommunikation als Team geben: einen »Korridor des positiven Zweifelns«.

Einmal am Tag blamiere ich mich

Ein ideales Team wäre ein Umfeld, in dem niemand Befürchtungen haben muss, Zweifel vorzubringen – sondern in dem Zweifel willkommene Produktivitätshelfer sind.

Ein Freund von mir, Reinhard, hat eine gute Strategie entwickelt, von der wir uns beim Vorhaben, positives Zweifeln ins Teamwork zu installieren, einiges abschauen können.

Zum fünfzigsten Geburtstag bekam er von seiner Frau ein kleines Schlagzeug geschenkt – und dazu einen Gutschein für einige Stunden Schlagzeugunterricht. Sein Unternehmen, das er derzeit noch führt, übergibt Reinhard nämlich in Kürze an seinen Sohn. Und wenn man bald in Pension geht, braucht man neue Betätigungsfelder – vor allem, wenn man so viel Tatendrang hat wie Reinhard.

Schnell stellte Reinhard fest, dass das Schlagzeugspielen erst dann richtig Spaß macht, wenn man in einer Band spielt. Sein Traum: mit einer eigenen Band vor 100 Leuten aufzutreten.

Reinhard nahm intensiven Schlagzeugunterricht und übte konsequent, um sein Ziel zu erreichen. Heute gibt es diese Band, der ich seit einigen Jahren ebenfalls angehöre, tatsächlich. Außer Reinhard besteht die Band aus fünf weiteren Menschen, die im Gegensatz zu ihm alle schon seit einigen Jahrzehnten Musik machen.

Ich habe ungeheuren Respekt davor, dass Reinhard sich darauf eingelassen hat. Es verlangt eine große Portion Mut und Selbstbewusstsein, sich diesem Umfeld als »musikalischer Neuling« auszusetzen. Denn wir wollen als Band natürlich ständig besser werden und uns neue Stücke erschließen. Da wird er manchmal schon sehr gefordert. Die Band als Ganzes, und insbesondere Reinhard, hat sich in wenigen Jahren schon sehr stark weiterentwickelt. Heute haben wir Auftritte mit über 500 Besuchern, und Reinhards ursprüngliche Vision bei Weitem übertroffen.

Schon lange wollte ich wissen, wie er mit dem Druck wohl umgeht, der durch das Publikum, aber auch durch uns Bandmitglieder entsteht. Ob er zweifelt, ob er Lampenfieber hat und vor allem, ob er unter unseren Erwartungen leidet. Vor einem Auftritt kürzlich sitze ich mit ihm Backstage und frage ihn. Er prostet mir mit seinem Bier zu, schaut mich an und sagt: »Weißt du Emanuel, mein Lebensmotto lautet: Einmal am Tag blamiere ich mich. Und wenn dieser Auftritt gleich meine Blamage für heute wird, dann ist das doch super – dann bin ich für heute damit durch.«

Man könnte das als Selbstberuhigung abtun – doch ich kenne Reinhard schon lange genug, um zu wissen, dass er sehr wohl ehrgeizig ist. Er ist allerdings auch Realist. Zu seinem Team – nichts anderes ist eine Band – offen zu sagen: »Ich bin der, der sich einmal am Tag blamiert«, ist eine ziemlich smarte Haltung. Es bedeutet ja keineswegs, dass Reinhard sich dann tatsächlich blamiert; er bezieht die Möglichkeit nur mit ein und spricht offen darüber. Damit nimmt er nicht nur sich, sondern auch dem Rest des Teams den Perfektionsdruck. Denn er weiß ganz genau: Unser Bestes geben wir alle sowieso.

So gesehen ist Reinhard ein Vorbild in Sachen zweifeln – für mich jedenfalls. Ich gebe offen zu, ich war in diesem Moment neidisch auf diesen entspannten Umgang mit der Unsicherheit. Viel zu oft habe ich gerade als Musiker sehr unter meinen Selbstzweifeln gelitten: Ist das, was ich mache gut genug? Wollen die Leute das? Lachen sie mich womöglich aus? Wer dagegen offen akzeptiert, dass man sich auch mal blamieren kann, schreckt nicht vor möglichen Konsequenzen zurück und kommt leichter ins Handeln – und mit ihm der Rest des Teams.

Denn wo jeder zweifelt, herrscht naturgemäß eine hohe Affinität zum Zweifeln. Oft braucht es einfach nur einen, der die Lanze bricht.

Reinhard hat auf diese Weise eine beachtlich steile Lernkurve hingelegt und ist sehr schnell ein besserer Schlagzeuger geworden. Und wir alle sind als Team durch Reinhard nicht nur entspannter geworden, sondern haben uns auch sehr stark weiterentwickelt – weil Fehler, Kritik und Unsicherheiten keine Hemmschwellen mehr sind.

Ich will Ihnen aber auch nicht vormachen, dass das Zweifeln im Team immer ein Kinderspiel wäre. Sie können sich vorstellen, dass nicht alle Bandmitglieder in der gleichen Weise zweifeln und alle gleich gut mit ihren eigenen und unseren Unsicherheiten als Band umgehen können. Stöbi, von dem Sie im ersten Kapitel schon gelesen haben, gehört ebenfalls dieser Band an. Für ihn sind Zweifel eine sehr ernste Sache und Teil seines Strebens nach Perfektion. Wenn er auf jemanden trifft, der offen sagt: »Einmal am Tag blamiere ich mich – vielleicht ja heute mit euch auf der Bühne«, dann kann das auch mal zu Reibungen führen. Und irgendwo zwischen diesen beiden Extremen zwischen Hochleistungs-Zweifeln und entspanntem Zweifeln sind noch vier weitere Musiker im Team, die dem bunten Zweifelcocktail ihre individuellen Zutaten beimischen.

Und dennoch funktioniert es, funktionieren wir als Band, und entwickeln uns immer weiter – zusammen. Weil wir die Unterschiede in unserem Team eben nicht ignorieren oder unterbinden, sondern thematisieren und instrumentalisieren. In unserem Team wird jeder als Musiker und für seinen Beitrag in der Band respektiert. Dennoch haben wir ein Gefühl dafür, was die anderen Mitglieder des Teams brauchen, sowohl kreativ, als auch auf der Bühne und vor Auftritten. Und die Unterschiede sind durchaus erheblich: Manche drehen schon hinter dem Vorhang auf, andere werden still. Die einen brauchen die Gemeinschaft, andere Ruhe und den einsamen Moment. Und das ist alles in Ordnung, das trägt alles zum Erfolg bei. In unserem Team darf jeder so sein, wie er ist – denn nur dann ist er der auf der Bühne der Beste, der er sein kann.

Das Zweifeln erfüllt dabei eine ähnliche Funktion wie das Lampenfieber, das fast jeder kennt, der auf Bühnen steht. Auch die noch so erfahrenen alten Hasen spüren es zumindest als leichtes Kribbeln – vor allem, wenn sie etwas Neues wagen. Lampenfieber an sich ist eine sehr hilfreiche Sache. Solange es nicht überhandnimmt, hilft es dabei, sich zu konzentrieren – eine positive, auf Leistung gerichtete Anspannung. Nur wenn es dazu führt, dass wir wie gelähmt sind und gar nicht erst auf die Bühne gehen können, ist es negativ.

Wenn alle großen Künstler das Lampenfieber kennen und uns dennoch auf der Bühne begeistern können, dann spricht einiges dafür, dass man mit dem Lampenfieber arbeiten sollte, und nicht dagegen.

Ganz ähnlich mit den Zweifeln: Erfolg haben wir mit ihnen, mit der Unsicherheit, und nicht gegen sie.

Ich wünsche mir eine Arbeitswelt, in der wir keine Spielchen spielen müssen. Ich wünsche mir Teams, die so funktionieren, wie eine Band. In der jedes Teammitglied mit seinen Fähigkeiten, aber auch mit seinen Zweifeln respektiert wird. In der alle mit ihren Zweifeln gemeinschaftlich auf das Ergebnis hinarbeiten, anstatt sie gegen sich und andere einzusetzen, bewusst oder unbewusst.

Ich bin der festen Überzeugung, dass alle Menschen grundsätzlich einen guten Job machen wollen. Jeder Mensch hat seine Stärken und Kompetenzen, aber auch seine Defizite und Entwicklungspotenziale. Nur wenn wir unsere Unsicherheiten offen und selbstbewusst kommunizieren können, sind wir als Team in der Lage, das zu tun, wofür ein Team da ist: uns gegenseitig zu unterstützen – und zwar fachlich und rational genauso wie menschlich und emotional.

Und diejenigen, die eine solche Kultur des positiven Zweifelns anstoßen und fördern können, sind ausgerechnet diejenigen, die sich mit dem Zweifeln am schwersten tun: Führungskräfte und Entscheider.

9.
Sicherheit geben, Unsicherheit zulassen

Zweifeln für Entscheider

Der tote Winkel

Es ist 7:30 Uhr in der Früh, ein klarer Spätsommertag bricht an. Auf dem Schulhof ist es noch ruhig. Doch jetzt kommt eine erste Traube lärmender Grundschüler von der Busstation. Die Kinder werfen neugierige Blicke zu uns hinüber, dann strömen sie die Freitreppe zum Schulgebäude hinauf und verteilen sich in der Eingangshalle in Richtung der Klassenräume.

Und was tun wir hier draußen? Wir bereiten ein Experiment vor.

Wenige Minuten später biegt ein 40 Tonnen schwerer LKW auf den Schulhof ein. Ein lokaler Speditionsunternehmer hat ihn uns freundlicherweise zur Verfügung gestellt. Ich knote zwei orange-weiß-gestreifte Absperrbänder von etwa sieben Metern Länge an den rechten Außenspiegel des LKWs, ein Bekannter spannt beide Bänder und befestigt die anderen Enden jeweils an einem Bauhütchen. Auf diese Weise entsteht ein weitläufiges Dreieck, dessen spitzer Winkel beim rechten Spiegel des LKWs beginnt – Versuchsanordnung fertig.

Wir fünf Männer finden uns noch einmal zusammen, sprechen uns ab und stärken uns mit einer Tasse Kaffee. Denn wir wissen: Gleich wird es laut. 32 Kinder pro Klasse, auf engstem

Raum zusammenstehend: Gleich werden sie, eine Klasse nach der anderen, zu uns an den LKW kommen und eine wichtige Erfahrung machen.

Eine Lehrerin führt die erste Klasse aus dem Gebäude auf den Schulhof und bittet die Schüler, sich komplett in das mit Absperrband umgrenzte Dreieck zu begeben. Zwei meiner Freunde haben die Aufgabe, die Meute bei Laune und vor allem innerhalb des Dreiecks zu halten.

»Na, wer von euch möchte mal auf den Fahrersitz?« Ich muss brüllen, um zu den aufgeregten, herumalbernden Kindern durchzudringen. Ich nehme die ersten zwei Jungs mit, Henning und Paul. Wir umrunden den LKW von vorn. Riesig ragt die Front vor uns auf; so nah dran sieht man kaum die Frontscheibe da oben.

Als wir an der Fahrertür ankommen, stocken die beiden Jungs: Unerwartet hoch und groß ist die Fahrerkabine, wenn man sie besteigen will. Natürlich stellen wir sicher, dass das Schülerpärchen wohlbehalten oben ankommt.

»Wow, hier gibt es ja sogar ein Bett«, ruft Henning von drinnen.

Ich stehe auf der mittleren Trittstufe und habe die beiden im Blick: »So, jetzt spielt mal Fahrer. Setzt euch hinter das große Lenkrad und stellt euch vor, wie es ist, Chef der Straße zu sein. Ihr fahrt jetzt diesen Riesen-LKW.«

»Darf ich mal hupen?«, fragt Paul zu mir runter.

»Nein. Erschreckt eure Klassenkameraden nicht. Schaut sie euch doch lieber mal rechts im Spiegel an.«

Jetzt ist es an mir, aufgeregt zu sein, denn um genau diesen Moment geht es bei dem Experiment: Die Jungen blicken beide nach rechts in den großen Seitenspiegel. Es entsteht eine Pause. Dann sagt Paul als erster: »Hä? Sind die wieder gegangen?«

Beide gucken mich ratlos an.

»Geht doch mal rüber an das rechte Fenster und schaut nach hinten«, schlage ich vor.

Die beiden rutschen zum Beifahrerfenster und schreien vor Überraschung auf.

»Boah, die sind ja doch noch da!«, ruft Paul überrascht aus.

»Wo waren die denn eben?«, fragt Henning verblüfft.

Ich reibe mir innerlich die Hände. Das Experiment hat funktioniert!

Eine komplette Schulklasse mit 32 Schülern, unsichtbar für den Fahrer eines LKWs. Auch ich als Erwachsener war total überrascht, als ich diesen Effekt das erste Mal auf dem Fahrersitz eines LKWs erleben konnte. Was sich für die Kinder im ersten Moment anfühlt wie ein Zaubertrick, ist auf der Straße im realen Leben brandgefährlich. Deswegen heißt dieses tödliche Dreieck auch »toter Winkel«.

Nach einer Schätzung auf Basis von Unfalldaten des Statistischen Bundesamtes geht man jährlich von über 600 Verletzten und mindestens 70 Todesopfern aufgrund rechtsabbiegender Lastwagen aus. Fußgänger und Zweiradfahrer haben gegen einen solchen Gegner im Abbiegevorgang keine Chance. Durch den Schwenkbereich kommen sie unter den LKW und werden von den hinteren Rädern überrollt. Doch die Gefährdeten ahnen meist nicht, in welcher Gefahr sie sich befinden. Man kann sich einfach nicht vorstellen, dass man für den Fahrer komplett unsichtbar ist.

Mir lag dieses Projekt des »Round Table Deutschland«, mit dem wir Grundschulen über den toten Winkel aufklären, von Beginn an besonders am Herzen. Denn ich bin emotional extrem involviert. Sogar jetzt, wenn ich darüber schreibe, erinnere ich mich mit Grauen an den Moment, als ich im Alter von 21 Jahren mit meinem Auto durch Osnabrück unterwegs war. Ich fuhr langsam auf der Rechtsabbiegerspur und wollte gerade das

Lenkrad einschlagen, als direkt vor meinem Auto, auf der Straße unter dem hinteren Reifen des vor mir fahrenden LKWs, ein Fahrradfahrer zum Vorschein kam. Überrollt, leblos. Ein 15-jähriger Junge.

Solch ein Bild vergisst man nie mehr. Es taucht in unregelmäßigen Abständen immer wieder vor meinem geistigen Auge auf.

Auch unabhängig von dieser Erinnerung beschäftigt mich der tote Winkel mit seiner Wirkungsmacht intensiv. Denn jenseits des Straßenverkehrs gibt es tote Winkel im übertragenen Sinne – und so auch beim Thema Zweifel, genauer gesagt: beim Zweifeln in der Führung.

Führungskräfte sehen nämlich auch **oft nicht,** was sie unbedingt sehen sollten: **dass Mitarbeiter zweifeln.** Und wie groß der Bereich ist, den sie standardmäßig nicht sehen, möchte ich Ihnen anhand eines Beispiels verdeutlichen.

Ich habe über die Jahre als Berater immer wieder feststellen können, dass Unternehmer und Führungskräfte oftmals gar nicht für möglich halten, dass ihre Mitarbeiter zweifeln. Entweder, weil sie es tatsächlich nicht erkennen oder weil sie es nicht sehen wollen. Sie sitzen ahnungslos auf ihrem Fahrersitz, treffen Entscheidungen, biegen links oder rechts ab und merken gar nicht, dass Sie dabei ihre Mitarbeiter überfahren.

Was meinen Sie: Könnte das Problem des toten Winkels auch im Unternehmen ein dramatisches Problem darstellen, wenngleich es dabei nicht um Leben und Tod geht?

Allerdings. Die toten Winkel in unseren Unternehmen, die vielen Führungskräften verborgen bleiben, stellen für die Wirtschaft ein echtes Problem dar. Und sie sind nicht etwa die Ausnahme, sondern der Normalfall.

Im vorigen Kapitel haben wir festgestellt, dass Zweifel bei der Arbeit nicht nur genauso menschlich sind wie in jedem anderen

Kontext, sondern oft auch extrem wertvoll – wenn sie konstruktiv genutzt werden. Doch genau das geschieht oft nicht. Wie gefährlich das für ein Unternehmen werden kann, haben wir bereits am Beispiel von Kodak gesehen.

Nun sind wir dem Grund dafür auf der Spur, und der liegt in den meisten Fällen in der Führung: Wenn Führungskräfte bei ihren Entscheidungen und in ihrem Umgang mit Mitarbeitern den toten Winkel nicht berücksichtigen, bleiben die wichtigen Zweifel verborgen – und das kann nicht nur Arbeitsklima und Teamwork ruinieren, sondern auch Millionen kosten.

Doch jede Führungskraft kann daran etwas ändern – schnell und effektiv. Die Kultur des Zweifelns, um die es in diesem Buch geht, kann der Zusatzspiegel sein, den Führungskräfte brauchen, um ihre millionenschweren 40-Tonner sicher durch kritische Situationen und in die Zukunft zu manövrieren.

Aber wie sieht es aus der Perspektive unserer Chefs auf dem Fahrersitz der Führung eigentlich aus? Wie halten unsere Entscheider es mit dem Zweifeln?

Ein Chef zweifelt nie – oder?

Entscheidungen gibt es überhaupt nur, weil es Zweifel und Unsicherheiten gibt. Ohne sie würde das Wort »Entscheidung« gar nicht im Duden vorkommen, weil wir es nicht bräuchten. Wenn alles im Leben und bei der Arbeit eindeutig wäre, müssten wir uns nicht zwischen verschiedenen Alternativen entscheiden, sondern würden die Straße des Lebens und die Straße des Erfolgs frei von Zweifeln und Unsicherheiten entlanggezogen werden wie am Schnürchen.

Doch wie wir bereits festgestellt haben, ist die Realität vielmehr die reinste Verkettung von Unsicherheiten. Deshalb müssen permanent Entscheidungen gefällt werden – gegen die Unsicherheit, und doch immer auch mit der Unsicherheit. Wenn einer uns durch all diese Unsicherheiten hindurch navigieren soll, zumindest bei der Arbeit, dann ist das ja wohl der Chef!

Dürfen Führungskräfte zweifeln? Dient es der Sache, wenn sie zweifeln? Hilft es dem Team? Brauchen wir nicht starke Führungsfiguren, die Mitarbeitern, Kunden und Investoren gegenüber im Gegenteil möglichst viel Sicherheit ausstrahlen? Die jederzeit den Eindruck vermitteln, dass sie wissen, was zu tun ist, und die ihre Mitarbeiter gern als Leit- und Führungsfiguren akzeptieren?

Sind Zweifel und Unsicherheiten nicht das Letzte, was wir uns von einer Führungskraft wünschen? Ja und nein.

Klarheit in der Führungsrolle ist wichtig, denn sie gibt Teams und Menschen Orientierung. Daran gibt es keinen Zweifel: Mitarbeiter, Kunden und Investoren brauchen Führungskräfte, die den Kurs vorgeben und mit sicherer Hand halten können. Nichts wäre irritierender als ein Kapitän, der mit verwirrter Mine auf dem Oberdeck herumläuft und widersprüchliche Anweisungen gibt. So weit, so gut.

Andererseits müssen wir die Frage, ob Führungskräfte zweifeln dürfen, nicht ernsthaft stellen. Natürlich dürfen sie, und natürlich werden sie. Führungskräfte sind nämlich Menschen – jedenfalls so lange, bis die Digitalisierung mich Lügen straft und nicht zweifelnde Künstliche Intelligenzen Führungsrollen übernehmen. Spätestens dann haben wir mit dem Zweifeln zu lange gezögert. Doch das nur nebenbei: Zweifeln ist menschlich – und damit auch bei Führenden ganz natürlich.

Wie sinnvoll und wichtig Zweifel in Unternehmen sein können und warum, haben wir bereits im vorigen Kapitel im Zusammenhang mit dem Teamwork geklärt: Mitarbeiter dürfen und sollen zweifeln und sich mit ihren Zweifeln auch zeigen. Die Frage ist: Gilt das auch für Entscheider, von denen ihre Mitarbeiter, Kunden und Investoren sich Sicherheit wünschen? **Dürfen Führungskräfte bekennende Zweifler sein?**

Fragen wir doch einfach mal einen Entscheider, wie er das sieht. Kürzlich führte ich ein Gespräch mit dem Geschäftsführer eines mittelständischen Unternehmens. Während wir über einige Unsicherheiten sprachen, die derzeit in seinem Bereich kursierten, erwähnte ich dieses Buchprojekt und fragte ihn bewusst provokant: »Bei Ihnen bin ich mir nun gar nicht sicher, ob Sie ein potenzieller Käufer dieses Buches wären. Sie wirken mir eher nicht wie ein Zweifler.«

Er erkannte sofort, dass ich offensichtlich eine positive Einstellung zum Zweifeln habe, und öffnete sich ein Stück weit: »Klar zweifle ich auch. Vor allem in Momenten, wo man über Millionen-Investments entscheiden muss, tut man das automatisch. Oft weiß man ja nun mal nicht mit letzter Sicherheit: Ist das eine gute Idee? Wird das wirklich funktionieren? Wird das so laufen, wie geplant? Aber in dem Moment, wo du Zweifel zeigst, genau dann machst du ein Scheunentor für die anderen auf, die gegen deine Pläne sind.«

»Ein Scheunentor? Was meinen Sie damit?«

»Wenn ich nach außen zeige, dass ich unsicher bin, dann passieren Dinge, die ich nicht mehr beeinflussen kann. Ich verliere ein Stück weit die Kontrolle. Dann werden die Leute unsicher, und es entstehen Ängste. Die Leute sind ja nicht blöd. Du strahlst ja aus, wenn du selbst nicht weißt, ob du das Richtige tust. Du verlierst an wahrgenommener Stärke. Lieferanten, Mitarbeiter, selbst deine Ehefrau wird unsicher, wenn du mit einem zweifelnden Gesicht nach Hause kommst ... Das mit dem Zweifeln als Entscheider, das ist so eine Sache, Herr Koch.«

Natürlich hat er Recht; jede Führungskraft wird sofort nach-vollziehen können, wovon er spricht. Die Frage ist: Ziehen wir daraus die richtigen Schlüsse?

Führung ist nichts für schwache Zweifler

Wenn wir glauben, dass Zweifel ein Zeichen von Schwäche sind, dann haben wir das Prinzip Führung falsch verstanden. **Bei der Führung geht es nicht um das Herstellen von Sicherheit.** Ultimative Sicherheit, auch das haben wir bereits festgehalten, ist gerade in der Arbeitswelt eine Illusion. Wir leben in Zeiten des permanenten Wandels. Sicherheit wäre deshalb ein Versprechen, das kein Chef der Welt halten kann. Bei der Führung geht es um Orientierung.

Ein Chef, der beim Navigieren keine Zweifel zulässt, wäre in der Tat ein schwacher Kapitän: Er würde lieber den Eisberg rammen, als Unsicherheit einzugestehen und sich von den positiven Zweifeln seiner Mitarbeiter und Kollegen beraten zu lassen.

Ebenfalls schwach würde ein Vorgesetzter wirken, der sich von den Zweifeln anderer verunsichern lässt und dadurch nicht mehr in der Lage ist, Entscheidungen zu treffen und klare Ansagen zu machen.

Ein Führender hingegen, der seinem Umfeld zuhört, sich alle Informationen und Meinungen einschließlich den Zweifeln von seinen Mitarbeitern holt und sich beraten lässt, um auf dieser Grundlage informierte und klare Entscheidungen zu treffen, wird gerade durch sein offenes Zweifeln stark wirken und auch im Ergebnis eher belastbare Entscheidungen treffen. Auf diese Weise kann ein Vorgesetzter nämlich seine eigenen Zweifel zu-mindest minimieren und manchmal sogar ausräumen. So verbessert er seine Grundlage für starke Entscheidungen – und damit auch für eine sichere Ausstrahlung, die in der Tat zu seinen Aufgaben gehört.

Ein starker Zweifler ist also jemand, der seine eigenen Zweifel und die Zweifel anderer erkennt und zur Grundlage starker Entscheidungen macht. Mit anderen Worten: Es geht nicht darum, dass wir in der Führung mehr zweifeln – sondern dass Führende mehr Zweifel zulassen.

Und das bedeutet auch: Der starke Zweifler weiß, dass es die totale Sicherheit nicht gibt. Er weiß, dass er auch unter Berücksichtigung aller Zweifel noch mit einem Rest von Unsicherheit leben muss, wenn er seine Entscheidung trifft. Dieses Risiko zu schultern und die restliche Unsicherheit aushalten und kompensieren zu können, vor Mitarbeitern, Kunden, Partnern und Investoren: Das ist es, was eine starke Führungskraft ausmacht.

Schwach ist nicht etwa der, der Zweifel bei sich und anderen zulässt. Schwach ist der, der sich von Zweifeln verunsichern lässt – und deshalb keine Entscheidungen trifft.

Der Umgang mit Zweifeln bietet also tatsächlich einen Anhaltspunkt dafür, ob Sie es mit einer schwachen oder einer starken Führungspersönlichkeit zu tun haben.

Professionell zweifeln

Besonders zwei Typen von Führungskräften sind in unseren Büros häufig anzutreffen, die es nicht so mit dem Zweifeln haben:

- Es gibt einerseits die Übervorsichtigen, die am liebsten gar nichts entscheiden. Stattdessen suchen sie händeringend nach immer mehr Möglichkeiten, um die Entscheidung zu verzögern und mehr Sicherheit zu generieren. Die Strafe für dieses Verhalten sind verpasste Gelegenheiten und Nachteile im sich immer stärker beschleunigenden Wettbewerb, die sich kaum ein Unternehmen noch leisten kann.

- Auf der anderen Seite gibt es die Sturköpfe, die ohne Rücksicht auf Zweifel – und Verluste – einfach ihr Ding durchziehen und ihre Entscheidung auch gegen konstruktive Zweifel erzwingen. In unserer komplexen Arbeitswelt mit ihrer immer stärker ausgeprägten Arbeitsteilung ist diese Spezies vom Aussterben bedroht: Wer in Zukunft nicht auf die berechtigten Zweifel seiner internen Experten hört, wird immer öfter falsche Entscheidungen treffen.

Der professionelle Umgang mit Zweifeln wird in der modernen Welt immer wichtiger. In Zeiten des permanenten Wandels ist es sehr wichtig für Führungskräfte, bewusst mit ihren Zweifeln umzugehen. Aus der Gewohnheit heraus ist es nicht leicht, zu einem konstruktiven Umgang mit Zweifeln zu finden – zu stark ist das Idealbild des starken Entscheiders, der immer alles im Griff hat.

Gerade deshalb ist es besonders wichtig, sich als Führender in diesem Punkt konsistent und glaubwürdig zu verhalten. Denn es wäre auch schräg, auf der einen Seite seinem Team Offenheit für positive Zweifel zu kommunizieren, sich auf der anderen Seite aber selbst das Zweifeln zu verbieten oder zu behaupten, dass Zweifel nur etwas für Mitarbeiter wären. Denn Menschen spüren, wenn andere zweifeln – hier ist nichts weniger als das Vertrauensverhältnis am Arbeitsplatz in Gefahr.

Hinzu kommt, dass eine innere Zerrissenheit beim Umgang mit Zweifeln die ohnehin oft hohe Arbeitsbelastung von Führungskräften potenzieren kann. Wenn ich als Führender glaube, dass ich immer perfekt sein muss, dass Zweifel eine Schwäche sind und dass niemand sie sehen darf, dann ist das ein ständiger Kampf, den kaum ein Führender auf Dauer durchhält, ohne in irgendeiner Form dafür zu bezahlen – sei es mit falschen Entscheidungen, mit Problemen im Team oder mit einem Burn-out.

Statt dem Team also den starken Mann vorzuspielen, alle Warnsignale zu überfahren und das Team aus der Entscheidungsfindung auszuschließen, können starke Entscheider die Gelegenheit nutzen, ihre Mitarbeiter einzubeziehen und dabei auch noch die Zufriedenheit zu steigern.

Warum also bei der nächsten Entscheidung nicht einmal offen kommunizieren und einen klar definierten, zeitlich begrenzten Korridor für positives Zweifeln öffnen: »Ich will eine Entscheidung treffen und zweifele deshalb bewusst. Ich möchte, dass auch Sie zweifeln und noch einmal nachdenken. Wenn wir durch unsere Zweifel wichtigen Aspekten auf die Spur kommen, können wir damit unsere Ausgangslage verbessern. So steigt die Wahrscheinlichkeit, dass ich die richtige Entscheidung treffen kann. Nächsten Montag werde ich noch einmal alle Stimmen ungefiltert anhören – die Pros und die Contras gleichermaßen. Jeder wird gehört, jedes Argument ist gleichwertig. Auch über Ihre und meine Zweifel wird offen gesprochen. Danach werde ich eine Entscheidung treffen.«

Aber Achtung: Die Verantwortung muss dabei unmissverständlich beim Entscheider bleiben. Denn schließlich bezieht sich Ihre Verantwortung als Führender nicht nur auf die Entscheidungen, die Sie treffen, sondern auch auf die Menschen, die Sie führen – und die suchen bei Ihnen Orientierung. Ihr Team vertraut auf Ihre Führungskraft. Innerhalb des Teams gibt es oft verschiedene Meinungen und Zweifel so bunt wie ein Regenbogen. Diese Verantwortung zu spüren und gleichzeitig zu wissen, dass eine Rest-Unsicherheit bleibt und man es außerdem nie allen recht machen kann: Das ist die Aufgabe der Führungskraft, die emotional nicht immer leicht ist.

Ihre Entscheidungen geben den Menschen Orientierung. Ob Sie am Ende richtig oder falsch liegen, macht im Sinne ihrer Führungsverantwortung nicht den entscheidenden Unterschied.

Bleibt die Frage: Müssen Sie als Führungskraft immer die ganze Last der Zweifel tragen? Oder kann man diese Verantwortung auf mehrere Schultern verteilen?

Lassen sich Zweifel delegieren?

»Sie haben mein volles Vertrauen«, sagt der Vorgesetzte zu seiner Mitarbeiterin, als sie ihm mitteilt, dass sie an der Umsetzbarkeit des aktuellen Projekts zweifelt.

Das ist doch schön, denkt man zunächst. Der Chef vertraut der Mitarbeiterin eben, was schließlich sehr wichtig ist. Ebenso wollen auch Mitarbeiter keinen Kontrolletti-Chef, der einem ständig auf die Nerven geht, weil er niemandem zutraut, dass er seinen Job richtig macht.

Aber zwischen den Zeilen könnte auch etwas anderes gemeint sein. Denn vielleicht ist »Sie haben mein volles Vertrauen« nur die Hälfte der Aussage, die beide Parteien in stillschweigender Übereinkunft im Kopf noch ergänzen: »Sie haben mein volles Vertrauen, dass Sie das irgendwie hinbiegen werden, auch wenn es eigentlich unmöglich ist.« Und das verändert die Stoßrichtung dieser Aussage doch erheblich.

Eigentlich geht es dem Führenden nämlich nicht darum, seiner Mitarbeiterin das Vertrauen auszusprechen, dass sie aus ihren Zweifeln etwas macht – sondern darum, sich selbst vom

Druck der eigenen Zweifel zu entlasten. Ein schwacher Umgang mit den eigenen Zweifeln – denn **Verantwortung lässt sich nicht delegieren.**

In der Realität bedeutet eine solche Ansage, dass alles, was Zweifel aufwerfen und Entscheidungen schwierig machen könnte, zuverlässig auf dem Tisch der Mitarbeiterin landet – die Zweifel des Chefs inbegriffen. Die will er nämlich auch in guten Händen wissen, nur nicht in seinen. Er delegiert seine Zweifel mitsamt seiner Verantwortung weg.

Genauso geht Führung mit den Zweifeln nicht. Unsicherheiten zu thematisieren und offen mit Zweifeln umzugehen, ist das eine – sie zu delegieren das andere. Wenn Sie als Führungskraft schwach wirken wollen, müssen Sie nur ihre Zweifel bei Ihren Mitarbeitern abladen und sie damit allein lassen: Der Respekt vor Ihnen wird sofort in den Keller gehen.

Viel besser ist es, bei der Weitergabe von Aufgaben die Wahrnehmung der eigenen Unsicherheiten zu thematisieren: »Wir haben ein neues Projekt auf dem Tisch. An folgenden Stellen sehe ich noch Herausforderungen. Deshalb möchte ich Sie bitten, sich einzuarbeiten. Ich vertraue auf Ihre Fähigkeiten und gebe Ihnen weitreichende Kompetenzen. Natürlich lasse ich Sie mit der Verantwortung nicht allein. Deshalb bitte ich Sie, nicht hinterm Berg zu halten, wenn sich Unsicherheiten ergeben. Sprechen Sie jeden Zweifel offen mit mir an. Wir suchen dann gemeinsam nach einer Lösung und treffen eine Entscheidung.«

Der wesentliche Unterschied ist, dass Unsicherheiten und Zweifel in dieser Version offen thematisiert und ausdrücklich erlaubt werden. Im Idealfall wäre das nicht einmal nötig, weil der offene Umgang mit Zweifeln bereits in der Unternehmenskultur verankert ist – doch davon sind wir nach meiner Beobachtung in den meisten Unternehmen noch meilenweit entfernt.

Was du willst, das ich dir tu, das füge dir auch selber zu

Ich erlebe immer wieder, dass Führungskräfte von ihren Mitarbeitern Dinge verlangen, die sie selbst nicht tun würden. Auf den ersten Blick erscheint das ganz normal: Ein Vorarbeiter muss nicht zwingend selbst am Band stehen, um seinen Job gut zu machen und die Kräfte seiner Mannschaft gut einzuteilen. Management ist etwas anderes als ausführende Facharbeit.

Aber oftmals entsteht aus dieser rein organisatorischen Abstufung die pseudo-qualitative Schlussfolgerung: »Die Leute sind faul«, wenn sie nicht automatisch das tun, was der Vorgesetzte von ihnen erwartet. Dabei ist oft das Gegenteil der Fall. Oft sind es schlicht und ergreifend Unsicherheit und Selbstzweifel, die Mitarbeiter davon abhalten, bestimmte Dinge in einem bestimmten Moment auf eine bestimmte Art und Weise zu tun.

Ein Beispiel dafür ist die ungeliebte telefonische Kaltakquise im Vertrieb – eine der schwierigsten Aufgaben im Verkauf.

Manche Verkäufer werden sehr kreativ, um dieser schwierigen Aufgabe auszuweichen – zumindest so lange, bis sie unbeobachtet von anderen telefonieren können. Wissen Sie, um welche Uhrzeit in vielen Unternehmen im Vertrieb am meisten telefoniert wird? Zwischen 12 und 13 Uhr. Dann sind viele Kollegen nämlich in der Mittagspause und hören nicht mit. So unsicher fühlen sich viele Mitarbeiter bei dieser schwierigen Aufgabe.

Viele Führungskräfte schließen daraus auf eine vermeintliche Faulheit bei ihren Mitarbeitern. Ein empathischer Chef könnte stattdessen die Zweifel hinter dem Zögern erkennen und sich eine smarte Lösung ausdenken. Zum Beispiel, dass weniger erfahrene Mitarbeiter zum Telefonieren einen geschützten Raum bekommen und sich in ihrer Lernphase nicht dem Hohn und Spott weniger empathischer Kollegen aussetzen müssen.

Das Problem ist, dass viele Führungskräfte gar nicht erst darauf kommen, wann und wo ihre Mitarbeiter ins Zweifeln kommen oder an ihren Unsicherheiten scheitern könnten. Das Problem mit dem Telefonieren etwa wird den meisten Führungskräften erst klar, wenn sie selbst einmal in dieser Situation gewesen sind. Telefonieren ist nämlich für fast alle Menschen erst einmal unangenehm. Aber wie soll ein Manager, der nie in dieser Situation gewesen ist, darauf kommen?

Vor einigen Jahren habe ich eine schwedische Unternehmensgruppe beraten, deren Akquise in hohem Maße auf der Telefonarbeit beruhte. Bei einem Meeting wurde ich Zeuge, wie der CEO der Firma von seinen Managern verlangte, zwei Wochen im Call Center Dienst zu tun.

Sie können sich nicht ansatzweise vorstellen, welche Revolte das fast ausgelöst hat – alter Schwede! Die Manager wehrten sich wirklich nach allen Kräften. Dabei schoben Sie auffallend logische Argumente vor: »Dafür ist doch unsere Arbeitszeit viel zu teuer!« – »Dafür werde ich nicht bezahlt!« – »Wie sollen die Mitarbeiter dann noch Respekt vor uns haben?« Als ich im Anschluss jedoch mit den einzelnen Menschen auf den Managerposten sprach, wurde überdeutlich, dass sie in Wahrheit einen Heidenrespekt vor der schwierigen Aufgabe hatten und massiv emotional daran zweifelten, ob sie das hinkriegen würden, ohne sich bis auf die Knochen zu blamieren.

Und genau das war letztlich auch der Sinn der Aktion: Die Manager sollten sich in die Lage der Mitarbeiter versetzen und verstehen, wie es ihnen bei manchen Aufgaben ergeht, damit sie ihre Zweifel und Unsicherheiten zukünftig antizipieren konnten.

Bei vielen Supermarkt-Ketten ist es bereits gängige Praxis,

dass die Führungskräfte erst einmal in anderen Filialen ganz normalen Dienst auf der Verkaufsfläche tun, um ein Gefühl für das Geschäft zu bekommen. Dabei steht zwar eher ein logischer Ansatz im Vordergrund: Sie sollen die Abläufe kennenlernen. Dennoch finde ich die Idee beispielhaft für andere Branchen – ebenso wie die Schocktherapie des schwedischen CEO.

Führungskräfte den Unsicherheiten der Mitarbeiter auszusetzen, würde die Empathie der Führung in unseren Unternehmen auf Anhieb massiv **erhöhen.**

Zweifeln heißt: sich selbst führen

Sie müssen nicht gleich einen Stab von Mitarbeitern führen, damit Sie alles betrifft, was ich hier über das Zweifeln in der Führung geschrieben habe. Denn letztlich sind wir alle Führende.

Wir übernehmen eine Führungsrolle, wenn wir in unserem Umfeld in schwierigen Situationen oder bei Projekten in Führung gehen. Wir führen die Menschen durchs Leben, die uns anvertraut sind – allen voran unsere Kinder. Und nicht zuletzt sind wir Führende unserer selbst.

Ein besseres Verständnis für Zweifel gibt uns einen neuen, empathischeren Blick auf die Menschen, die uns umgeben. Oft sind wir auch als Mütter oder Väter, als Partner oder als Freunde versucht, unsere Zweifel zu verbergen, um anderen eine starke Schulter oder die ersehnte Orientierung zu sein. Doch tun wir anderen wirklich einen Gefallen damit, wenn wir berechtigte Zweifel unterdrücken? Laufen wir nicht Gefahr, den anderen mit falscher Sicherheit zu täuschen?

Besonders Kinder haben gute Antennen dafür, ob wir offen und ehrlich mit ihnen umgehen. Sie spüren oftmals, dass Eltern

Unsicherheiten haben, können sie aber nicht richtig einordnen. Sie brauchen nicht die Lüge von Stärke – sie brauchen eine verständliche Erklärung. Es mag ein guter Vorsatz dahinterstecken, wenn wir unsere Zweifel verbergen, um unseren Kindern Sicherheit zu geben. Doch diese Scheinsicherheit kann später zu schweren Missverständnissen führen.

Ich habe selbst Phasen erlebt, in denen ich meinen Kindern gegenüber so aufgetreten bin, weil ich als Vater selbst um den richtigen Weg und die richtige Haltung gerungen habe. Doch was, wenn man als Vater dabei ertappt wird? Dann ist man in Erklärungsnot – und plötzlich steht nicht weniger auf dem Spiel als die eigene Glaubwürdigkeit. Und nichts ist schlimmer für ein Kind, als das Vertrauen in die Eltern zu verlieren.

Wir wollen unseren Kindern ja nicht vorlügen, dass es im Leben keine schwierigen Situationen gibt, richtig? Wir wollen ihnen zeigen, dass man diese Herausforderungen meistern kann. Ich will, dass meine Kinder als Erwachsene von der positiven Kraft der Zweifel profitieren können und sich von Unsicherheiten nicht aus der Bahn werfen lassen, sondern sie als Stärke erkennen und nutzen. Da hat es keinen Sinn, so zu tun, als wäre ich als Erwachsener frei von Zweifeln und Unsicherheit. Die entscheidende Lektion ist, dass wir es mit den Zweifeln und mit der Unsicherheit schaffen können.

Alles andere wäre ohnehin eine Lüge, oder? Zweifeln ist kein Zeichen von Schwäche – nicht vor Mitarbeitern, nicht vor Kindern, nicht vor dem Partner. **Positiv zweifeln** und mit Unsicherheit umgehen **können heißt, sich selbst führen können.** Und das ist die größte Stärke, die es gibt.

10.
Kick-off

Erfolgreich zweifeln

Sicherheit durch Unsicherheit

Was ist das Gegenteil von Zweifeln? Überzeugungen. Wenn wir überzeugt sind, dann zweifeln wir nicht. Weil sich schlichtweg nicht die Notwendigkeit dafür ergibt. Überzeugt zu sein ist hin und wieder hilfreich, vor allem in Umsetzungsphasen. Dann sind Zweifel, die nicht Bestandteil eines konstruktiven Reflexionsprozesses sind, hinderlich. Werden wir allerdings bei der Umsetzung »handlungsblind« und tun Dinge aus reiner Gewohnheit, oder ändern sich wichtige Rahmenparameter, dann sind Zweifel unsere große Chance, unser rettendes Korrektiv.

Mit Zweifeln schaffen wir genau diesen wichtigen Schritt: das Infragestellen unserer hinderlichen Überzeugungen im richtigen Moment.

Aber wie kann uns das in der Zukunft wirklich helfen? Auf unserem Weg in eine höchst unsichere, mitunter beängstigende Zukunft voller Unwägbarkeiten, mit Klimakatastrophenszenarien, Wasserknappheit, Ausbeutung der Ressourcen der Erde, der Bedrohung durch verrückte Autokraten, die im wahrsten Sinne des Wortes an den roten Knöpfen der Macht sitzen und all den anderen beunruhigenden Unsicherheitsfaktoren der Gegenwart: Wie können uns Zweifel, also noch mehr Unsicherheit, da helfen?

Um diesen Unsicherheiten zu begegnen und jetzt die Veränderungen einzuleiten, die helfen können, Kaputtes zu reparieren, Schlimmeres zu verhindern und möglichst viel zum Besseren zu wenden, benötigt die Welt Menschen, die zweifeln und ihre Überzeugtheit ablegen. Wir brauchen Menschen, die sich auf die definitiv vorhandene, aber vom Gros der Menschen verdrängte Unsicherheit einlassen, diesen Zustand aushalten und ihn dadurch positiv nutzen zu können. Die Unsicherheit hält uns wach, sie motiviert uns zum Neu- und Anders-Denken, sie eröffnet den entscheidenden Raum für Kreativität.

Unsicherheit ist ein Begleiter der Veränderung.

Aber – und dieses Aber mit all seinen Chancen und Ambivalenzen kennen Sie aus den vorherigen Kapiteln – dieses Feld ist manchmal unbequem und anstrengend. Alles, was Potenzial zur Veränderung birgt, verlangt uns auch etwas ab – in diesem Fall die Unsicherheit auszuhalten und zu nutzen, bis eine neu erarbeitete Sicherheit die bessere Alternative ist.

Wir müssen uns dem unangenehmen und oft sogar quälenden Zustand aussetzen, in den wir geraten, wenn wir uns von unserer Überzeugung lösen, dass wir einfach so weitermachen können wie bisher.

Dies ist eine absolut grundsätzliche Herausforderung: **Wir müssen ständig überprüfen, ob unser Weltbild noch zur Welt passt** – im Großen wie im Kleinen. Wir müssen wach bleiben. Wir müssen uns permanent wieder neu aufrütteln aus der bequemen Position, in der wir es uns auf dem Sofa der Gewissheit gemütlich gemacht haben. Um in der Welt von morgen noch sicher agieren zu können, brauchen wir heute schon Menschen, die sich auf Unsicherheit einlassen können – und wollen. Das, was keiner haben will, brauchen wir in Zukunft am meisten: **Wir brauchen einen selbstgewählten**, optimistisch-kontrollierten **Zustand der Unsicherheit.** Zweifel bringen uns genau dorthin. Zweifel sind das Tor zu einer besseren Zukunft.

Wir haben im Lauf des Buches immer wieder gesehen, dass es einen positiven, produktiven Zweifel-Korridor gibt. Wir haben gesehen, dass innerhalb des Zweifel-Korridors, wo wir zwingend der Unsicherheit begegnen, Kreativität stattfindet und das Neue gedeiht. Wir haben gesehen, dass wir die Instabilität brauchen, um Neuland zu betreten und innovativ zu werden. Unsicherheit ist dafür der Nährboden. Handeln ohne Nachdenken ist genauso wenig zielführend wie Nachdenken ohne Handeln. Zuviel Kopf kann Projekte lahmlegen, persönliche Entwicklung zum Stillstand bringen, sogar Gesellschaften stagnieren lassen.

Produktives, nachhaltiges Zweifeln ist der Wechsel zwischen Vertrauen in den Status quo, um arbeitsfähig, zukunftsfähig und beziehungsfähig zu sein – und dem regelmäßigen Hinterfragen des eigenen Umgangs mit diesem Status quo.

Zweifler ist nicht gleich Zweifler

Ist dieser universell formulierte Haltungsimpuls für Sie unbefriedigend? Hätten Sie lieber ein Rezept fürs Zweifeln, eine Schrittfolge wie in einem Kochbuch, eine Aufforderung zu konkreten Handlungen? Das kann ich mir durchaus vorstellen. Auch ich als Autor habe diesen Wunsch empfunden: ein Patentrezept für das Zweifeln zu finden und zu liefern.

Doch ich bin sicher, Ihnen ist genauso wie mir im Lauf des Nachdenkens aufgegangen, dass das nicht funktioniert. Es gibt keine klaren Antworten auf die Frage »Wie zweifle ich mich erfolgreich?«. Es gibt keine Schrittfolge und kein Rezept. Nicht nur, weil jede Situation anders ist und einen anderen Zweifelkorridor aufweist. Sondern auch, weil jeder anders zweifelt.

Ich möchte dem Zweifeln das Negative nehmen. Wenn ich das mit diesem Buch bei Ihnen erreicht habe, haben wir gemeinsam viel erreicht.

Gleichzeitig führt kein Weg daran vorbei, dass wir die damit verbundene Unsicherheit aushalten müssen – denn erst sie macht das Zweifeln so fruchtbar. Lassen Sie uns in diesem unsicheren Raum auch in diesem letzten Kapitel noch ein wenig verharren und nach Wegen suchen, mit der Unsicherheit so umzugehen, dass sie auch für Sie zum Erfolgsfaktor wird.

Das Gute ist: **Man kann die Unsicherheit üben wie das Fahrradfahren.** Wer regelmäßig das Feld der Unsicherheit betritt, der wird feststellen, dass die Unsicherheiten mit der Erfahrung ihren Schrecken verlieren. Schwierige Situationen der Ungewissheit auszuhalten, ist erlernbar – und es wird leichter, je früher und je bewusster man sich der Unsicherheit stellt. Man lernt, seine eigenen Emotionen – auch die schwierigen wie Angst, Sorge, Ärger, Ohnmacht, manchmal sogar Verzweiflung – besser zu spüren, einzuschätzen und mit ihnen umzugehen. Handeln trotz Unsicherheit kann man üben – durch Handeln. Das ist beruhigend, denn es ist der einzige Weg, der in der unsicheren Zukunft echte Sicherheit geben kann: Solange wir handlungsfähig bleiben, indem wir uns handlungsfähig wissen, sind wir keinem Schicksal hilflos ausgeliefert.

Das ist die eine Sicherheit, die uns immer bleibt. Alles andere sind Scheinsicherheiten. Von der Unsicherheit profitieren können wir nur, wenn wir uns ihr bewusst stellen.

Fortschritt durch Zweifel – mit und an der Technik

Ein großes Feld des konstruktiven Zweifelns ist die Technik, das Digitale, die Künstliche Intelligenz und alles, was damit einhergeht. Die Technik wird in immer mehr Lebensbereiche vordringen und uns Räume erschließen, die aus heutiger Sicht vielen Menschen noch unvorstellbar erscheinen. Der Grad der Technisierung wird noch drastisch steigen – dafür sprechen die in diesem Buch bereits thematisierten Gesetze der fortlaufenden Leistungspotenzierung in der Computertechnik genauso wie die unmissverständlichen Prognosen der Arbeitsmarktforscher.

Die drastischeren Voraussagen gehen davon aus, dass im nächsten Jahrzehnt die Hälfte aller Arbeitsplätze automatisiert oder digitalisiert werden könnten. Das Beispiel des selbstfahrenden Autos zeigt, wie Unvorstellbares plötzlich in den Bereich des Vorstellbaren rückt, wenn es vor unseren Augen geschieht. Ähnliche Entwicklungen werden in den nächsten Jahren viele weitere Alltagsbereiche betreffen.

Und wir können und wir werden uns daran gewöhnen, uns das Unvorstellbare vorzustellen – umso mehr, je öfter wir es Realität werden sehen. Das ist eine Art, wie wir die Unsicherheit täglich einüben und dadurch immer weniger veränderungssensibel werden.

Ein ganz alltägliches Beispiel: Anfangs irritierten mich die automatisierten Filialen einer großen Fastfood-Kette, die den Verkäufer am Tresen offenbar abschaffen wollen. Im Verkaufsbereich stehen mehrere Automaten, in denen ich meine Menüauswahl treffe. Die Software empfiehlt Menüs oder Zusatzangebote und macht mir das Kombinieren damit leichter – in Zukunft hoffentlich noch etwas leichter als bisher. Am Ende bekommt man eine Nummer (ein Hauch Behörden-Feeling), mit der man an der Ausgabe sein Essen in Empfang nehmen kann. Mitarbeiter werden in diesen Filialen nun viel weniger gebraucht, und die wenigen verbliebenen bleiben größtenteils hinter den Kulissen.

Vielleicht ist es eine Drohung des Konzerns an seine Mitarbeiter, die Kunden endlich freundlicher zu behandeln? Vermutlich nicht. Vermutlich sind solche automatisierten Verkaufsstellen im Fast-Food-Bereich und anderswo Vorboten für die Welt, die da kommen mag.

Viele Experten sind davon überzeugt, dass sich unser Einkaufserlebnis komplett verändern wird. Wie das konkret aussehen wird, wissen wir – über die bisherigen Experimente von Amazon und einigen Supermarktketten hinaus – noch nicht. Doch wir können es uns vorstellen und die Unsicherheit gestalten, indem wir bewusst in die Unsicherheit gehen und unsere Gedanken durch konstruktives Zweifeln konkretisieren: Wird an der Kasse meines Supermarkts zukünftig ein Roboter meine Tomaten einscannen und mir den Preis ausspucken? Aber nein, das wäre ein zu kleiner Sprung angesichts der beinahe unbegrenzten Möglichkeiten von Digitalisierung und Automatisierung. Werden die Tomaten stattdessen auf Knopfdruck in meine Tasche rollen, und das Geld wird automatisch von meinem Konto abgebucht? Letzteren Schritt beispielsweise hat Amazon in einigen physischen Supermärkten bereits umgesetzt. Vielleicht muss ich den Knopfdruck auch gar nicht mehr im Laden tätigen, sondern bleibe gleich zu Hause, und die Tomaten rollen durch eine Luke neben dem Küchenfenster und eine selbstöffnende Klappe in das Gemüsefach meines Kühlschranks, die von selbstfahrenden Lieferfahrzeugen genutzt wird, wann immer ich etwas brauche? An den technischen Möglichkeiten würde ein solches Modell schon heute wohl nicht mehr scheitern.

Manche Zweifel erledigen sich bereits, indem wir einmal bewusst über etwas nachdenken, das wir bisher lieber verdrängt haben.

Aber was wird das für die Mitarbeiter des Supermarkts bedeuten? Wie wird es sich auf den Preis auswirken, den ich für die Tomaten bezahle? Und werden die vom Supermarkt entlassenen Mitarbeiter diese Tomaten noch bezahlen können? Werden sie, werden viele von uns, die ihre Arbeit an die Digitalisierung verlieren, neue Arbeit finden? Werde ich mir noch Tomaten leisten können, wenn diese Mitarbeiter und viele andere Menschen keine Konsumprodukte mehr bei den Firmen einkaufen können, die meine Auftraggeber sind?

Werde ich nie mehr Tomaten essen können – es sei denn, ich lege mir einen Garten zu und baue selbst welche an?

Vielleicht geht es Ihnen bei solchen Gedanken wie mir: Ich merke, wie ein ungutes Gefühl in mir hochsteigt. Wovon werden wir in Zukunft leben? Geht es abwärts mit unserem Wohlstand in einem der bisher noch reichsten Länder der Erde? Wie werden meine Kinder leben? Wie werden sie später ihr Geld verdienen? Werden Maschinen irgendwann nicht nur die Hälfte, sondern alle Arbeitskräfte ersetzen? Wo bleibt der Mensch in der Zukunft?

Ich spüre, wie mir die Unsicherheit den Hals verengt – und ich sie am liebsten wegdrängen will.

Aber nein: Ich will sie aushalten, ich muss sie aushalten und ich kann sie aushalten. Ich halte sie aus, weil sie mir ermöglicht, über die Zukunft nachzudenken und das Bekannte infrage zu stellen. Und damit ermöglicht sie mir den entscheidenden Schritt, um mir selbst meine eigene Zukunft zu erschließen: Sie ermöglicht mir den Schritt vom Beobachter (oder gar: Opfer) zum Gestalter.

Doch der Reihe nach: Fangen wir lieber eine Nummer kleiner an, das Aushalten von Unsicherheit gemeinsam zu üben – bei ganz alltäglichen Fragen. Halten wir uns erst einmal an diese ganz normalen, »kleinen« Unsicherheitsräume, die wir ohnehin jeden Tag betreten, und dehnen danach unsere Betrachtungen auf größere Felder aus.

Die Ja-Nein-Entscheidungsunsicherheit

Wir haben bereits über die Beschleunigung der Welt gesprochen. Immer schneller kommt immer mehr auf uns zu. Im Job, aber auch privat. Und gleichzeitig wollen wir für unsere Freunde da sein, für unsere Familie, für unsere Kinder – für alle anderen, die manchmal genauso überfordert sind wie wir selbst. Und manchmal steigert das noch den Eindruck der eigenen Überforderung. Gefühlt wollen immer mehr Menschen etwas von uns, wollen sich in unsere Persönlichkeit einhacken oder mindestens unsere Aufmerksamkeit und unsere Zeit stehlen. Jede noch verbliebene Sekunde ist mit dem Nachrichtenstrom auf dem Smartphone gefüllt.

Es gibt eine Fülle von Ratgebern, die dieses Phänomen aufgreifen und das Neinsagen, das Abgrenzen als Gegenmaßnahme propagieren. Wir müssen planen, damit wir wissen, was wir nicht mehr einplanen können. Denn wer nicht plant, der wird verplant. Und gegen das Verplant- und Vereinnahmtwerden gilt es, sich zu schützen.

Es stimmt also: Durch das Neinsagen gewinnen wir mehr Autonomie, mehr Selbstbewusstsein, mehr Freiheit. Erfolgreiche Menschen sagen letztlich zu fast allem Nein – und nicht etwa Ja, wie man meinen könnte. Schließlich haben sie auch nicht mehr

Zeit zu vergeben als wir alle; auch sie können nicht mehr als 24 Stunden am Tag verplanen und brauchen hin und wieder eine Mütze Schlaf.

Um fokussiert zu arbeiten, müssen wir uns vor Ablenkungen schützen und auf das Wesentliche konzentrieren. **Fokussierung bedeutet, an der Flut von Optionen zu zweifeln,** die der Alltag uns hinwirft – und zu den meisten davon aus begründetem Zweifel nein zu sagen.

Steve Jobs etwa war einer jener Erfolgreichen, der zu fast allen Ideen Nein sagte – nicht nur im Sinne seiner Planung, sondern auch im kreativen Prozess. Steve Jobs sagte: »Focussing is about saying no« – »Beim Fokussieren geht es darum, Nein zu sagen.«

Dabei stoßen wir möglicherweise Menschen vor den Kopf, die mit unseren Neins umgehen müssen, enttäuscht sind, sich etwas von uns erhofft oder erwartet haben. Das kann uns auch emotional in schwieriges Fahrwasser bringen, weil wir unseren Wunsch nach Zugehörigkeit in diesen Momenten hinten anstellen müssen. Wir riskieren, möglicherweise, dann nicht mehr zu den engagierten Eltern in der Grundschule oder zum harten Kern der Kollegen zu gehören, die jeden Freitagabend noch feiern gehen. Oder auch nicht mehr zu den Mitarbeitern, die selbstverständlich am Sonntag noch E-Mails beantworten.

Das bedeutet: Auch zwischenmenschlich müssen wir zukünftig mehr Unsicherheit aushalten, wenn wir uns zu unseren Zweifeln bekennen. Das fühlt sich am Anfang manchmal vielleicht schrecklich an – doch letztlich geht es uns nicht allein so. Und je mehr Menschen vom permanenten Wandel zu bekennenden Zweiflern gemacht werden, desto mehr Verständnis werden wir einander entgegenbringen.

In einer Welt, in der das Zweifeln zu einer Survival-Strategie wird, ist es vor allem das Zweifeln, das uns eint. Heute mag das noch seltsam klingen, doch der Zustand des permanenten Wandels führt uns in diese Welt. Und wir werden uns daran gewöhnen.

Doch ist es wirklich so einfach: Wenn wir Nein sagen lernen, wird das Leben einfacher?

Natürlich nicht, denn das Neinsagen birgt auch Risiken. Letztlich befriedigen wir damit unseren Wunsch nach Einfachheit. Wer Nein zu etwas sagt, der muss sich nicht damit beschäftigen. Er hat eine Entscheidung getroffen. In Zeiten der »Zuvielisation« ist dieses Abgrenzen und das »Gegen-etwas-entscheiden-Können« sehr wichtig.

Wer das Neinsagen jedoch als Lösung aller Probleme propagiert, übersieht etwas Wichtiges: **Das Jasagen ist genauso wichtig wie das Neinsagen.** Ja- und Neinsagen sind zwei Seiten derselben Münze, und wir können nicht immer nur Nein sagen, ohne auch zu Alternativen Ja zu sagen. Das wird mir viel zu oft verschwiegen. Denn die Zukunft gestalten können wir nicht allein dadurch, dass wir Aufgaben ablehnen – wir müssen auch Herausforderungen annehmen. Wir brauchen nicht weniger, sondern mehr Menschen, die sagen: »Ja, ich kümmere mich darum! Ja, ich packe das an!« Nicht reflexartig, um nicht Nein sagen zu müssen – so wie wir es getan haben, als wir noch keine überforderten Gegenwartsopfer waren –, sondern bewusst, selektiv und optimistisch.

Das Ja- und das Neinsagen ist eine wichtige Kompetenz des positiven Zweiflers. Es ist wichtig, weder das eine noch das andere opportunistisch zu tun, sondern bewusst. Ein Nein ist möglicherweise eine verpasste Chance. Ein Ja bedeutet vielleicht die Konfrontation mit weiteren Aufgaben, unsicheren Situationen, Selbstzweifeln. Also ist es wichtig, sehr gut abzuwägen, wann man Nein und wann man Ja sagt, und dabei unabhängig zu entscheiden. Oft ist es sinnvoll, die Entscheidung für ein schnelles Ja oder Nein zu verschieben und länger im unsicheren Raum zu verbleiben – sich der Situation also nicht zu entziehen, um schnell zu entscheiden. Das ist leichter gesagt als getan, denn wir sind viele Jahre lang auf das Entscheiden getrimmt worden – von Vorgesetzten, von Vorbildern, von Ratgebern.

Wenn Sie das nächste Mal vor einer Ja-Nein-Entscheidung stehen, **verlängern Sie das Zeitfenster der Unsicherheit bewusst.** Nehmen Sie sich mehr Zeit, um konstruktiv zu zweifeln. Entscheiden Sie bewusst statt aus Gewohnheit, gezielt statt vereinfachend. Für sich selbst und für andere Menschen formulieren Sie es einmal so, wenn sich wieder jemand in Ihr System hacken und den vorprogrammierten Ablauf des Ja-Sagens aktivieren will: »Ich bin unsicher und möchte gern darüber nachdenken. Eine vorschnelle Entscheidung wäre weder für dich noch für mich gut. Ich melde mich dazu am Montag.«

Und dann haben Sie Zeit – Zeit und Raum für Ihre Zweifel.

Oder wie wäre es, wenn Sie sogar einen Grundsatz daraus machen: »Schauen Sie, ich habe einen Grundsatz: Dass ich bei solchen Ja/Nein-Entscheidungen eine Nacht darüber schlafe.«

Ich garantiere Ihnen: Die Menschen werden sich viel schneller daran gewöhnen, als Sie glauben. Denn jeder hätte gern mehr Zeit und Raum für seine Gedanken. Jeder versteht, dass wir zweifeln – weil wir alle zweifeln.

Das Schwierige an der Übung im Ja- und Neinsagen ist etwas anderes: tatsächlich in der unbestimmten Situation zu verharren und der Versuchung zu widerstehen, sich früh festzulegen. Mit anderen Worten: die Zweifel wirklich zuzulassen.

Egal, ob Sie eine Tendenz haben oder nicht: Wie fühlt es sich an, Ihre Überlegung bewusst offen zu lassen? Schwierig, ich weiß – bei der Entscheidung über einen neuen Job, einen Heiratsantrag oder andere lebensverändernde Maßnahmen erfordert das einige Disziplin. Leichter wird es, wenn Sie optimistisch davon ausgehen, dass Sie mit Ihren Zweifeln zu besseren Ergebnissen kommen werden als ohne, und dass Sie als überzeugter Zweifler Ihre Ausgangslage für jede Entscheidung verbessern.

Noch interessanter wird es, wenn wir unsere Motive prüfen:

- Warum wollen wir Nein sagen: Weil uns alles zu viel ist? Weil uns das Gegenüber unsympathisch ist? Weil wir nicht glauben, es schaffen zu können?
- Warum wollen wir Ja sagen: Wollen wir gefallen? Nicht enttäuschen? Unser Image der Einsatzbereitschaft aufrechterhalten?

Wenn Sie die Motive für das Ja und für das Nein bewusst hinterfragen, tun Sie nichts anderes als konstruktiv zu zweifeln: Sie nutzen den Korridor des positiven Zweifelns und die Chance zur Gestaltung, die der Zustand der Unsicherheit Ihnen bietet. Bravo!

Sie kennen nun das Prinzip: Mit Zweifeln verbessern wir unsere Ausgangslage, können irgendwann mit den Zweifeln eine Entscheidung treffen und auch mit ihnen ins Handeln kommen. Und wenn es soweit ist, wird es sich besser anfühlen und Sie werden motivierter handeln als bei jedem opportunistischen Ja oder Nein, das Sie je ausgesprochen haben. Wetten, dass?

Hören Sie nicht auf, sich in dem Zwischenraum zu beobachten. Denn immer wieder gibt es neue Ablenkungen, neue Impulse und manchmal auch Manipulatoren, die uns vorgaukeln, uns die Zweifel abnehmen zu können. Hören Sie nicht auf sie, bleiben Sie im konstruktiven Raum.

Um zu verdeutlichen, wie vielfältig wir heute von unseren

Zweifeln abgelenkt und gezielt manipuliert werden, betrachten wir ein Feld, auf dem wir alle gerade laufen lernen: die Unsicherheit, die durch unsichere Nachrichten, also: falsche Informationen entsteht. Denn wer hier nicht gezielt zweifelt und die Unsicherheit zu kontrollieren lernt, rutscht aus dem Korridor der positiven Zweifel ins Schwarze Loch der manipulierten Wirklichkeit.

Fake News, fake Sicherheit?

Wann glauben wir, statt zu zweifeln, wem und wie oft? An einem von unzähligen Beispielen für die Gefahr, die durch Fake News droht, konnte man im Herbst 2018 beobachten, was passiert, wenn man zu schnell seinem Reflex nachgeht und auf eine allgemein verbreitete Meinung aufspringt.

Wie ein Lauffeuer verbreitete sich die Meldung, dass der amtierende Gesundheitsminister Jens Spahn in einem Zeitungsinterview geäußert habe: »Wenn von einer Million Pflegekräften 100 000 nur drei, vier Stunden mehr pro Woche arbeiten würden, wäre schon viel gewonnen.« Viele Medien verbreiteten diese Meldung weiter und empörten sich. Und mit ihnen ihre Leser.

Die Handelsblatt Media Group betreibt den Onlinebranchendienst *meedia.de*, der über Medienthemen aus einer Meta-Perspektive berichtet, also aktuell in den Medien geführte Debatten aus der Vogelperspektive beobachtet. Der Artikel »Jens Spahn will, dass Pfleger mehr arbeiten: Wie Medien ein Zitat aus dem Kontext reißen und einen Social-Media-Shitstorm anheizen« analysiert besagten Vorfall und zeigt eindrücklich, wie durch ein falsches, verkürztes Zitat eine Welle von emotional aufgeladenen

Reaktionen durch das Land ziehen kann – kleine Ursache, große Wirkung. Schaut man sich die ursprüngliche Quelle an, so wird deutlich, dass Jens Spahn in dem Interview vor allem über die schlechten Arbeitsbedingungen spricht, die es aus seiner Sicht zu verbessern gilt – doch diese wichtige Zusatzinformation wurde in der Debatte nicht angemessen thematisiert.

Der *meedia*-Beitrag zeigt auf, wie verschiedene Verlagshäuser mit dem verkürzten Zitat die erfolgreichsten Artikel der Woche aufmachten, also massenweise Klicks und Interaktion generierten. SPIEGEL ONLINE titelte: »Spahn will Pflegekräfte zu Mehrarbeit motivieren« und erntete allein bei Facebook in kürzester Zeit über 5000 Reaktionen und über 1200 Kommentare. Laut *meedia.de* war der Text damit der erfolgreichste journalistische Artikel des Tages.

Dieses Beispiel zeigt, wie wir Menschen leider ticken: Wir ereifern uns manchmal und springen voll auf eine Schlagzeile an, bevor wir sie auf Richtigkeit geprüft haben. Deshalb sind Fake News so effektiv und lassen sich so gut politisch nutzen. Womit bewiesen wäre, wie gefährlich es ist, wenn wir das Zweifeln unterlassen – gerade im digitalen Raum, wo sich die Empörung besonders schnell ausbreitet.

Und es wird leider auch dadurch nicht ungefährlicher, dass wir wenig Zeit haben, um Informationen zu prüfen. Wir müssen nicht alles glauben, nur weil es in einer Schlagzeile steht – oder? Wir können zweifeln und nicht glauben, anstatt zu glauben ohne zu zweifeln.

Wir sind aus den vergangenen Jahrzehnten einen Qualitätsjournalismus gewöhnt, dem wir einigermaßen vertrauen konnten. Dieser wird heute immer mehr eingeschränkt. Warum? Weil die Medien damit leben müssen, dass es überall kostenlose Berichterstattung gibt, die sich über Werbeeinnahmen finanziert, und deshalb auf Schlagzeilen mit hohen Klickzahlen angewiesen sind. Da kann die gründliche Recherche und der Wahrheitsgehalt zugunsten der notwendigen Werbeeinnahmen auf der Strecke bleiben. Wir müssen uns umgewöhnen. Die Unsicherheit wächst enorm – ausgerechnet im Bereich der Informationen im Informationszeitalter. Anstatt uns also spontan zu empören, fragen wir uns lieber: **Weiß ich wirklich genug, um mich zu empören?** Wer will, dass ich mich empöre? Und hat derjenige angemessen gezweifelt, bevor er selbst sich empört hat?

Es gibt also viele Bereiche, wo wir unseren eigenen Umgang mit Unsicherheit trainieren und uns selbst aufmerksam beobachten können: Wie reagieren wir? Wie verhalten wir uns? Drängen wir uns vielleicht selbst zu vorschnellen Meinungen und Entscheidungen? Oder weichen wir möglicherweise der Unsicherheit aus und verbleiben in unseren sicheren Gewohnheiten? Und dann: Zweifeln wir überhaupt, und zweifeln wir genug?

Der Aufbau von Eigenkompetenz beim Umgang mit unsicheren Räumen wird wichtiger und wichtiger. Vor allem, wenn man den persönlichen Bereich verlässt und auf die ganz großen Zweifelthemen dieser Welt schaut. Denn das ist der nächste Schritt in unserer Entwicklung als Zweifler: Sobald wir uns das Zweifeln als Eigenkompetenz erschlossen haben, sollten wir uns den Themen zuwenden, an denen wir gemeinsam konstruktiv zweifeln müssen, um etwas verändern zu können. Und zwar je früher, desto besser.

Earth Overshoot Day: Wer zweifelt, sorgt gut für die Welt

Während ich diese Zeilen schreibe, findet gerade ein denkwürdiger Jahrestag statt – und ich spreche nicht von meinem Geburtstag, der wenige Tage früher im Kalender steht, nämlich Ende Juli. Kurz danach »feiert« die Erde schon seit Langem jedes Jahr ein trauriges Jubiläum. In diesem Jahr findet der Earth Overshoot Day am 2. August statt. So nah an meinem Geburtstag lag er noch nie.

Der Earth Overshoot Day ist das Datum, an dem wir (die gesamte Menschheit) mehr von der Natur genutzt haben, als unser Planet im ganzen Jahr erneuern kann. Er wird jedes Jahr vom Global Footprint Network berechnet, einem internationalen Think Tank, der die internationale Forschung zu diesem Thema koordiniert und methodische Standards entwickelt. Mit den Ergebnissen sollen Entscheidungsträgern eine Reihe von Instrumenten zur Verfügung gestellt werden, die der Wirtschaft helfen, innerhalb der ökologischen Grenzen der Erde zu operieren.

Jenseits des Overshoot-Datums, also ab dem 2. August bis zum Ende des Jahres, verhalten wir uns in einem ökologischen Sinne wie Menschen, die mehr Geld von ihrem Konto abheben, als sie im Mittel einzahlen: Wir greifen die Reserven an. Der Earth Overshoot Day hat sich kontinuierlich von Ende September (Stand Jahr 2000) auf den 2. August (Stand Jahr 2018) verschoben. Würden wir weiter so leben wie bisher, dann bräuchten wir bereits aus heutiger Sicht global betrachtet etwa 1,7 Erden, um das Defizit zu kompensieren.

Das ist der weltweite Durchschnittswert. Es gibt natürlich Abweichungen pro Land. Australien führt die Liste derzeit an.

Wenn alle Menschen so leben würden wie die Australier, dann bräuchten wir 5,2 Erden. Wenn die gesamte Menschheit so leben würde wie die Deutschen, wären es »nur« 3,2 Erden – ein wenig rühmlicher fünfter Platz im globalen Vergleich.

Das Problem ist: Wir haben nur eine Erde. Wir sollten also an unserem Vorgehen in allen ökologischen Fragen zweifeln und über Maßnahmen nachdenken, die das Overshoot-Datum kontinuierlich wieder nach hinten verschieben – je weiter nach meinem Geburtstag, desto besser. Und mit zweifeln meine ich: Hardcore-Zweifeln, jetzt und sofort.

Die schwierige Frage ist: Wo anfangen? Nehmen Sie zum Beispiel einen See. Stellen Sie sich einen Anwohner vor, der es sich zur Gewohnheit gemacht hat, seine alten Lackdosen und anderen giftigen Müll im See zu versenken. Die Fahrt zur nächsten Recycling-Stelle für Sondermüll ist viel zu weit, sagt er sich. Und dem See geht es doch gut! Eine so große Menge an Wasser verkraftet doch die kleine Menge an Chemie. Und so schmeißt er Jahr für Jahr eine ganze Reihe von Giftmüll in den See und denkt nicht weiter darüber nach.

Und dann, eines Tages, ganz unvorhergesehen kippt der ganze See um. Vergiftet. Tot. All die Menschen am Rand des Sees – denn ein Sünder kommt selten allein – stehen nun vor folgendem Problem: Es reicht nicht, mit ihren schlechten Gewohnheiten aufzuhören. Es ist auch nicht genug, auf den Grund des Sees zu tauchen und den Müll auf dem Grund wieder einzusammeln. Man muss die Lage drastisch und nachhaltig verbessern, damit der See sich wieder erholen kann. Neben technisch sehr aufwendigen Arbeiten ist dafür vor allem eines notwendig: Zeit – sehr viel Zeit.

Im technischen Umfeld bezeichnet man dieses Phänomen mit dem Begriff »Hysterese«. Es beschreibt eine verzögerte Wirkungsänderung nach Änderung der Ursache: Ein See, der jetzt vergiftet wird, kippt erst später um. Und wenn die Vergiftung jetzt gestoppt wird, wird sich der See erst später erholen. Um eine Verbesserung zu erzielen, muss eine nachhaltige Verhaltensänderung erfolgen. Jeder Rückfall in schlechte Gewohnheiten wirft den Prozess wieder zurück.

Vielleicht wissen Sie aus Erfahrung, wie schwer es für eine einzelne Person sein kann, schlechte Gewohnheiten abzulegen – auch nur eine einzige. Sei es die Art und Weise, wie Sie sich die Zähne putzen, das Rauchen, Essgewohnheiten oder Nägelkauen: Gewohnheiten werden wir schwer los.

Wie schwer ist das dann für eine ganze Gesellschaft, ihre schlechten Gewohnheiten abzulegen?

Wie die Anwohner des Sees, deren Kinder gern wieder im See baden würden und die gern wieder frisch geangelten Fisch in die Pfanne legen würden, werden wir viel Geduld brauchen. Und neben der Geduld eine hohe Toleranz für Unsicherheit. Denn ob und wann der See sich wieder vollständig erholt, hängt von vielen Faktoren ab – so wie die Frage, wie lange unsere Erde für uns noch (und dann: wieder) der gesunde Lebensraum sein wird, den wir gewöhnt sind.

Wir alle müssen diese Unsicherheit aushalten. Und wir alle müssen eine hohe Toleranz für die Unsicherheit aufbringen, die wir noch nicht einmal greifen, sehen und fühlen können. Aufgrund der Hysterese werden wir mit dem ständigen Zweifeln leben müssen, ob das, was wir ab jetzt an Veränderungen umsetzen, ausreichen wird, damit unsere Kinder und Enkel auf einer gesunden Erde werden leben können.

Und bevor wir mit den Veränderungen überhaupt anfangen können, brauchen wir ein tiefes Grundvertrauen in die unsichtbare Kraft der Zweifel und die Veränderungen, die sie bewirken können. Denn zweifeln und die Unsicherheit aushalten ist die einzige Chance, die wir haben.

Nicht nur beim Thema Umwelt gilt das, sondern auch in den Feldern, die in diesem Buch diskutiert wurden: in der persönlichen Entwicklung, in der Führung, im Teamwork, auf dem Arbeitsmarkt, in der Digitalisierung – überall, wo Zweifel der Schlüssel zu gelingender und zu nachhaltiger Veränderung sind.

Überall, wo Veränderung nötig ist, ist auch Zweifeln nötig.

Dafür brauchen wir eine von Grund auf andere Kultur nicht nur in unseren Unternehmen, sondern in unserer Gesellschaft im Ganzen. Vor allem brauchen wir eine Lernkultur, in der Kreativität eine zentrale Rolle spielt. Denn wir lernen nicht erst als Erwachsene oder gar erst in Führungspositionen, mit Veränderungen umzugehen, sondern schon als Kinder. Und wenn wir es als Kinder nicht lernen, weil uns beigebracht wurde, dass die Welt und das Leben konstant und vorhersagbar sind und sich auswendig lernen lassen, dann haben wir es in einer Welt des permanenten Wandels schwerer.

Doch bevor wir unseren Kindern offenes, überzeugtes, kreatives Zweifeln beibringen können, müssen wir es selbst lernen. Die Haltungsänderung, die eine Welt in Veränderung und eine Generation zukünftiger Veränderer brauchen, liegt in unserer Verantwortung. Alles beginnt bei uns, hier und heute: **Wenn wir nicht zweifeln, wer dann?**

Wir müssen das tun, was Computer nicht können

Der chinesische Unternehmer Jack Ma hat sich der Zukunft verschrieben. Er ist einer der großen positiven Zweifler unserer Zeit, die im Heute die Zukunft gestalten.

Falls Sie noch nie von Jack Ma gehört haben: Sein Unternehmen Alibaba.com gehört neben Amazon zu den größten Handelsplattformen der Welt. Seine persönliche Erfolgsgeschichte ist ebenso inspirierend wie spannend, denn sie ist gezeichnet von zahlreichen Rückschlägen, Misserfolgen – und Zweifeln, einschließlich Selbstzweifeln. Inzwischen ist Jack Ma Multi-Milliardär und auf der Liste der 50 reichsten Menschen weltweit zu finden.

Sein vielleicht größter Coup als Zweifler ist der ungewöhnliche Schritt, seinen Posten bei Alibaba zu verlassen und sein bisheriges Lebenswerk an jemand anderen zu übergeben. Die Begründung: Zu wichtig seien die Fragestellungen und Aufgaben in der Bildung, denen er sich in Zukunft widmen möchte, so Ma.

Denn einer muss es ja tun.

Was hält einer wie Ma für die großen zukünftigen Herausforderungen der Menschheit? Seine zentrale These lautet: Alles, was Computer können, werden auch Computer machen. Wir als Menschen müssen deshalb die Felder für uns reklamieren, die Computer nicht beherrschen.

Wenn wir nicht die Art und Weise ändern, wie wir unterrichten, dann werden wir spätestens in 30 Jahren große Probleme haben, so Ma – sehr große Probleme. Alles, was wir unseren Kindern beibringen, sollte sich von dem unterscheiden, was Maschinen können. Was wir unseren Kindern heutzutage beibringen, sind letztlich die gleichen Dinge, die sie seit 200 Jahren lernen.

Das gesamte Ausbildungssystem ist noch immer wissensbasiert. Wir sollten unseren Kindern nun jedoch nicht mehr etwas beibringen und empfehlen, mit dem sie in Konkurrenz zu Maschinen treten: abrufbares Wissen und dessen Wiedergabe und Anwendung in stupiden, unkreativen, repetitiven Prozessen. Denn dieses Duell gewinnen mit Sicherheit die Maschinen. Wir dürfen unseren Kindern nicht beibringen, gegen die Maschinen zu arbeiten, sondern mit ihnen. Wir müssen sie lehren, die Welt, ihre Welt zu gestalten.

Und um das zu erreichen, müssen wir alles anzweifeln, was Einfluss auf die Zukunft hat – unsere, und die unserer Kinder. Wenn Jack Ma über entscheidende Zukunftskompetenzen spricht, dann spricht er über die fruchtbaren Felder des Zweifels, die in diesem Buch zur Sprache gekommen sind: Werte, Glauben, unabhängiges Denken, Teamwork, Kreativität. Aus diesem Grund sollte Bildung seiner Meinung nach andere Kompetenzbereiche in den Fokus nehmen als bisher und Fächer wie Sport, Musik und alle Arten von Kunst betonen.

Die Fächer, in denen es nicht um Sicherheiten und sicher geglaubtes Wissen geht, sondern um die unendlichen Gestaltungsräume, die sich nur öffnen, wenn wir die Unsicherheit zulassen und der Kreativität Raum geben – unserem eingebauten Gestaltungsdrang.

Wir müssen den Schritt aus der Kontrollsucht wagen. Nicht, indem wir aus Prinzip oder Veränderungswahn alles anzweifeln – sondern indem wir Zweifel dort zulassen und kontrolliert nutzen, wo sie gebraucht werden.

Was Ma global kritisiert, trifft natürlich auch auf unsere deutschen Lehrpläne zu: eine Unterbetonung dieser wichtigen, kreativen Zukunftskompetenzen. Fächer wie Musik und Kunst werden teils sogar zuerst reduziert oder gestrichen, wenn Einsparungen im Bildungssystem oder in einzelnen Bildungseinrichtungen nötig sind. Wir halten sie für »nicht so wichtig«. Stattdessen ist ein großer Teil der Lehre noch Fakten-Lehre.

Wie alle Kinder stellen auch meine Kinder oft die Frage nach dem »Warum« des Lernens: »Wozu muss ich das wissen? Das kann man doch alles bei Wikipedia nachschauen«, sagen meine Söhne, sagt meine Tochter. Noch vor einigen Jahren wäre die automatische Reaktion gewesen: »Kinder ... Herrlich, diese Naivität.« Heute muss ich eingestehen, dass die Frage nicht von der Hand zu weisen ist. Auch ich habe Kreativität neben und nach der Schule gelernt, nicht innerhalb des Lehrplans. Ich habe es mir durch *Learning by Doing* selbst beigebracht – und tue es oft noch heute. Beim Klavierspielen, beim Programmieren, beim Songwriting, beim Bücherschreiben. Ein wichtiger Teil dieses Lernprozesses ist, wie man mit Unfertigem, noch nicht Perfektem umgeht und richtig zweifelt.

Damit will ich vor allem sagen: Ja, Kreativität *kann* man lernen – und könnte es auch innerhalb eines Bildungssystems, das sich das zur Aufgabe macht. Die Welt zu gestalten *kann* man planen und in Kompetenzen aufschlüsseln. Und wie wichtig das Zweifeln ist, wie man es gestaltend einsetzt, wann der Korridor des positiven Zweifelns sich öffnet und schließt und dass Zweifel offen kommuniziert werden können und sollten – auch das kann man lernen und lehren. Mit der Unsicherheit umgehen zu können, die unser Leben prägen wird, ist eine Kompetenz, die für uns in Zukunft von unschätzbarem Wert sein wird – und für die nachfolgenden Generationen noch mehr.

Wir können jetzt, hier und heute den Anfang machen. Und ich finde: **Wir schulden unseren Kindern die Lizenz zum Zweifeln.**

Das Kreative, das Schöpferische wird uns retten müssen. Die

Bereiche, die für uns Menschen als Arbeits- und Gestaltungsfelder übrigbleiben, sind die, in denen es Unsicherheit gibt. Die Bereiche, in denen gezweifelt wird, können nur Menschen besetzen. Und das ist eine gute Nachricht, denn auf sie wird es ankommen, wenn wir die Arbeitswelt und die Lebenswelt der Zukunft sinnvoll gestalten. Auf den Spielfeldern der Unsicherheit zählen Empathie, Kreativität und Schöpfergeist – die Fähigkeiten, die Maschinen fehlen.

Zweifel sind der Schlüssel zu den Antworten auf die Fragen, die wir uns jetzt und in Zukunft stellen werden. **Die Welt ist reif, um Unsicherheit als Erfolgsfaktor zu nutzen.**

Ein Feuer für die Zweifel entfachen

»Was kann ich schon ausrichten?«, mögen Sie sich jetzt fragen. »Was kann ein einzelner Zweifler bewirken, wenn es darum geht, ob wir so weitermachen können wie bisher?« Eine berechtigte Frage: Kann ein Mensch ein Team verändern, ein Unternehmen auf den Kopf stellen, die Welt besser machen?

Meine Antwort ist ein lautes, völlig zweifelsfreies Ja: Ein einziger Zweifler kann die Welt verändern. Denn oft, sehr oft reicht ein einziger Zweifel, ein einziger Zweifler im System, um die Maschine der Gewohnheit zu unterbrechen und den »Automatik-Modus« außer Kraft zu setzen, der jeden Winkel unserer kontrollsüchtigen, prozesshaften und durchautomatisierten Gesellschaft prägt.

Ein einziger Mensch, der es anders macht, reicht, um allen Menschen zu zeigen, dass es überhaupt anders geht.

Ein Feuer startet mit einem Funken. Jeder kann seinen Beitrag dazu leisten, die Zweifel salonfähig zu machen. Die Voraussetzung dafür ist sehr einfach: Wir müssen nur einmal die positive Kraft des Zweifelns am eigenen Leib erlebt haben, um daran zu glauben. Denn nur, wenn wir die Vorteile selbst erfahren haben, können wir andere anstecken.

Wir können nicht darauf warten, dass andere oder »die da oben« anfangen zu zweifeln, denn funktionierende Systeme destabilisieren sich nicht freiwillig selbst, solange sie nicht zusammenbrechen. Wir müssen selbst anfangen. Wir leben in einer Zeit, in der Veränderungen sich viral verbreiten. So wie die Zahl der Benutzer sozialer Netzwerke in den ersten Jahren langsam, dann schneller und schließlich explosionsartig gestiegen ist, so können wir auch mit einer neuen Kultur des Zweifelns erst ein paar, dann viele und dann Millionen von Menschen anstecken.

Warten wir nicht auf die Politiker, die Sachzwänge vom Zweifeln abhalten. Warten wir nicht auf die Firmenchefs, die Angst vor der Unsicherheit haben. Warten wir auch nicht auf das Bildungssystem, das lange brauchen wird, um sich zu reformieren. Fangen wir bei uns selbst und unseren Kindern an. Sehen wir ein, dass Zweifeln eine Frage der Selbstverantwortung ist – und ihr effektivstes Werkzeug zugleich. Lernen wir das Zweifeln, das in unserer Gesellschaft bisher noch einen so schlechten Ruf genießt, als Mutter vieler kluger Gedanken zu schätzen. Nutzen wir endlich die enormen Chancen, die in der Unsicherheit stecken.

Ich freue mich auf die Welt, die uns das Zweifeln auf- und erschließen wird, in all ihrer Unsicherheit.

Und ich würde mich freuen, wenn dieses Buch Ihnen das Tor zu dieser Welt geöffnet hat und Sie mit mir zweifeln. Natürlich nicht, bevor Sie zuerst an diesem Buch und an mir gezweifelt haben. So viel Zeit muss sein.

Danksagung

Obwohl Autorenarbeit über weite Strecken sehr einsam und zu-
rückgezogen erfolgt, sind es doch viele Menschen, die an diesem
Buch in unterschiedlichster Form bewusst oder unbewusst mit-
gewirkt haben. Ich bin gesegnet mit tollen Menschen, die mich
umgeben, sehen, lieben, fördern und fordern:

Einen ganz besonderen Dank an erster Stelle möchte ich an
Ulrike Scheuermann richten. Zeitgleich zu diesem Projekt
schrieb Ulrike ihr Buch »Selfcare – Du bist wertvoll«. Trotz der jeweils eigenen Mammutaufgabe standen wir uns bei allen Höhen
und Tiefen, die Autorenarbeit mit sich bringt, zur Seite. Für deine
intensive und tolle Unterstützung, den kritischen und immer
konstruktiven Blick, die besondere Zusammenarbeit und unsere
inzwischen tiefe Freundschaft sage ich von Herzen danke.

Ein fettes Dankeschön geht an einen Herzensmenschen: **Birte
Borgmeyer**. Ich kenne niemanden, der beruflich eingespannter
und engagierter ist als du. Und dennoch: Wenn es bei mir und
meinem Schreibprojekt brenzlig wurde, warst du – wie in vielen
anderen Lebenslagen – wie selbstverständlich mit vollem Einsatz
da und präsent. Und du hast so recht: »Mandelhörnchen machen
die Welt ein bisschen besser« – vor allem deine selbstgemachten!

Ich danke in vielfacher Hinsicht dem offiziellen »Geschmacks-
minister«, meinem Freund und Mitgesellschafter **Christian**

Hesselmann. Ohne deine Killerkompetenz in Sachen Kreativprozessen und Workflows wäre ich nicht da, wo ich jetzt stehe. Ich danke dir. Und überhaupt: Du bist der beste Geschäftspartner, den ich mir vorstellen kann.

Ich danke dir, **Dr. Miriam Sasse** für die Recherche, den wissenschaftlichen Support und das Sparring im Sushi-Restaurant und beim Spanier.

Danke an die besten Kinder, die man überhaupt haben kann: **Ben, Marit** und **Jonas.** Ihr seid so unterschiedlich, jeder für sich wunderbar, stark und einzigartig. Gerade deshalb seid ihr mir die genialsten Lehrmeister, die ich je hatte. Ich liebe euch von ganzem Herzen.

Ich danke meinen vier Eltern **Willfried, Birgitta, Monika** und **Robert**, die mich auf besondere, unkonventionelle Weise erzogen, gefördert und inspiriert haben.

Ein dickes Dankeschön an meinen Freund und Autoren-Kollegen **Lars Schröder** für den Austausch und die vielen verrückten Abende. Freue mich schon auf deine und meine nächste Release-Party.

Ich danke dir, **Mira Stella Kawaletz**, für die goldene Formel: »Wenn du Schwierigkeiten mit dem ersten Satz hast, dann fang doch mit dem zweiten an.« Damit hast du mir seinerzeit den Schlüssel zum Tor des Schreibens gegeben.

Ein multidimensionales Dankeschön an meinen Verleger **Jürgen Diessl** und das gesamte **Team bei ECON/Ullstein** für die superprofessionelle Zusammenarbeit und das Vertrauen. Herausragend dabei natürlich der »Chef-Zweifler vom Dienst«, mein Lektor **Gerd König**. Danke dir für dein kritisches Auge und das vertrauensvolle Miteinander.

Ebenso danke ich:

Simone Hoffmann für die Versorgung mit »Good Vibrations«, Vitaminen und gesundem Essen.

Reinhard Höfelmeyer und Dirk Stöbitsch: für eure Freundschaft, das Musizieren, aber hier vor allem für eure beiden wichtigen Impulse zum positiven Zweifeln.

Abschließend ein Dank an folgende Redner- und Autorenkollegen – ich schätze den inspirierenden Austausch, die Zusammenarbeit und die Freundschaft mit euch: **Nils Bäumer, Roberto Wendt, Dr. Monika Hein, Thorsten Jekel, Birgit Blasche, Silvia Ziolkowski, Tanja Köhler, Daniela Jost, Claudia Kimich, Lutz Langhoff, Eva Schulte-Austum, Gunnar Marx, Lars Vollmer, Volker Klärchen, Mike Fischer, Andreas Steinhübel, Christoph Maria Michalski.**

René Borbonus

Respekt
Wie Sie Ansehen bei Freund und Feind gewinnen

Gebunden mit Schutzumschlag.
Auch als E-Book erhältlich.
www.econ.de

Die Wiederentdeckung einer vergessenen Tugend

Egoismus und Intoleranz greifen in unserer Gesellschaft zunehmend um sich. Ob im Kampf um den
Arbeitsplatz oder bei familiären Auseinandersetzun-
gen – immer mehr Menschen verfolgen rücksichtslos
die eigenen Interessen. Doch wer beruflich und privat
langfristig etwas erreichen will, der muss seinen Mit-
menschen mit Respekt begegnen.

Der Kommunikationsexperte René Borbonus zeigt, wie
man mit Selbstbeherrschung, Konfliktfähigkeit und
Überzeugungskraft auch in schwierigen Situationen
besteht. Nur wer lernt, mit anderen respektvoll umzugehen, wird am Ende selbst Respekt und Anerkennung
gewinnen – und so leichter seine Ziele erreichen.

Econ